PEDAGOGIA DO OPRIMIDO

PAULO FREIRE

1ª EDIÇÃO

RIO DE JANEIRO, 2021

Copyright © Herdeiros Paulo Freire

Projeto gráfico e capa: Maikon Nery
Ilustração da capa e pp. 118-119: Shiko Chico

Crédito das imagens: p. 1: © Paulo de Araújo/CB/D.A. Press; p. 10: © Clovis Cranchi Sobrinho/Estadão Conteúdo; p. 184: © Paulo de Araújo/CB/D.A. Press; p. 185: © João Pires/Estadão Conteúdo; pp. 242-243: © Clovis Cranchi Sobrinho/Estadão Conteúdo; p. 324: © João Pires/Estadão Conteúdo; p. 325: © Ana Carolina Fernandes/Estadão Conteúdo; p. 326: © Paulo de Araújo/CB/D.A. Press.

Direitos de edição desta obra em língua portuguesa no Brasil adquiridos pela Editora Paz e Terra. Todos os direitos reservados. Nenhuma parte desta obra pode ser apropriada e estocada em sistema de banco de dados ou processo similar, em qualquer forma ou meio, seja eletrônico, de fotocópia, gravação etc., sem a permissão do detentor do copyright.

Editora Paz e Terra LTDA
Rua Argentina, 171, 3º andar – São Cristóvão
20921-380 – Rio de Janeiro, RJ
(21) 2585-2000

Seja um leitor preferencial Record.
Cadastre-se e receba informações sobre
nossos lançamentos e nossas promoções.

Atendimento e venda direta ao leitor
sac@record.com.br

Texto revisado segundo o novo Acordo Ortográfico

CIP-BRASIL. Catalogação na publicação
Sindicato Nacional dos Editores de Livros, RJ
F934p
Freire, Paulo, 1921-1997
  Pedagogia do oprimido / Paulo Freire. – 1ª ed. Rio de Janeiro :
  Paz e Terra, 2021.

"Edição especial centenário capa dura"
ISBN 978-65-5548-027-6

1. Educação – Filosofia. 2. Sociologia educacional. I. Título
21-71636   CDD 370.1   CDU 37.01

Leandra Felix da Cruz Candido — Bibliotecária [CRB 7/6135]

Impresso no Brasil
2021

Aos esfarrapados do mundo e aos que neles se descobrem e, assim descobrindo-se, com eles sofrem, mas, sobretudo, com eles lutam.

8   Nota da Editora

11   Minha história com a *Pedagogia do oprimido*
PRETA FERREIRA

14   O contexto histórico e sociopolítico
da escrita e recepção de *Pedagogia do oprimido*
SÉRGIO HADDAD

26   Testemunho e palavra verdadeira em Paulo Freire
DEBORA DINIZ

31   A *Pedagogia do oprimido* e o amor
WALTER OMAR KOHAN

45   Cem anos de Paulo Freire: ontem
e hoje na prática e na práxis decolonial
JOICE BERTH

60   A *Pedagogia do oprimido*, hoje,
tem um horizonte digital
LADISLAU DOWBOR

70   O contributo de Paulo Freire para
a educação e o contraponto do Projeto
Escola Sem Partido (PESP)
DÉBORA MAZZA

82   Horizontes da utopia, uma carta
para Elza e Paulo
NIMA SPIGOLON

93   Prefácio à primeira edição (1967)
Aprender a dizer a sua palavra
ERNANI MARIA FIORI

111   Primeiras palavras

120 Justificativa da pedagogia do oprimido

1

A contradição opressores-oprimidos. Sua superação

A situação concreta de opressão e os opressores

A situação concreta de opressão e os oprimidos

Ninguém liberta ninguém, ninguém se liberta sozinho:
os homens se libertam em comunhão

**158 A concepção "bancária" da educação como instrumento
da opressão. Seus pressupostos, sua crítica**

2

A concepção problematizadora e libertadora
da educação. Seus pressupostos

A concepção "bancária" e a contradição educador-educando

Ninguém educa ninguém, ninguém educa a si mesmo,
os homens se educam entre si, mediatizados pelo mundo

O homem como um ser inconcluso, consciente de sua inconclusão, e seu permanente movimento de busca do *ser mais*

**186 A dialogicidade: essência da educação
como prática da liberdade**

3

Educação dialógica e diálogo

O diálogo começa na busca do conteúdo programático

As relações homens-mundo, os temas geradores e o conteúdo
programático desta educação

A investigação dos temas geradores e sua metodologia

A significação conscientizadora da investigação dos temas
geradores. Os vários momentos da investigação

244 A teoria da ação antidialógica

4

A teoria da ação antidialógica e suas características:
a conquista, dividir para manter a opressão,
a manipulação e a invasão cultural

A teoria da ação dialógica e suas características:
a co-laboração, a união, a organização e a síntese cultural

NOTA DA EDITORA

Finalizado em 1968, durante o exílio político forçado de Paulo Freire no Chile, *Pedagogia do oprimido* teve sua primeira edição apenas em 1970 – nos Estados Unidos e no Uruguai. Só chegou ao Brasil em 1974, pelas mãos de Fernando Gasparian, editor da Paz e Terra. Desde então, esta casa editorial vem publicando o livro, que é a terceira obra de ciências sociais mais citada em todo o mundo, de acordo com a London School of Economics.

No ano do centenário de nascimento de Paulo Freire, organizamos esta edição especial de *Pedagogia do oprimido* com artigos de intelectuais e ativistas alinhados com o pensamento do Patrono da Educação Brasileira. Assim, o livro se torna também uma celebração com convidados a festejar Paulo e seu legado. O texto de abertura é de Preta Ferreira, defensora dos direitos humanos que utilizou a filosofia de Paulo Freire para libertar intelectualmente as detentas com as quais se relacionou durante sua prisão injusta em 2019. O texto de Sérgio Haddad, biógrafo de Paulo Freire, fornece o contexto sociopolítico da escrita e publicação de *Pedagogia do oprimido*, imprescindíveis para adentrar a obra. A professora Debora Diniz nos fala da palavra verdadeira, que perturba o poder e busca a transformação, e é mote deste livro. Walter Omar Kohan, biógrafo de Paulo Freire, trata da dimensão amorosa do pensamento freireano, também cerne de *Pedagogia do oprimido*. A arquiteta e urbanista Joice Berth advoga em favor da inclusão de Paulo Freire nos estudos decoloniais, ao lado da pensadora Lélia Gonzalez.

Seguindo no viés escolar, a professora Débora Mazza comenta a importância de Paulo Freire para a educação e o motivo pelo qual é contraponto do hediondo Projeto Escola Sem Partido. Nessa linha, o professor Ladislau Dowbor trata das possibilidades opressoras e libertadoras da educação digital. E a professora Nima Spigolon apresenta uma carta amorosa ao casal Paulo e Elza Freire, em que fala de uma "pedagogia da convivência" e do contexto familiar da escrita de *Pedagogia do oprimido*. Finalizamos com o prefácio da primeira edição, do grande professor Ernani Maria Fiori, um texto clássico sobre a obra do Patrono da Educação Brasileira.

    Dessa forma, mais do que uma fortuna crítica, reunimos aqui companheiras e companheiros freireanos, dispostos a espalhar suas ideias e a manter viva a chama da revolução. Afinal, é tempo de afirmar e exaltar o caráter revolucionário, extremamente transformador, desta obra-prima que você agora tem agora em mãos. Um livro para as pessoas que desejam somar na luta pela liberdade de todos os seres.

MINHA HISTÓRIA COM A *PEDAGOGIA DO OPRIMIDO*

Preta Ferreira*

Cresci ouvindo este nome: Paulo Freire. Na infância, de imediato, não ligava a pessoa multifacetada ao nome do educador. Não me fazia sentido. Hoje, digo que estou viva e sou praticante da sua tecnologia cultural e educacional. Sou uma mulher preta, nascida em um Brasil muito rico de cultura, tão mal distribuída como o arroz e o feijão no prato do oprimido.

Sou como a personagem que surge numa passagem da página 18 deste livro que você tem agora em mãos: "Tudo foi resumido por uma mulher simples do povo, num círculo de cultura, diante de uma situação representada em quadro: 'Gosto de discutir sobre isto porque vivo assim. Enquanto vivo, porém, não vejo. Agora sim, observo como vivo'."

Enquanto estive presa injustamente por 108 dias em 2019, a leitura de Paulo Freire se insinuava para mim como um bom vinho a ser degustado. Assim a sorvi, libertando a minha mente e lutando pela liberdade plena de todas as mulheres que estavam junto a mim. E das que não estavam ali também.

Paulo Freire foi e segue sendo um pioneiro na educação social em todo o mundo. Seja nos meios de comunicação, seja na literatura, no cinema ou na arte, a Cultura se transforma em meio e ferramenta

---

*JANICE FERREIRA DA SILVA, mais conhecida como Preta Ferreira, é defensora dos direitos humanos, ativista por moradia, multiartista e escritora brasileira. Foi presa em 2019, por 108 dias, por ser atuante no Movimento Sem Teto do Centro. É autora de *Minha carne: diário de uma prisão* (Boitempo, 2020).

pela qual a oprimida e o oprimido podem enxergar-se em seu lugar social, ver às claras o rosto de seus opressores, os novos escravagistas.

É ao pensar sobre a que(m) serve a escassez educacional que Paulo Freire inverte a lógica social. Assim, liberta mentes prisioneiras de um sistema elitista e opressor estruturado para sustentar privilégios de poucos e escravizar muitos.

Quanto menor for o acesso de uma população oprimida à educação, mais ela estará sujeita a manipulações sobre seus direitos e sua própria existência. É isso que nos ensina Paulo Freire quando fala sobre "dominação de consciência".

Praticar a liberdade – não somente a física, mas principalmente a do pensamento – é a luta de Paulo Freire e a minha. É urgente libertar as mentes antes de podermos libertar os corpos. Faremos isso a partir de tarefas educacionais e culturais que ofereçam às pessoas a oportunidade de se reconhecerem como um sujeito de direitos, e não só de deveres e serventia.

Paulo Freire me leva a resumir em mim o que eu sou. E a ver como a tentativa da opressão é duas vezes mais forte sobre corpos como o meu.

Estou exercendo sua arte educacional como escritora da minha própria narrativa. Não aceito ser inserida na política, na arte ou na cultura do Brasil através da necropolítica. Elas e eu somos maiores do que isso. Materializo a sua escrita sendo seu próprio exemplo vivo.

É por isso que posso afirmar que me vejo envolvida em seu ideal de educação. Exerço sua simbologia a cada gesto, a cada vez que meus pulmões se enchem de ar. Apenas e somente a verdadeira educação tem o poder de salvar vidas.

Na prisão, os métodos de Paulo Freire aguçaram e despertaram a curiosidade em mim e nas mulheres à minha volta. Aos poucos, passamos a nos ver como indivíduos plenos, e não como números de matrícula no sistema prisional, como nos queriam. O que Paulo Freire tem a ver com isso? Tudo. Foi ele quem nos fez questionar, buscar, explorar e indagar. O que é educação? O que é cultura? Como a ausência de ambas leva tantas pessoas pobres para trás das grades?

Que esta leitura de *Pedagogia do oprimido* ajude seus leitores e leitoras a fazer o mesmo.

Paulo Freire nos ensina a lutar por oportunidades, a não aceitar migalhas assistencialistas que jamais poderão mudar nosso destino nesta sociedade.

"Um povo sela a sua libertação na medida em que ele reconquista a sua palavra." A frase ficou cravada em minha carne enquanto estive presa. Assim me tornei autora de minha própria história. Assim escrevi letras de música e publiquei um livro.

É o que faz a pedagogia do oprimido freireana. Ela nos coloca como indivíduos na posição privilegiada de ser mais do que construtores braçais da História e da Cultura. Ela nos coloca como escritores de nossas próprias narrativas.

Freire nos convida a viver a história vivida e construída diariamente por milhões de pessoas, e não mais a história narrada e imposta por opressores interessados em manter vivo o círculo vicioso de escravização.

Não queremos somente solidariedade, queremos reparação histórica. Queremos uma reparação que só se fará possível pela criação de ricas oportunidades educacionais, com acesso universal e igualitário para todos, todas e todes.

A Educação e a Cultura nos foram propositadamente negadas há séculos. É hora de mostrarmos que somos nós os motores da História.

O CONTEXTO HISTÓRICO E SOCIOPOLÍTICO
DA ESCRITA E RECEPÇÃO DE *PEDAGOGIA DO OPRIMIDO*

*Sérgio Haddad**

Paulo Freire estava vivendo em Santiago, no Chile, quando escreveu *Pedagogia do oprimido* em 1968. Fora do país desde fins de 1964, perseguido pelo governo golpista civil-militar, exilou-se na embaixada da Bolívia no Rio de Janeiro, passou por La Paz por um período curto, e depois de um novo golpe, agora na Bolívia, seguiu para Santiago do Chile, onde se estabeleceu, acolhido pelo recém-empossado governo democrata-cristão de Eduardo Frei Montalva (1964-1970).

Frei ganhou as eleições com uma aliança de partidos de centro-direita, derrotando o socialista Salvador Allende, candidato das forças de esquerda. A vitória foi recebida com grande expectativa, e o novo governo, que tinha por lema "Revolução em Liberdade", incorporou demandas populares como a reforma agrária, a sindicalização de camponeses e a melhoria e ampliação dos serviços educacionais, incluindo a alfabetização de adultos.

Em Santiago, Paulo foi trabalhar no Instituto de Desarrollo Agropecuario – INDAP, do ministério da Agricultura do governo Eduardo Frei Montalva, a convite do seu vice-presidente Jacques

*Economista, pedagogo, com mestrado e doutorado em Educação. Foi professor visitante na Universidade de Oxford, Inglaterra. Ex-professor da Universidade de Caxias do Sul e da PUC-SP. Atualmente trabalha da ong Ação Educativa. É pesquisador sênior do CNPq. É autor de *O educador: um perfil de Paulo Freire* (Todavia, 2019) .

Chonchol, um político da ala progressista do partido que estava no poder, casado com a brasileira Maria Edy; o casal viria a se tornar grande amigo da família Freire. O emprego permitiu que Paulo trouxesse Elza, sua esposa, e seus cinco filhos, que haviam ficado no Brasil, além de estabilidade e recursos para viverem em boas condições, apesar da distância de familiares e amigos.

Nos primeiros anos, trabalhou na organização e formação de camponeses pelo INDAP. Ao mesmo tempo, ocupou o seu tempo escrevendo textos e documentos que passaram a circular não só no Chile, mas também em outros países, principalmente na América Latina. Terminou de escrever *Educação como prática da liberdade*, tomando como base a sua tese de doutorado "Educação e atualidade brasileira", defendida na então Universidade de Recife, em 1960, e as experiências no Movimento de Cultura Popular e com alfabetização de adultos. O livro, concluído em 1965, foi publicado no Brasil em 1967.

Depois de um período de três anos no INDAP, Paulo firmou um contrato com a Unesco e foi trabalhar no Instituto de Capacitación en Reforma Agraria – ICIRA, órgão misto das Nações Unidas e do governo chileno, em novembro de 1967. Escrevia documentos que serviram para capacitar camponeses, formar professores, debater o potencial da educação para a formação da consciência crítica e da cidadania, assim como críticas aos sistemas escolares e ao modelo de trabalho com os camponeses. Em 1969, publicou pelo ICIRA o livro *Extensão ou comunicação?*, abordando o trabalho dos técnicos agrícolas com os camponeses chilenos, com forte crítica à expressão "extensionismo rural", tão usada na América Latina, e que sugeria que o conhecimento seria transmitido do agrônomo para o camponês, de modo que este ficava em posição passiva. Em seu lugar, sugeria o termo "comunicação", que valorizava o diálogo e a troca de conhecimentos de parte a parte.

A América Latina passava, e ainda passaria, por um período de abalo nas suas frágeis estruturas democráticas, com golpes civil-militares em vários países, apoiados pelas elites econômicas e sociais, que não abriam mão dos seus privilégios. Além do ocorrido no Brasil e na Bolívia em 1964, anos antes, em 1954, militares haviam tomado o poder na Guatemala e no Paraguai. Em 1973, seria a vez da queda dos governos civis no Chile e no Uruguai. No ano de 1976, em março, militares assumiram o poder na Argentina. Depois foi a vez do Peru e de outros países da América Central, cobrindo a região com autoritarismo e violações dos direitos humanos.

No caso chileno, onde vivia Paulo Freire, o governo da democracia cristã, ao pautar temas caros da esquerda como forma de conquistar apoio popular, agradou aos camponeses, mas, ao mesmo tempo, foi deixando insatisfeito o setor dos grandes proprietários rurais, que tinham na coligação governamental conservadora forte influência. Aos poucos, o Partido da Democracia Cristã foi sendo empurrado para a direita, criando forte contrariedade na parcela mais progressista do partido. Esta já vinha criticando o governo por seu alinhamento às políticas dos Estados Unidos e pela grande entrada de capital estrangeiro na economia, o que aprofundava as relações de dependência econômica.

A saída de Paulo Freire do INDAP se deu no momento em que o apoio da sociedade chilena ao governo de Frei Montalva começava a diminuir, apesar da maioria que mantinha no Congresso. O agravamento da crise política, no entanto, acabou se ampliando quando parcela dos seus apoiadores decidiu constituir um novo partido, o Partido Nacional, reunindo quadros dos tradicionais partidos Conservador e Liberal. Em março de 1969, ocorreu um massacre em Puerto Montt por forças policiais federais, resultando em dez mortes e mais de cinquenta trabalhadores feridos enquanto lutavam por seus direitos. Como consequência, setores progressistas do Partido Democrata Cristão produziram novas dissidências. Jacques Chonchol, que acolhera Paulo Freire no Chile, acabou por integrar os quadros da Esquerda Cristã.

O crescimento das orientações conservadoras no governo, a criação de novos partidos e o crescimento do apoio popular aos setores de esquerda vencidos nas eleições de 1964 aumentaram a tensão política e romperam a frágil coalizão do governo de Eduardo Frei. O médico socialista Salvador Allende, derrotado nas eleições anteriores, sairia vencedor nas eleições seguintes, de 1970. Um governo socialista em meio aos movimentos golpistas vividos na América Latina resultou na tomada do poder pelos militares comandados por Augusto Pinochet em 1973 e na morte do presidente, no palácio presidencial de La Moneda. O Chile entraria em um dos período mais duros da sua história, com mortes, sequestros e torturas.

A América Latina também vivia as repercussões do Concílio Vaticano II, terminado em 1965, que se constituiu um movimento de *aggiornamento* da Igreja Católica, com reformas litúrgicas e novos temas, que repercutiram nos documentos finais. Em 1968 foi convocada a II Conferência Geral do Episcopado Latino-Americano, em Medelim, Colômbia. A conferência depositou todas as suas forças em ser uma tradução do Concílio Vaticano II para a América Latina, refletindo esta preocupação no próprio título: "A Igreja na atual transformação da América Latina à luz do Concílio." O encontro foi influenciado por um conjunto de teólogos do continente que vinha discutindo uma teologia e uma pastoral que respondessem aos problemas do povo da América Latina, especialmente o povo pobre.

O documento de Medelim trazia em um dos seus subtítulos: "A educação libertadora como resposta a nossas necessidades." Nele, a educação libertadora foi descrita como aquela que transformava o educando em sujeito de seu próprio desenvolvimento, o meio-chave para libertar os povos da servidão e para fazê-los ascender "de condições de vida menos humanas para condições mais humanas". Para tanto, deveria desenvolver esforços para aprofundar a consciência das novas gerações em relação à dignidade humana, favorecendo sua livre autodeterminação e promovendo seu sentido comunitário. Essa educação deveria ser aberta ao diálogo e capacitar as novas gerações para a mudança permanente e orgânica que o desenvolvimento supõe. Finalmente, afirmava: "Esta é a educação libertadora de que a América Latina necessita para redimir-se das servidões injustas e, antes de tudo, do seu próprio egoísmo."

Em *Pedagogia da esperança*, lançado em 1992, Paulo relembraria o momento histórico em que *Pedagogia do oprimido* foi lançado. Fala, entre outros eventos, dos movimentos sociais nos Estados Unidos, na Europa e América Latina e suas lutas contra a discriminação sexual, racial, cultural, de classe e em defesa do meio ambiente. Menciona o trabalho das comunidades de base na América Latina e das guerrilhas na região, das lutas de libertação de países africanos, da revolução cultural na China, das lutas sindicais, principalmente na Itália, a guerra do Vietnã e a reação dentro dos Estados Unidos.

Essas eram, com um sem-número de implicações e de desdobramentos, algumas das tramas históricas sociais, culturais, políticas, ideológicas que tinham a ver, de um lado, com a curiosidade que o livro despertara, de outro, com a leitura que dele se faria, e também de sua aceitação e recusa, de críticas a ele feitas.

Com *Pedagogia do oprimido*, Paulo Freire oferecia a mediação pedagógica necessária e coerente com os projetos políticos e éticos daquele momento histórico e de futuros. Foi assim com os movimentos de educação popular e com a ação pastoral das comunidades eclesiais de base. Foi assim com as novas perspectivas educacionais pós-coloniais nos países africanos nos anos 1970. Foi assim na resistência à ditadura de Ferdinando Marcos, nas Filipinas, e em tantas outras ações voltadas à emancipação dos setores ameaçados pelo que ele chamou de "opressores".

A ideia inicial sobre o conteúdo do livro foi ganhando corpo em diálogos com parceiros e na preparação de seminários e conferências. Foi um longo e gradativo processo de maturação, que se prolongaria por quase um ano antes de Freire começar a registrar suas ideias no papel. Anotava o conteúdo em pequenas fichas organizadas por temas. Dava títulos a elas e as enumerava. Andava com caderninhos para fazer anotações onde quer que as ideias surgissem. À noite, depois do jantar, sentava e escrevia algumas páginas a partir das anotações. Eram dúvidas, afirmações, pequenos conceitos que aos poucos se concatenavam. Passava horas nesse processo, sozinho, muitas vezes madrugada adentro. A estrutura do livro e seu conteúdo foram discutidos com colegas do ICIRA, mas era fora do instituto que ele se dedicava à atividade intelectual, isolado no escritório de sua casa.

Em 1967, Paulo Freire fez sua primeira visita aos Estados Unidos, convidado para duas conferências em Nova York inteiramente baseadas nas ideias e anotações para o novo livro. A educadora americana Carmen Hunter o acompanhou durante a passagem pelo país e fez a tradução simultânea de suas apresentações. Também no Chile, em uma série de apresentações, o conteúdo era discutido com os participantes, recebendo grande aceitação. Diante das reações positivas do público, majoritariamente de educadores e educadoras, Paulo se convenceu de que o livro estava idealmente acabado e pronto para ser escrito.

Foi durante as férias de julho de 1967 que Paulo conseguiu parar para escrever. Trabalhando a partir de suas fichas, anotações e transcrições das conferências, avançava na madrugada. Deixava o que havia escrito sobre a mesa para a leitura e os comentários sempre cuidadosos de Elza. No dia seguinte, ainda pela manhã, relia o que havia escrito e considerava as observações da esposa. Em três semanas finalizou os três primeiros capítulos que compõem a obra.

Satisfeito com a maneira como traduzira para o papel as ideias desenvolvidas ao longo daquele último ano, entregou os originais ao amigo brasileiro Ernani Maria Fiori, para que escrevesse o prefácio. Ao recebê-lo, Paulo considerou o texto tão importante quanto o livro que havia escrito, tamanha a sintonia e a complementariedade entre os dois. Terminada a fase de revisões, seguiu os conselhos que o cientista social e político Josué de Castro lhe dera em uma das caminhadas que costumavam fazer pelos parques de Santiago: deixar os originais "descansando" na gaveta da escrivaninha por alguns meses. Era uma maneira de se distanciar do que havia escrito para futura releitura.

Quando decidiu retomar o texto, depois de dois meses, leu-o com entusiasmo, de um só fôlego. Reescreveu poucas coisas, mas sentiu falta de um quarto capítulo. Dedicou-se a ele nos meses seguintes, mas não da maneira intensiva como havia feito com os três primeiros. Escreveu nos intervalos na hora do almoço, em brechas no trabalho, em quartos de hotéis durante viagens, e à noite, no escritório de casa. Ao término, enviou o manuscrito mais uma vez a Ernani Maria Fiori, que entendeu não ser necessário modificar o prefácio. Paulo enviou cópias do livro para amigos próximos, as quais acabariam se multiplicando, fora de seu controle, por uma vasta rede de admiradores espalhados por diversos países. Acolhidas algumas sugestões, ele daria o trabalho por encerrado.

Em carta dirigida aos amigos Germano Coelho e Norma Porto Coelho, datada de abril de 1968, Paulo comenta sobre o intenso trabalho que vinha realizando, e sobre seus filhos: Maria Madalena (Madá), Maria de Fátima, Maria Cristina, Joaquim e Lutgardes:

> Trabalho de 8h15 da manhã, quando chego à "oficina", até às 8 da noite, quando volto. Depois do jantar, quando converso com a família, estudo e escrevo até duas ou três da madrugada. Durmo quatro a cinco horas por noite e nunca me senti tão bem. Concluí um novo livro — *Pedagogia do oprimido* — e escrevi agora, de janeiro até abril, para cursos, seminários e discussões, doze textos. Nos sábados, saio com os dois meninos para o Centro da cidade, pela manhã, a passeio. Lanchamos, tomamos café, no Café do Brasil, olhamos vitrinas, visitamos livrarias, compramos livros, conversamos sobre tudo, vamos ao cinema. Depois almoçamos juntos e voltamos à tardinha. Uma vez por semana, ao sair do trabalho, encontro Elza e vamos a um cinema, jantando no Centro e voltando às 11 horas da noite, quando começo a estudar. As duas moças, com quem converso diariamente, já têm seus interesses próprios; passeiam com seus namorados. Madá, como vocês devem saber, está casada e mora no momento em São Paulo. Seu marido é o sociólogo Francisco Weffort, que fez o prefácio do meu livro.

Apesar do seu entusiasmo e da aparente tranquilidade relatada em sua carta, logo se veria novamente em meio a um clima de polarização e acirramento político. Dentro do governo, sua condição de exilado político e educador reconhecidamente alinhado ao campo progressista não representava uma ameaça, já que havia entrado para a administração pelas mãos de um dos seus quadros mais importantes. No entanto, com a saída de Jaques Chonchol na dissidência do Partido Democrata-Cristão à esquerda, Paulo se veria sob forte pressão dos setores conservadores remanescentes, sempre muito críticos em relação à orientação de seus programas educativos, voltados aos camponeses e aos trabalhadores urbanos empobrecidos. O trabalho de Paulo não era mais visto com bons olhos pelo governo Frei.

Paulo já havia conversado com Elza sobre o agravamento da situação política no Chile. Com a não renovação de seu contrato de assessor da Unesco, a sensação era de que a temporada no país estava com os dias contados. Sem poder voltar ao Brasil, chegaram à conclusão de que era hora de discutir alternativas. De forma mais concreta, recebeu uma carta de Harvard com a proposta de um contrato de dois anos, a partir de abril de 1969. Uma semana depois, receberia outro convite, do Conselho Mundial de Igrejas (CMI), situado em Genebra, para trabalhar a partir de setembro. Paulo e Elza decidiram negociar com as duas partes: ficar em Harvard de abril até o fim de 1969, e depois seguir para Genebra, no começo do ano seguinte. A proposta foi aceita.

Com os dois filhos menores, Joaquim, 12 anos, e Lutgardes, 10, mudaram-se para os Estados Unidos em abril. Maria Madalena, a filha mais velha, então com 22 anos, naquele momento estava acompanhando o marido na Inglaterra, onde ele realizava estudos de pós-graduação. As outras filhas preferiram ficar em Santiago, mas acabaram, depois de algum tempo, indo ao encontro da família. Aos 20 anos, Maria de Fátima chegaria primeiro; Maria Cristina, de 21, apenas em novembro.

Paulo levou uma cópia de *Pedagogia do oprimido* para os Estados Unidos e entregou ao pastor e teólogo Richard Shaull, que ficou entusiasmado com o livro. Em 1970, a obra ganharia sua primeira edição em inglês pela Alfred Knopf, de Nova York, com tradução de Myra Bergman Ramos. Em novembro do mesmo ano, o livro foi publicado em espanhol pela editora Tierra Nueva, de Montevidéu, Uruguai.

O manuscrito original da obra Paulo presenteou Jacques Chonchol e Maria Edy Ferreira de Chonchol, em agradecimento à amizade e ao acolhimento nos anos em que a família Freire viveu no Chile. Em 2001, o documento regressou ao Brasil e, finalmente, foi publicado em 2013.

A experiência anterior ao golpe militar no Brasil, o trabalho no Chile em um contexto de radicalização crescente e a convivência com exilados brasileiros de formação marxista, novas leituras, fizeram de *Pedagogia do oprimido* um livro mais radical do que *Educação como prática da liberdade*, sem deixar de lado os eixos fundamentais da sua filosofia da educação. Permanecia a visão cristã do ser humano como agente de mudança a partir da tomada de consciência sobre a realidade em que vivia; continuavam suas críticas à educação burocrática, pouco crítica e distante do universo dos estudantes; reafirmava o papel do diálogo e da troca de saberes como elemento fundamental de uma educação que praticasse a liberdade e a democracia.

Paulo chamou de "educação bancária" aquela que considerava que "o educador é o que educa; os educandos, os que são educados; [...] o educador é o que sabe; os educandos, os que não sabem; [...] o educador é o que pensa; os educandos, os pensados; [...] o educador é o que diz a palavra; os educandos os que escutam docilmente; [...] o educador [...] é o sujeito do processo; os educandos, meros objetos" (pp. 161-162).

Contrapondo-se à educação bancária, propunha que os educadores fossem humanistas, que empreendessem uma educação problematizadora, revolucionária, que se identificassem com seus educandos. Tudo isso levaria à libertação de ambos. Uma educação mediada pelo diálogo, em que o educador ensina e aprende, e o educando se educa ensinando. "Ninguém educa ninguém", escreveria, "como tampouco ninguém se educa a si mesmo: os homens se educam em comunhão, mediados pelo mundo" (p. 174).

Uma educação problematizadora deveria promover a emergência da consciência dos oprimidos e sua inserção crítica na realidade. Mesmo mantendo em linhas gerais o que afirmava desde antes de deixar o Brasil, no livro escrito em 1968 Paulo passou a utilizar os termos "opressor" e "oprimido", identificando o conflito entre classes sociais e se aproximando dos quadros de referência do pensamento marxista. Em *Pedagogia do oprimido*, permanecia o humanismo cristão, inspirado em autores como Jacques Maritain, Emmanuel Mounier, Teilhard de Chardin e Alceu Amoroso Lima (Tristão de Ataíde), mas incorporava, em uma aparente contradição, autores como Karl Marx e Friedrich Engels, Vladímir Lênin, Jean-Paul Sartre, Herbert Marcuse, Frantz Fanon, György Lukács, Louis Althusser, em uma clara aproximação com o marxismo, além de citações de Fidel Castro, Ernesto Che Guevara, Camilo Torres e Mao Tsé-tung, numa alusão aos movimentos revolucionários daqueles anos.

Abrindo as primeiras palavras do livro, Paulo dedica a obra para os "esfarrapados do mundo e aos que neles se descobrem e, assim descobrindo-se, com eles sofrem, mas, sobretudo, com eles lutam" (p. 5). No último parágrafo, um sopro de esperança: "Se nada ficar destas páginas, algo, pelo menos, esperamos que permaneça: nossa confiança no povo. Nossa fé nos homens e na criação de um mundo em que seja menos difícil amar" (p. 324).

Livros e documentos consultados

AMORÓS, Mario. *Allende: La biografía*. Barcelona: Ediciones B, 2013.

BEISIEGEL, Celso de Rui. *Política e educação popular: a teoria e a prática de Paulo Freire no Brasil*. São Paulo: Ática, 1982. (Ensaios; 85.)

FREIRE, Ana Maria Araújo. *Paulo Freire: uma história de vida*. São Paulo: Paz e Terra, 2017.

FREIRE, Paulo. *Pedagogia da esperança: um reencontro com a Pedagogia do oprimido*. Organização de Ana Maria Araújo Freire. 21ª ed. Rio de Janeiro: Paz e Terra, 2014.

_____. *Pedagogia do oprimido: (o manuscrito)*. Projeto editorial, organização, revisão e textos introdutórios de Jason Ferreira Mafra, José Eustáquio Romão e Moacir Gadotti. São Paulo: Editora e Livraria Instituto Paulo Freire/Universidade Nove de Julho (Uninove)/Big Time Editora/BT Acadêmica, 2018.

HADDAD, Sérgio. *O educador: um perfil de Paulo Freire*. São Paulo: Todavia, 2019.

PRESENÇA DA IGREJA NA ATUAL TRANSFORMAÇÃO DA AMÉRICA LATINA à luz do Concílio Vaticano II: Conclusões da II Conferência Geral do Episcopado Latino-Americano, Medelim, Colômbia, 1968.

TESTEMUNHO E PALAVRA VERDADEIRA EM PAULO FREIRE

Debora Diniz*

Posso contar o tempo de minha vida pelos encontros com *Pedagogia do oprimido*. A cada leitura, pronuncio novos aprendizados. *Pronunciar* é um verbo político. Os oprimidos iniciam suas narrativas de resistência pela pronúncia de novas palavras desde sua própria existência. Já houve o tempo da conscientização e da radicalização, duas práticas que fazem parte de quem sou e de como me relaciono com o mundo. Agora, é o instante do *testemunho*. Quero que minha prática política e pedagógica respeite os elementos constitutivos do testemunho para Paulo Freire: coerência entre palavra e ato; ousadia de quem testemunha; radicalização; valentia de amar; crença no povo.

Não há testemunho sem autenticidade; é preciso vivê-lo para pronunciá-lo. Sou uma testemunha da luta feminista e pelos direitos humanos, por isso mesmo uma educadora feminista.[1] Não há

*Antropóloga, professora da Faculdade de Direito da Universidade de Brasília. Seu mais recente livro é Zika: do sertão nordestino à ameaça global *(Civilização Brasileira, 2016), que recebeu o prêmio Jabuti em ciências da saúde. Em 2020, recebeu o prestigioso prêmio Dan David por suas pesquisas e atuações no campo da igualdade de gênero.*

1   bell hooks foi questionada sobre como conciliar o feminismo com a obra de Paulo Freire. Repito suas palavras: "Conversando com feministas da academia (geralmente mulheres brancas) que sentem que devem ou desconsiderar, ou desvalorizar a obra de Freire por causa do sexismo, vejo claramente que nossas diferentes reações são determinadas pelo ponto

feminista solitária, andamos sempre em bando, pois precisamos umas das outras para criar o que ainda não foi pronunciável. O ato do testemunho é um gesto político em que o corpo que fala se arrisca: ao testemunhar, o corpo disputa espaços de aparição, e os poderes opressores resistem em alterar os privilégios de reconhecimento e proteção à vida. O testemunho é, desde sempre, um gesto de luta contra a fúria do opressor.

Neste livro, Paulo Freire diz que cada tempo e cada sociedade transformam os modos de testemunhar: "O testemunho em si, porém, é um constituinte da ação revolucionária" (p. 313). Nossa tarefa como agentes de transformação, pessoas revolucionárias, é saber o que se testemunha e como se testemunha. A tarefa não é simples, pois não basta pronunciar palavras para que se construa um testemunho. Não basta lançar-se como um corpo em uma luta contra o ódio ou a opressão. Há condições éticas para que um compromisso político seja o de um testemunho.

A primeira delas é a coerência entre palavra e ato. Até minha mais recente leitura deste livro, coerência pouco me atraía, me parecia mais um princípio com pouca flexibilidade à criação e pouco espaço à transformação. Um dogmático pode ser um sujeito coerente e nada revolucionário. A verdade é que eu lia mal o sentido de coerência na ação pedagógica e política – a coerência não é extracorpórea, como se determinada por verdades exteriores ao indivíduo; só há coerência se corporificada. É coerência entre o que se diz e como se age. É mais simples na teoria e mais exigente na realidade: ser coerente é ser verdadeiro, é abandonar o cinismo dos opressores.

de vista a partir do qual encaramos a obra" (bell hooks, "Paulo Freire", in *Ensinando a transgredir: a educação como prática da liberdade*. São Paulo: Martins Fontes, 2019, p. 71).

A testemunha é sempre alguém ousada. Permito-me usar o feminino para duplicar o que a gramática já me socorre no gênero da palavra. A ousadia da testemunha está em pronunciar palavras verdadeiras, as palavras com potencial de transformar o mundo. Simultaneamente a Michel Foucault e muito antes de Judith Butler escrever sobre a *parresia* ou a "palavra valente", Paulo Freire dizia que "não há palavra verdadeira que não seja práxis. Daí que dizer a palavra verdadeira seja transformar o mundo" (p. 187).[2] A palavra verdadeira que se pronuncia no encontro com os outros – pois não se "pode dizer a palavra verdadeira sozinho, ou dizê-la *para* os outros" (p. 188) – é um reclame de cidadania.

O revés da palavra verdadeira não é a mentira, isso que chamam de *fake news*: é a palavra inautêntica, aquela que opera pela manipulação. A palavra inautêntica carrega mentira, ódio e dissimulação, por isso é mais do que simplesmente falsidade de quem a professa. É a palavra comum do opressor, a que opera desde sempre pela conquista. Na ousadia de pronunciar a palavra verdadeira, a testemunha se arrisca, pois todas as palavras e todos os ato da testemunha são radicais. Já aprendemos com Paulo Freire que radicalização não se confunde com sectarização: a primeira é sempre libertadora, a segunda é fanática. A palavra verdadeira da testemunha interpela o opressor, perturba o poder e busca a transformação.

---

2 Sobre *parresia*, ver Michel Foucault, "Discurso y verdad", in *Conferencia sobre el coraje de decirlo todo. Grenoble, 1982; Berkeley, 1983*. Edição de Henri-Paulo Fruchaud e Daniel Lorenzini. Introdução de Frédéric Gros. Edição em espanhol de Edgardo Castro. Tradução de Horacio Pons. México: Siglo Veintiuno, 2017. Sobre a palavra *valente*, ver Judith Butler, *Sin miedo: formas de resistencia a la violencia de hoy*. Tradução de Inga Pellisa. México: Barcelona, 2020.

Em tempos de circulação de palavra inautêntica e de sectarização do político, é urgente a leitura deste livro sobre como sermos testemunhas da *palavra verdadeira*. A expressão reverbera em narrativas religiosas sobre o além-mundo ou em absolutos sobre a verdade que ignoram nossa justa diversidade. Ou, algo tão equivocado quanto para um espaço político que deve ser laico e diverso, verdade no plural parece carregar a crença ingênua na igual validade de todas as crenças. Isso é a sectarização da verdade; nosso exercício ético é por radicalizá-la. Mas com quais fundamentos? Minha resposta é que uma crença só merece o estatuto de verdade se ancorada nos direitos humanos. Paulo Freire nos oferece a mesma resposta, porém em seus próprios termos: na valentia de amar.

Mas não é amar qualquer um ou qualquer crença. É afeiçoar-se por todos feitos estranhos pelos poderes opressores, é deixar de desconfiar do povo. Para mim, é deixar de desconfiar das mulheres, uma crença entranhada em nós pelo patriarcado racista. Há crenças que promovem ainda maior sectarização da vida, como o racismo ou a misoginia. Essas são palavras inautênticas pois movidas por sujeitos com consciência possessiva e necrófila, diz Paulo Freire. O revés da testemunha com a palavra verdadeira, que se move pela valentia de amar, é o odioso da palavra inautêntica, que se move pela covardia do ressentimento. Os odiosos são nostálgicos de suas origens, dos testamentos imerecidos da vida. São sujeitos legatários dos poderes coloniais patriarcais e racistas.

As testemunhas, radicais em sua palavra verdadeira, acreditam no povo, isto é, no coletivo. Coletivo não é o mesmo que totalidade – é a complexidade entre o todo que nos antecede e acompanha, e o vivido no instante. Crer no povo, não importa com que pedacinho do povo cada uma de nós se encontre e compartilhe, é condição para a transformação política. É preciso crer no outro para confiar no coletivo, e somente pela confiança mútua nos construiremos como as testemunhas radicais da palavra verdadeira.

Aos elementos constitutivos do testemunho para Paulo Freire, eu agregaria a paciência. Não há linearidade nas transformações políticas, e elas são lentas para a urgência de nossa vida e de nossas necessidades. Queremos viver livremente, e há pressa para a mudança que é justa. Mas a impaciência e o pessimismo são alguns dos afetos deixados pelo fascismo dos opressores em nós: passamos a descrer de nosso testemunho e da força da palavra verdadeira. Mas, novamente, há um relâmpago de esperança neste livro: "Um testemunho que, em certo momento e em certas condições, não frutificou, não está impossibilitado de, amanhã, vir a frutificar" (p. 314). É certo. A própria obra de Paulo Freire é esse testemunho feito realidade: se frutifica a cada novo encontro com a radicalidade de sua palavra verdadeira.

A *PEDAGOGIA DO OPRIMIDO* E O AMOR

*Walter Omar Kohan**

Paulo Freire afirmou em uma das suas últimas entrevistas: "Eu gostaria de ser lembrado como um sujeito que amou profundamente o mundo e as pessoas, os bichos, as árvores, as águas, a vida."[1] O depoimento é importante porque marca um desejo profundo, último, sobre o próprio legado. "Eu gostaria de ser lembrado..." é uma forma de dizer "assim quero que me recordem, que me guardem no coração"... Esse desejo de lembrança se expressa na forma de alguém que amou profundamente o mundo e os seres que o habitam. Esse elenco é expressamente detalhado e inclui, além dos seres humano, os reinos animal e vegetal, e parece, em seu caráter minucioso e pormenorizado, querer dar conta das mais diferentes formas de vida, até culminar com a vida mesma como membro do reino dos seres amados: a vida sem mais, uma vida, qualquer vida, todas as vidas. Como se Paulo Freire afirmasse que gostaria de ser recordado como alguém que amou toda e qualquer expressão da vida neste mundo.

*Professor titular da Universidade do Estado do Rio de Janeiro (Uerj). Pesquisador do Conselho Nacional de Desenvolvimento Científico e Tecnológico (CNPq) e da Fundação de Amparo à Pesquisa do Estado do Rio de Janeiro (Faperj). Coordenador do Projeto Capes-PrInt: "Filosofia na infância da vida escolar".

1   O depoimento está disponível em vários canais no YouTube. O IPF, por exemplo, fez com ele um clipe para o dia do meio ambiente. Disponível em: <www.youtube.com/watch?v=J170pf5e5No&ab_channel=Inst.PauloFreire>.

Esse desejo de uma lembrança puxou em mim outra lembrança de outro desejo: foi algo que me disse Lutgardes Costa Freire, o filho caçula de Paulo Freire, em uma entrevista que fizemos presencialmente no Instituto Paulo Freire (IPF), em São Paulo, em novembro de 2018, e que depois foi publicada como introdução ao meu livro *Paulo Freire mais do que nunca*.[2]

Durante a entrevista, Lutgardes lembrava o tempo em que ele queria estudar música e temia que seu pai pudesse pretender outra avenida para sua vida. Mas, quando conversaram, a resposta de Paulo Freire a esse desejo de Lutgardes de tocar bateria e ser músico foi muito tranquilizadora para a preocupação do filho: "Tudo bem, meu filho. Você pode fazer o que quiser. Mas me prometa uma coisa: que isso que você vai fazer vai ser feito com amor."[3] Lutgardes poderia estudar o que ele bem entendesse; a questão não era o que ele estudaria, mas a forma como se dedicaria ao estudo, a paixão com que o faria. A condição era, então, estudar *amorosamente* qualquer que fosse a matéria ou o assunto em questão. Assim, o que importava não era o que estudaria, mas como o faria e, mais especificamente, se estudaria ou não, qualquer coisa que fosse, com amor.

Há, talvez um fio comum entre as duas respostas, mas deixaremos isso por enquanto, porque vem outra lembrança: a de que estamos escrevendo para uma edição especial de *Pedagogia do oprimido* a convite da Editora Paz e Terra. E penso que um leitor atento desta nova edição logo pode estar considerando: *Tudo bem com essas lembranças, até que são interessantes e simpáticas, mas o*

---

2   Walter Omar Kohan, *Paulo Freire mais do que nunca: uma biografia filosófica.* Belo Horizonte: Autêntica, 2019.

3   Ibidem, p. 45.

que elas têm a ver com a Pedagogia do oprimido? Qual a conexão entre a publicação desta nova edição e o fato de Paulo Freire ter declarado, numa entrevista pouco antes de morrer, ou seja, quase cinquenta anos depois de ter escrito os originais da *Pedagogia do oprimido*, que ele queria ser lembrado como um sujeito que amou profundamente as diferentes formas de vida que habitam o mundo e até a vida mesma. E ainda outra lembrança de uma conversa com o filho dele, em que destacava que poderia estudar qualquer coisa contanto que o fizesse com amor?

Pois bem, a pergunta – como todas as perguntas – é legítima e merece ser expressa e escutada. E, como toda pergunta, quando escutada atentamente, permitirá que iniciemos um caminho no pensamento e na escrita. Neste caso, propiciará que nos conecte-mos com uma linha que percorre a *Pedagogia do oprimido* desde seu início até o fim, para nos lembrar, talvez, que o amor é também um conceito principal para ser lido e apreciado neste livro. Como (quase) todas as perguntas, ela não tem uma resposta única, e esperamos que o caminho que aqui oferecemos não obstrua outras possibilidades que o leitor possa seguir por si próprio. De nossa parte, desdobraremos um ensaio para traçar, em dois momentos, caminhos no pensar que essa pergunta nos sugere.

Num primeiro momento, revelaremos as principais passagens em que aparece o amor na *Pedagogia do oprimido*: será uma espé-cie de relevo descritivo dessas aparições*;* num segundo momento, inspirados no *Elogio ao amor* do filósofo marroquino Alain Badiou, leremos essas aparições do amor no livro que nos ocupa, tentando perceber um sentido significativo da maneira com que Paulo Freire concebe o amor. Finalmente, tiraremos algumas considerações que recuperam ambos os momentos, a partir de uma última e extraordinária aparição do amor no final da *Pedagogia do oprimido*.

Um recorrido pelo amor afirmado
na Pedagogia do oprimido

A palavra *amor* aparece quase desde o início da *Pedagogia do oprimido*, nas primeiras palavras que Paulo Freire escreveu no outono de 1968 em Santiago do Chile. Ali é mencionado o amor em relação a eventuais críticos do livro, que pensariam que a *Pedagogia do oprimido* está perdida ao falar do amor quando se trata da libertação dos seres humanos. Ou seja, Paulo Freire sente a necessidade de justificar por que escrever sobre o amor é necessário num livro que se pretende revolucionário. É um sinal de que não era algo comum ou esperado e indica também a importância fundamental que tem o amor para o educador pernambucano.

Pode ser que alguém pense que a presença do amor nas primeiras palavras do livro não seja o bastante. Esse dado pode, talvez, ajudar quem duvida da importância do amor na *Pedagogia do oprimido*: a palavra *amor* aparece mais de trinta vezes no livro. Se incluirmos o infinitivo *amar*, são quase quarenta aparições. Contudo, nós mesmos alçaríamos a mão em sinal de protesto: muito dificilmente a quantidade de vezes que um termo aparece pode ser, por si só, indicativo de sua importância numa obra. É preciso encontrar argumentos mais qualitativos e de maior peso em nosso caminho. Vamos à presença do amor no conteúdo do livro.

Já no primeiro capítulo, o amor aparece como uma força que acompanha a rebelião dos oprimidos. Esta, paradoxalmente, podendo ser tão violenta quanto a violência da opressão que a provoca, pode também inaugurar o amor, na medida em que a classe oprimida, ao se liberar da opressão, libera também a classe opressora da falta de humanidade que está implícita num mundo opressor. Assim, o amor é uma arma das e dos oprimidos e que paradoxalmente alcança e afeta também as pessoas opressoras. Assim, o amor parece dotado de uma força extraordinária, maior que as contradições da sociedade opressora, que ele consegue superar.

Na verdade, não é que não exista amor entre a classe opressora; ele existe, mas encontra-se dentro de um mundo necrófilo, que ama a morte e não a vida; constitui, portanto, um "amor às avessas" (p. 144), um contra-amor, um antiamor. Haveria duas formas de expressão do amor: o amor à vida e, sobretudo, a uma vida justa, digna e humana, que é sentida pelas classes oprimidas; e o amor à morte, que ama controlar, mecanizar e tomar posse da vida; dessa forma, oprime a vida e, portanto, mostra que ama verdadeiramente a morte.

A necrofilia da classe opressora nos lembra a *necropolítica*, termo trabalhado pelo pensador camaronês Achille Mbembe para dar conta de um poder que se exerce para determinar quem pode viver e quem deve morrer. Mbembe descreve vários dispositivos do mundo contemporâneo instaurados *para provocar o aniquilamento de grupos sociais específicos.*[4] A necropolítica afirma-se sobre a necrofilia e a torna uma política do Estado de extermínio.

Na necropolítica, o próprio Estado ama a morte – é o que vivemos neste triste presente, em que o atual governo federal tem aproveitado a pandemia da covid-19 como oportunidade de aprofundar suas políticas da morte. Seu discurso trata de minimizar a importância e a letalidade do vírus que mata; descuida ou diretamente ataca as políticas de cuidado e prevenção do contágio; retarda ou relativiza a importância da vacinação em prol de tratamentos não comprovados cientificamente, que são inócuos ou até perigosos; em outras palavras, essa política ama

---

4   Achille Mbembe, *Necropolítica: biopoder, soberania, estado de exceção, política de morte*. Tradução de Renata Santini. São Paulo: n-1 edições, 2018.

e protege o vírus que mata, especialmente quando ele se dirige à população negra, pobre, LGBT – ou seja, ama o vírus porque mata as vidas que despreza. É uma *covidfilia*.

Sobre os efeitos, na classe oprimida, das ações dos que detêm uma consciência opressora e uma visão necrófila do mundo, Paulo Freire acrescenta um parágrafo que parece descrever, cinquenta anos antes, o estado atual de coisas no Brasil: "Na medida em que, para dominar, se esforçam por deter a ânsia de busca, a inquietação, o poder de criar, que caracterizam a vida, os opressores matam a vida" (p. 145).

Assim, a sociedade opressora vive de um amor à morte que se expressa também numa existência autômata, mecânica, irreflexiva. Por isso, para transformar uma sociedade não basta aprimorar as condições materiais de existência, vencer a fome, satisfazer algumas demandas materiais, aumentar o nível de consumo. Isso é necessário, mas não é suficiente. É preciso muito mais: uma vida que se atreva a ousar, ativa e responsável, para "criar e construir, para admirar e aventurar-se" (p. 155). A exigência, diz Freire, é radical: não há emancipação possível se os seres humanos não se percebem a si mesmos como criadores do mundo. Para isso, é preciso amar o mundo e a vida que o habita.

Nos termos da *Pedagogia do oprimido*, se a educação bancária pressupõe e é resultado dessa necrofilia que está na base da sociedade opressora e se expressa numa relação vertical que nega a palavra oprimida, a educação dialógica e a dialogicidade desdobram a amorosidade que fundamenta uma sociedade sem opressores e oprimidos e se expressa numa relação horizontal, igualitária e de confiança em relação aos semelhantes. Assim, se o amor à morte sustenta uma sociedade reprodutora das desigualdades e da exploração, o amor à vida se expressa no compromisso com a pronúncia da palavra verdadeira e a luta por um mundo mais justo, bonito, sem oprimidos nem opressores. Esse amor à vida, diz Paulo Freire, é necessariamente um ato de coragem, liberdade e diálogo.

Na quinta nota de rodapé no capítulo terceiro do livro (p. 190), Paulo Freire faz uma conexão potente entre amor e revolução: não há revolução sem amor, porque toda revolução é humanizadora e, como tal, não pode não ser um ato de amor à vida. Nessa nota, cita Che Guevara, um amante da vida, e por isso um guerreiro revolucionário que se comprometeu com a luta em favor de uma sociedade menos opressora. Paulo Freire destaca uma passagem do Che na qual ele afirma que, mesmo sob o "risco de parecer ridículo, o verdadeiro revolucionário é movido por fortes sentimentos de amor".[5] Como Paulo Freire, Che defende uma conexão que, embora necessária e principal, é desestimada por muitos participantes do campo revolucionário. Em outras palavras, mesmo subestimado ou desconsiderado por muitos, o amor é uma condição de uma verdadeira revolução: não há verdadeira revolução sem amor. Isso vale para Paulo Freire, para o Che Guevara e para todas e todos que amem a vida, e não a morte.

Significados para o amor
em diálogo com Alain Badiou

Na seção anterior destacamos a presença marcante que o amor tem na *Pedagogia do oprimido*. Apreciamos como ele é uma condição de uma vida que luta contra a opressão e, por isso, também, é condição de uma vida revolucionária. Finalmente, percebemos os sentidos

5   A citação do Che Guevara está numa nota de rodapé e é tomada da edição em castelhano de suas obras: Ernesto Guevara, *Obra revolucionaria*. Cidade do México: Ediciones Era S.A., 1967, pp. 637-8.

do amor, a forma como ele expressa, nos sujeitos revolucionários, o contrário do que expressa nos opressores: um amor à vida (biofilia) em oposição a um amor à morte (necrofilia). Contudo, qual o significado que podemos outorgar a esse amor? Qual conceito de amor tem insistente presença na *Pedagogia do oprimido*?

Para isso, vamos nos valer da ajuda de um filósofo marroquino contemporâneo, Alain Badiou, que escreveu um livro extraordinário: o *Elogio ao amor*.[6] Trata-se, na verdade, de um livro falado, daqueles que Paulo Freire tanto gostava, produto de um diálogo público sobre o amor, realizado entre Alain Badiou e Nicolas Troung no Festival de Avignon, França, em 14 de julho de 2008.

Na apresentação da obra, Alain Badiou justifica a importância de um livro dedicado a elogiar o amor. Inspirado na sua própria maneira de recontar a *República* de Platão, recorda que "quem não começa pelo amor nunca saberá o que é a filosofia".[7] Começar pelo amor parece ser uma condição para entender a filosofia. Não é suficiente, mas necessária. Talvez porque o amor esteja na própria palavra grega *filosofia* (de *phílos:* amor, amizade; e *sophía:* saber), traduzida ora como "amor ao saber", ora "como saber do amor".[8] É verdade: seja como for lida, como amor à sabedoria ou como sabedoria do amor, a palavra *filosofia* sugere que é impossível estar na filosofia, a menos que se esteja também no amor. Por isso, poderíamos dizer que os que amam a morte nunca poderão estar dentro da filosofia e, ao contrário, a odeiam. O amor seria, então, uma condição para se estar na filosofia.

Desse modo, para Alain Badiou, o amor é uma das condições da filosofia, não há filosofia sem amor. Contudo, não é a única

---

6 Alain Badiou e Nicolas Troung, *Elogio ao amor*. São Paulo: Martins Fontes, 2013.

7 Ibidem, p. 10.

8 Giuseppe Ferraro, *A escola dos sentimentos*. Rio de Janeiro: Nefi, 2018.

condição. A filosofia tem, para o marroquino, outras três: o saber, a arte e a militância. Assim, uma filósofa ou um filósofo é "um cientista instruído, um amante da poesia, um militante político, mas também deve assumir que o pensamento nunca é dissociável das violentas peripécias do amor".[9]

Badiou alerta sobre os dois riscos principais que se abatem sobre o amor. Um deles é tentar proteger o amor dos riscos que poderia gerar: amar sem se arriscar; amar com segurança total. Para Badiou, sendo o amor um interesse coletivo e aquilo que dá significado e intensidade à vida, ele não poderia ser vivido sem riscos.[10] De modo interessante, Badiou coloca como exemplo a propaganda norte-americana de guerra "com morte zero": por um lado, uma guerra sem mortes não é guerra, assim como um amor sem risco não é amor; por outro lado, a falta de mortes seria de um lado só – a morte do *outro* pouco importa ou, ao contrário, importa que seja feita cirurgicamente, sem mortes próprias. Quanto mais rápida e assepticamente o inimigo for eliminado, melhor; ou seja, a ausência de risco de mortes apenas alcança uma das partes em guerra, enquanto a morte se espalha sobre a outra.

A segunda ameaça ao amor, destacada por Badiou, é negar--lhe toda e qualquer importância. Pretende-se que o amor não passaria de uma espécie de hedonismo generalizado, uma das formas do gozo, algo próprio da superfície, que nada teria a ver com uma experiência profunda da alteridade.[11] Em conjunto, as duas ameaças consideram o amor um risco inútil: ele pode ser agradável e prazeroso, algo consumível e ameno,

9   Badiou e Troung, *Elogio ao amor*, op. cit., p. 9.

10   Ibidem, p. 12.

11   Ibidem, p. 13.

confortável e seguro, que não precisaria dos riscos e aventuras das paixões profundas.

Certamente, por trás dessas ameaças existe uma concepção do amor como algo funcional à sociedade de consumo que nos habita. Mas, para além dessa concepção banalizada, o que é o amor? Eis a pergunta fundamental, como diria Paulo Freire. E é justamente essa pergunta que está na base de muitas outras que Alain Badiou nos ajuda a elaborar. A sua concepção do amor é extremamente complexa, mas alguns dos elementos que nos oferece em *Elogio ao amor* ajudarão a perceber sentidos e significados atribuídos ao amor na *Pedagogia do oprimido*.

O amor é, para o filósofo marroquino, "uma construção de verdade" sobre duas perguntas bem específicas: "O que é o mundo quando o experimentamos a partir do dois e não do um? O que é o mundo examinado, praticado e vivenciado, a partir da diferença e não da identidade?"[12] Ou seja, o amor tem a forma de uma pergunta, e uma pergunta pode nos levar a andar pelos caminhos profundos do pensamento. Ou, nos termos de Paulo Freire, pode nos levar a uma pedagogia da pergunta, uma pedagogia amorosa da pergunta. Em termos de Alain Badiou, o amor é um desafio, uma aventura coletiva que pressupõe uma decisão: a de viver a vida pelo prisma da diferença e não da identidade, a de ser mais sensível ao plural que ao unitário, a de construir o mundo confiando na potência da diferença. É certo que o amor não exclui o desejo sexual, mas vai muito além dele: é um projeto de vida em comum, coletivo, uma forma de estar no mundo com outras e outros, um modo de compartilhar o mundo.

Construção de verdade e de mundo: sair de si para a construção descentrada de um mundo comum. Um desdobramento do

12 Ibidem, p. 20.

mundo. Isso é o amor para Alain Badiou – ou para dizê-lo com suas palavras: "O amor é sempre a possibilidade de assistir ao nascimento do mundo."[13] Quando se ama nunca há apenas um mundo. O amor é justamente a possibilidade, sempre presente, de que um novo mundo nasça; por isso, o amor é revolucionário, um ato próprio de um militante político, artista e sábio ao mesmo tempo.

Talvez por isso o amor tenha uma importância tão radical na *Pedagogia do oprimido* e na vida e na obra de Paulo Freire. Talvez por isso Paulo Freire tenha desejado que se lembrassem dele como um ser que amou profundamente a vida. Que fez da vida um projeto amoroso, coletivo, sensível à diferença e às pluralidades da vida. Também talvez por isso tenha enfatizado que Lutgardes poderia estudar qualquer coisa, contanto que o fizesse com o amor. Pela sua condição de sábio, artista, militante político e, principalmente, pela sua amorosidade radical.

Para terminar como
a Pedagogia do oprimido: *começando*

Uma das frases mais bonitas da *Pedagogia do oprimido* é a última. Começamos o presente texto com uma lembrança de uma das últimas entrevistas de Paulo Freire. Vamos encerrá-lo com uma lembrança da última afirmação do livro que estamos apresentando. Ela é uma espécie de legado, uma lembrança, um lembrete, um frontispício de uma pedagogia por vir: "Se nada ficar destas páginas, algo, pelo menos, esperamos que permaneça: nossa confiança no povo. Nossa fé nos homens [e

13 Ibidem, p. 22.

mulheres] e na criação de um mundo em que seja menos difícil amar" (p. 324).[14]

Já se passaram mais de cinquenta anos dessa escrita. Situe-mo-nos naquele tempo. Paulo Freire já terminou de escrever a *Pedagogia do oprimido*. É o fim de sua obra magna, que contém, antecipadamente, o sentido principal de sua vida e sua obra. Ele está no Chile, exilado, sentindo mais do que nunca a necessidade de uma revolução educacional. Confia que seu livro, escrito com enorme entusiasmo, terá um papel importante nesse movimento. O que a frase final do livro revela? Que mesmo confiando em seu pensamento escrito no livro, ele está mais confiante ainda na necessidade e no poder do amor.

Paulo Freire experimentou, com seu próprio corpo, as mazelas do mundo, e sabia muito bem que esta é a pior maldade do mundo contemporâneo: fazer com que amar de verdade seja algo quase impossível, amar como compromisso coletivo com a diferença, não apenas como forma de gozo ou consumo individual. Sabe

14 Recentemente, tive a oportunidade de conferir as edições em inglês de muitos livros de Paulo Freire quando revisei a tradução e as referências do meu livro *Paulo Freire mais do que nunca: uma biografia filosófica*, que acaba de ser publicado em inglês pela editora Bloomsbury sob o título *Paulo Freire: A Philosophical Biography*. Entre muitas outras coisas interessantes, percebi que na edição em inglês da *Pedagogia do oprimido* essa frase, a última da edição original em português, está suprimida. Contudo, ela está incluída, parcialmente modificada, no prefácio que Paulo Freire escreve para essa edição em inglês. A tradução da frase é ligeiramente diferente da original, no início e no final. Comecemos pela diferença no final. Na edição inglesa diz: *"a world in which it will be easier to love"*, cuja tradução mais literal seria "um mundo em que seria mais fácil amar". "Mais fácil" não é o mesmo que "menos difícil". E também o início da frase está alterado, pois "se nada ficar dessas páginas" não aparece na versão publicada em inglês.

também que talvez nunca seja possível – ou mesmo desejável – habitar um mundo onde seja fácil amar; mas descansa sua mais firme convicção na confiança de um mundo em que amar seja menos difícil do que está sendo em nossas sociedades do capital. O final do livro é um canto ao amor, tal como o definimos com Alain Badiou na seção anterior: ele é sempre a confiança na possibilidade de que outros novos mundos possam começar.

A educação, então, está principalmente ligada ao amor e, através do amor, ao nascimento e à morte. A educação, ainda, pode ser entendida como uma forma amorosa de gerar condições para que novos mundos nasçam. "Quanto mais se ama, mais se ama", Paulo Freire afirmava ter aprendido com sua primeira esposa, Elza.[15] Isso pode ser especialmente significativo em momentos de necrofilia e necropolítica como os atuais: propiciar começos onde outros querem provocar terminações. Educar amorosamente pela força amorosa da educação (ou pela força educativa do amor). Por isso, a frase final da *Pedagogia do oprimido* tem um caráter amorosamente educador: ela parece uma tentativa de Paulo Freire de fazer do final do livro uma espécie de começo, o começo de um mundo novo, outro, onde talvez seja menos difícil amar. Escrever amando, amar escrevendo, para, como já dizemos com Alain Badiou, assistir ao nascimento do mundo.

Paulo Freire era, sem dúvida, uma pessoa de começos. Em sua adorável conversa com Myles Horton, assim declara com orgulho: "Eu estou sempre no começo, como você."[16] Ele queria mostrar

15 Moacir Gadotti, *Paulo Freire: uma biobibliografia*. São Paulo: Cortez, 2001, p. 54.

16 Paulo Freire e Myles Horton, *O caminho se faz caminhando: conversas sobre educação e mudança social*. Organização de Brenda Bell, John Gaventa e John Peters. Tradução de Vera Josceline. Notas de Ana Maria Araújo Freire. Petrópolis: Vozes, 2018, p. 78.

precisamente que a educação, como prática amorosa, é também uma tarefa de começos: "Estou convencido de que, para que possamos criar algo, precisamos começar a criar. Não podemos esperar para criar amanhã, mas temos que começar a criar."[17] Começar não só é necessário, mas também urgente.

Estar sempre no início, criar no presente, é uma forma de acreditar na possibilidade sem-fim de um mundo novo. É isso que faz de Paulo Freire um grande educador filósofo e é isso que faz de todos os educadores filósofos criadores de novos mundos. É isso que pode tornar um livro educativo: que de sua leitura nasçam novos mundos. E é isso que esperamos de uma nova edição de *Pedagogia do oprimido*, um livro que parece obstinado em dar a pensar um novo mundo. Que novos e novos mundos continuem a nascer de sua leitura.

17 Ibidem, p. 56.

CEM ANOS DE PAULO FREIRE: ONTEM E HOJE NA PRÁTICA E NA PRÁXIS DECOLONIAL

Joice Berth*

> *"As consciências não são*
> *comunicantes porque se comunicam;*
> *mas comunicam-se porque comunicantes."*
>
> PAULO FREIRE,
> *Pedagogia do oprimido*

Libertação e emancipação: Lélia Gonzalez e Paulo Freire

O filósofo porto-riquenho Nelson Maldonado-Torres cunhou, em 2005, o termo "giro decolonial".[1] Seu significado abrange toda a movimentação da resistência – teórica, prática, política

---

*Arquiteta, urbanista, escritora, assessora política, pesquisadora e colunista da revista *Elle Brasil*. Autora do livro *Empoderamento,* da Coleção Feminismos Plurais (Jandaíra, 2019).

1   Luciana Ballestrin, "América Latina e o giro decolonial". *Revista Brasileira de Ciência Política*, nº 11. Brasília, maio-agosto de 2013, p. 105. Disponível em: <www.scielo.br/j/rbcpol/a/DxkN3kQ3XdYYPbwwxH55jhv/?format=pdf&lang=pt>.

e epistemológica – à lógica da colonialidade, que criou ambiente propício à formação de uma pirâmide social em que a descendência ou a base seria servida com graus progressivos de violência e miséria. Àquela altura, já tínhamos no Brasil dois expoentes que, embora estivessem apartados da nomenclatura que surgiria, estavam muito à frente de seu tempo em termos de percepção das realidades que constituíam seu meio social – a multipensadora e brilhante acadêmica popular Lélia Gonzalez e nosso Patrono da Educação, mestre Paulo Freire, pedagogo e filósofo tão popular quanto a primeira.

E aqui é preciso dizer que ambos eram populares em termos de subversão nas epistemologias, em busca de uma brasilidade intelectual, que poucos procuraram.

Na verdade, a busca em comum de Lélia e Freire acontecia para além dos limites da produção acadêmica. Ambos tinham um compromisso inegavelmente maior, com a sociedade. Quanto mais o tempo passa, mais temos elementos para compreendê-los.

Gonzalez se dispôs a mergulhar no profundo de nossas raízes para resgatar, pelas vias do conceito de *Amefricanidade*, todo o potencial de evolução humana que a colonialidade/modernidade havia soterrado no inconsciente de nossa *persona* social. Enquanto isso, Freire se ocupava da construção de uma prática pedagógica igualmente profunda e inovadora. Principalmente porque essa inovação só se concretiza abraçando nosso passado constitutivo, a fim de abrir as portas do nosso inconsciente social – adormecido pela estratégia da colonialidade de nos confinar na crença da homogeneidade, que jamais foi verossímil.

É mais do que adequado reivindicar o lugar primordial de Gonzalez e de Freire no panteão dos pensadores que sustentam e dão vida útil ao giro decolonial. É principalmente questão de justiça e de consolidação do caráter estritamente libertador e emancipador que está na essência da decolonialidade.

Com frequência, militantes pensadores e pensadores militantes exaltam Paulo Freire, mas não especificam por que é fundamental exaltá-lo, sobretudo neste momento de nossa história. Isso abriu uma brecha para que certo setor social, abduzido pelos ideais moralmente errantes da colonialidade, envolvidos por um conservadorismo patológico e limitante do pensar social, desviasse de maneira desastrosa todo o pensamento e prática freireana.

Não houve contestação da sua teoria, menos ainda uma discussão argumentativa válida dos termos práticos em que essa linha de pensamento construída por Freire se deu. Houve inversão de valores sobre o que nem ao menos esteve elencado em sua obra, como o amor aplicado à prática pedagógica de emancipação.

"Não há um sem os outros, mas ambos em permanente integração"

Paulo Freire foi um agente da mudança como poucas vezes tivemos no mundo. Sua proposta de transformação trazia na alma a condução segura e afetiva de pessoas rumo à tomada definitiva do seu "eu" social, que deveria ser totalmente emancipado, e não desgarrado da prática de uma sociabilidade possível e desejável, como temos atualmente. Uma das consequências contemporâneas do não entendimento da prática freireana, que escancara a dualidade preocupante entre as reverências dirigidas à sua obra pela dita *esquerda* e as críticas pela chamada *direita*, é o narcisismo social ou o individualismo patológico, que se sobrepõe à necessária individualidade.

Pedagogia do oprimido é um livro que considero obra de arte, cuja leitura mostra-se fundamental para a compreensão dos processos e dinâmicas que envolvem as opressões que caracterizam a colonialidade/modernidade, e que inspirou a infelizmente esvaziada teoria/conceito do empoderamento como trabalho emancipatório. A sensível percepção afetivo-social de Freire alimenta sua reflexão sobre o quanto a união natural (no sentido de espontaneidade) entre indivíduo e sociedade é vital para a emancipação do indivíduo e da sociedade.

Empoderamento é uma simbiose entre o individual e o coletivo, já estes carregam um comprometimento de sua estrutura constitutiva ou da essência humana/social, que impede o pleno desenvolvimento de ambos. Essa é uma das descobertas presentes em Freire. E, talvez, um dos vários motivos pelos quais se ama e se renega esse pensador estrutural. Porque a tarefa de empoderar-se para empoderar a sociedade, traduzida de um modo mais simples (não simplório), é Humanizar a sociedade e Socializar o humano. A sociedade não está humanizada. Tampouco nós, humanos, estamos sociais. Talvez poucos de nós alcançamos esse status de existência no mundo. E essa missão/função nos foi oportunizada por aquele que, mais que se humanizar através da profundidade de sua reflexão, humanizou quem pôde, almejando que tomássemos em mãos a capacidade de humanizar a sociedade para, então, nos deixarmos socializar por ela própria.

Freire sabia que o único caminho possível para concretizar essa necessidade vital era e continua sendo a educação. A educação como prática de liberdade, mas, sobretudo, como prática do entendimento do que significa a liberdade em um contexto em que os limites existem e se fazem necessários para uma organização que alimenta o equilíbrio. Pensamos em desigualdades como consequência da colonialidade, porém raramente refletimos que a desorganização é a essência da desigualdade.

Quem ama emancipa

"Eu me organizando posso desorganizar
Eu desorganizando posso me organizar"
Chico Science,
"Da lama ao caos"

Uma das particularidades que se pode captar na obra de Freire é a conexão espontânea com outras possibilidades do exercício do pensar. Freire não dita verdades, mas expressa convites afetuosos para a comunhão de ideias que se complementam e não se esgotam em si.

Ler Paulo Freire com os olhos da alma é aceitar o convite para esse diálogo inaudível e, às vezes, invisível entre os diversos produtos e subprodutos do pensamento. Paulo Freire sempre diz respeito à nossa capacidade de nos constituirmos subjetividades (e não subjetivismos, como ele mesmo refuta) pensantes e grupo que se alimenta e se retroalimenta do produto desse exercício do pensar. Isso permitiu que seu pensamento circulasse pelo mundo e fosse captado intuitivamente nos mais variados espaços em que os anseios por liberdade humana e emancipação social se fizessem presentes.

É como o que vemos nos dizeres de um artista do Nordeste em estreita comunhão de pensamento com Freire – e/ou instintivamente sob influência da sua aura. Estamos falando do precursor do Movimento Mangue Beat, Chico Science. Carregado de musicalidade, Freire, assim como Science e a Nação Zumbi, nos convida a subverter uma organização que antes necessita se desorganizar.

Decolonizar-se aqui constitui a práxis, pela sua potencialidade de junção entre o fazer e o ser. E é recorrente a confusão que se faz entre *des-colonizar* e *de-colonizar*; a diferença pode ser explicada a partir do pensamento freireano. Ainda que Paulo Freire não tenha apresentado uma definição para *decolonizar*, nos proveu de ferramentas para chegar a esse lugar quando abordou a necessidade de uma prática indissociável da práxis. *De-colonizar* vai além do trabalho de nos desconectar da produção de saberes coloniais e dos efeitos da colonização no tempo e espaço. Relaciona-se com o ato de buscar um alinhamento que permita diagnosticar, compreender e abordar o *status quo* de dominação colonial que se enraizou nas camadas mais profundas de nossa subjetividade, alterou a potência de nossa consciência e (de)formou nossa inconsciência. Essa dominação foi feita segundo a promoção distorcida de uma visão de nós mesmos, colocados em uma condição *permanente* – mas que não é, nem precisa ser. Essa dinâmica desafia o tempo e só pode ser interrompida a partir de um modo de ser e estar no mundo que evoca ou resgata nossa consciência crítica.

Podemos presumir que a práxis decolonial freireana insurgiu de maneira silenciosa, evocando uma consciência libertária do pensamento que fundamenta ações em nosso meio? Sim, e vemos isso também no pensamento de Chico Science, em sua subversão musical disposta a romper com a alma imperialista, que reduz a musicalidade brasileira a mero *exotismo* e *folclore* – no sentido pejorativo que a colonialidade imprimiu aos termos. Essa insurreição foi feita por Freire e Science em sonoridade e em reflexão. Enquanto desorganiza-se a musicalidade brancocêntrica, desorganiza-se também a necessidade internalizada, silenciosamente, de obedecer ao *modus operandi* opressor. Tudo isso é feito de maneira altamente afetiva, no cenário de desigualdade social e suas camadas políticas latentes.

Desorganizar-se em um mundo organizado para o aniquilamento humano por meio da construção de barreiras sociais expressivas é o escopo do pensamento de Freire. O pensamento freireano esteve em diálogo constante com produtos e subprodutos de muitos pensadores importantes do seu tempo, de modo direto e indireto, inclusive com aqueles que emergiram em território imperialista e elaboraram práticas e práxis para a emancipação. Ao mesmo tempo, Freire se manteve autônomo, no objetivo decolonial de descobrir e se descobrir na prática e na práxis possível para nosso contexto brasileiro. Aliás, podemos crer que sua pedagogia dialógica se deu por meio de uma alquimia legítima entre o produto de diversos diálogos com o *macromundo* – expresso pela multiplicidade acadêmica (Marx, Hegel, Dussel etc.) – e com o *micromundo* – em descoberta, compreensão e absorção. Em tais momentos a subjetividade afetiva moldou e foi moldada na mais pura liberdade de ser, longe da *persona* do opressor.

A cidade de Angicos, no Rio Grande do Norte, em 1963, foi o útero em que Freire lançou a mais promissora prática e práxis do pensamento decolonial brasileiro. Esta poderia ser traduzida para "pedagogia do reconhecimento", uma vez que propõe que se reconhecer como igual, em uma linearidade humana honesta, torna possível romper com a matriz imperialista que nos move e nos consome enquanto consumimos. Só assim interrompe-se a colonialidade do poder, que forja um subjetivismo expresso por nosso desejo coletivo e individual de superar, competir, mobilizar, paralisar e dominar toda e qualquer força humana assimilada como concorrente. Arrisco evocar Rita Segato e sua *pedagogia da violência* como tela explicativa do mal-estar civilizatório em que vivemos e contra o qual Freire lutou, ensinando e aprendendo que amor e empatia são elementos políticos da mais alta complexidade e efetividade.

Nosso fazer e nosso pensar decoloniais precisam passar por esse caminho preparado por Paulo Freire, já que, como sociedade, estamos cada vez mais imersos e identificados com o comportamento opressor e a prática opressiva que nos distancia irremediavelmente do objetivo motriz da transformação social – a emancipação integral e irrestrita.

Feminismo e Paulo Freire: uma divergência?

Não exatamente. Tampouco um motivo de rejeição. Muito pelo contrário – já que ambos propõem a convergência entre a proposta de alinhamento da práxis com a prática. Esse é um recado implícito de que o trabalho de se decolonizar é contínuo e passível de vigilância ativa, individual e do grupo. Esse trabalho caminha rumo à vital *emancipação holística* – pessoal, social e profissional –, tomando emprestado um termo muito usado por Patricia Hill Collins.

Mas também é fundamental trazer a especificidade sexista da obra freireana, especialmente deste clássico de tamanha profundidade e potencial emancipatório que é *Pedagogia do oprimido*. Em cada "esquina" de *Pedagogia do oprimido* é possível identificar uma luta oculta, possivelmente inconsciente, entre a percepção freireana dos caminhos para a prática e práxis libertadora e sua prisão nos meandros da dinâmica que constitui a relação entre oprimido e opressor.

A linguagem sexista que se entrevê em Paulo Freire expõe um conflito íntimo entre uma consciência crítica madura e bem desenvolvida, capaz de indicar de maneira muito generosa os caminhos individuais e coletivos para a emancipação, e a demanda intelectual e sociopolítica de seu tempo histórico. Este ainda terrivelmente conectado a restrições sistemáticas que impediam, e ainda impedem, pessoas de alcançar o status decolonial de transformação de nossa realidade.

> O grande problema está em como poderão os oprimidos, que "hospedam" o opressor em si, participar da elaboração, como seres duplos, inautênticos, da pedagogia de sua libertação. Somente na medida em que se descubram "hospedeiros" do opressor poderão contribuir para o partejamento de sua pedagogia libertadora. Enquanto vivam a dualidade na qual ser é parecer e parecer é parecer com o opressor, é impossível fazê-lo. A pedagogia do oprimido, que não pode ser elaborada pelos opressores, é um dos instrumentos para esta descoberta crítica – a dos oprimidos por si mesmos e a dos opressores pelos oprimidos, como manifestações da desumanização (p. 125).

Não foi obra do acaso a imediata identificação e influência que Paulo Freire exerceu em diversos pensadores do seu tempo, como bell hooks, referência importante para o feminismo negro mundial – para a minha experiência feminista, foi vital (re)encontrá-lo na obra de hooks. Primeiro, porque Freire indica que a condição de oprimido tem várias expressões sociais – sendo que a racial, a de gênero e a de classe são as que me cabem.

Segundo, porque é justamente o entendimento de que o ser oprimido tem diversas expressões dentro da estrutura social que nos dá elementos para entender que o opressor também é multifacetado e tem vários níveis de atuação. Inclusive, essas camadas abrem espaço para um conceito que Freire tão bem colocou e que é fundamental para o desenrolar das lutas práticas por emancipação: o de subopressor, ou aquele que está no extremo oposto da vivência de uma consciência crítica. O subopressor tem a consciência dominada de tal forma que se torna perigoso para si e para o grupo ao qual pertence.

> [...] quase sempre, num primeiro momento deste descobrimento, os oprimidos, em vez de buscar a libertação na luta e por ela, tendem a ser opressores também, ou subopressores. A estrutura de seu pensar se encontra condicionada pela contradição vivida na situação concreta, existencial, em que se "formam". O seu ideal é, realmente, ser homens, mas, para eles, ser homens, na contradição em que sempre estiveram e cuja superação não lhes está clara, é ser opressores. Estes são o seu testemunho de humanidade (p. 125).

Terceiro, porque, neste momento da história, a discussão sobre a validade de uma obra *versus* os deslizes na conduta de quem a escreve é uma das discussões mais urgentes e insurgentes para o feminismo de todas as vertentes e para as demais lutas contra opressões estruturais.

Como bem concluiu bell hooks em *Ensinando a transgredir*, Freire não está à revelia da vivência consciente que exige um encontro entre prática e práxis. E isso nos dá respostas para entender que o problema não está em manifestar o erro ou usar os privilégios de opressor, e sim abandonar a luta interna por uma conscientização que sustente a prática daqueles que estão comprometidos com uma transformação social emancipatória. Algo que Paulo Freire não faz.

> Enquanto lia Freire, em nenhum momento deixei de estar consciente não só do sexismo da linguagem, como também do modo com que ele constrói um paradigma falocêntrico da

> libertação – em que a liberdade e a experiência de masculinidade patriarcal estão ligados como se fossem a mesma coisa. Isso é sempre motivo de angústia para mim, pois representa um ponto cego na visão de homens que têm uma percepção profunda. Por outro lado, não quero que a crítica desse ponto cego eclipse a capacidade de qualquer pessoa (e particularmente das feministas) de aprender com as percepções.[2]

Percepções profundas, em termos intelectuais, são a manifestação do encontro entre a experiência adquirida com a vivência em tempo real e a reflexão situada a partir do conceito intelectual ou acadêmico do que se está trabalhando.

Por essa razão, feministas negras brasileiras evocam a fusão entre o pensamento acadêmico – que ao longo da história do feminismo se concentrou nas mãos de pessoas brancas – e a intelectualidade orgânica ou empírica – elemento fundamental para a sobrevivência dos oprimidos, especialmente os racializados e generificados. Estes, pelo mesmo processo histórico, estiveram impossibilitados de ocupar os espaços acadêmicos.

Em sua vivência de masculinidade moldada em uma estrutura de assimetria de poder que hierarquiza homens e mulheres – a experiência de opressor –, Freire também experimentou o próprio lugar de oprimido (guardadas as devidas camadas de realidade que caracterizam as diferenças cabíveis aqui). Não apenas como homem nordestino, mas principalmente como aquele que rejeita a *persona* social privilegiada, abrindo espaço para uma convivência simétrica com os oprimidos. E, assim, defendeu uma pedagogia decolonial para a libertação, que deveria e deve

---

2   bell hooks, *Ensinando a transgredir: a educação como prática da liberdade*. São Paulo: Martins Fontes, 2017, pp. 69-70.

emergir do cerne do grupo oprimido (independentemente das diversas expressões que caracterizam os imobilizados pelas opressões estruturais).

Essa é a inflexão que nos permite olhar o conflito expresso pela sua linguagem sexista. Ela é estruturada pelo viés inconsciente da linguagem de Freire e que permite que mulheres feministas de pensamento tão sólido, como bell hooks e outras, se identifiquem de maneira definitiva com a obra de Freire, especialmente *Pedagogia do oprimido*.

> Parece-me que a oposição binária tão embutida no pensamento e na linguagem ocidentais torna quase impossível que se projete uma resposta complexa. O sexismo de Freire é indicado pela linguagem de suas primeiras obras, apesar de tantas coisas continuarem libertadoras. Não é preciso pedir desculpas pelo sexismo. O próprio modelo de pedagogia crítica de Freire acolhe o questionamento crítico dessa falha na obra. Mas o questionamento crítico não é rejeição. [...] me senti tão incluída em *Pedagogia do oprimido*, um dos primeiros livros de Freire que li, muito mais incluída – em minha experiência de pessoa negra de origem rural – do que nos primeiros livros feministas que li.[3]

Vira-latismo

Paulo Freire alerta para a impossibilidade de uma ação emancipatória daqueles que não articulam práxis e prática e esclarece que discurso sem ação é puro ativismo. Curiosamente, a ascensão midiática de um ativismo que visa exclusivamente à sua libertação

3   Ibidem, p. 70.

(inviável, em termos de sistema) vem comprometendo ações de grupos articulados, em nome de um saber intelectual que não permite sequer ultrapassar os narcísicos muros acadêmicos. Ou seja, o ativismo pegou um atalho que não leva à consciência crítica, mas sim colabora com a manutenção da consciência dominada, uma vez que produz apenas subopressores, abduzidos pela cooptação exercida livremente por meio da distorção do conceito de representatividade.

Atualmente, a discussão da teoria decolonial se popularizou, o que, a princípio, é positivo. No entanto, como ser decolonial sem fazer a crítica ao imperialismo presente na veia *vira-latista* da formação subjetiva da mentalidade intelectual brasileira? Temos, nas discussões do feminismo negro, a referência norte-americana de uma mulher negra como bell hooks, mas não temos Freire e Gonzalez como determinantes no entendimento territorial e cultural das nossas dinâmicas oprimido *versus* opressor. E ainda andamos em círculo na discussão sobre práxis *versus* prática – não a partir do nosso despertar crítico, mas após essa temática ser levantada pelo movimento das feministas norte-americanas via Movimento #MeToo.

A pergunta é: por que estamos recusando pontos vitais para a evolução de nossas discussões sobre opressões que já foram levantados pelos nossos pensadores? Elas, inclusive, servem de referência para os pensadores que exaltamos e seguimos, muitas vezes até sem as críticas necessárias, que estabelecem limites entre nossas vivências e as vivências de outros modelos de sociedades.

Se bell hooks é uma referência tão aclamada, por que não Paulo Freire? E por que a ausência de Freire quando elencamos referências para o pensamento decolonial? Ele pode e deve ser considerado, juntamente com Lélia Gonzalez, um pioneiro na percepção e no estabelecimento de uma pedagogia completamente emancipatória que, se flerta com o erro ao não considerar as especificidades na conceituação social do oprimido, não se isenta, contudo, de expressar sua dicotomia na vivência como opressor e oprimido ao mesmo tempo.

Emancipação para todos

Onde quer que se apure a necessidade de um processo pedagógico libertador, a lógica emancipatória de Freire deve ter espaço. Não há possibilidade real de uma revolução ou de uma nova ordem civilizatória sem o rigor amoroso com que Freire nos conduz ao questionamento decolonial e à desorganização que precede a organização do individual e do coletivo.

Esta tem sido nossa principal carência sociopolítica: o entendimento de que nenhum propósito transformador pode ser verdadeiramente civilizatório se não estiver conectado com o real sentido da emancipação. Ela deve ser aquela que coloca o poder em uma manifestação linear, não hierarquizante, na qual o humano não obedeça a uma suposta "lei da maior importância" e nossa alma seja integrativa e não programada para atender o *mainstream* capitalista contido na ideia limitante do vip.

O que vivemos hoje, e que precisa ser desorganizado, é a absorção da ideia de centralidade, de exclusivismo, que se manifesta em nosso comportamento – incluindo o nosso fazer político – e que não se enquadra no giro decolonial do qual Freire faz parte.

Não nos emancipamos quando almejamos que isso seja uma exclusividade de alguns. Isso apenas mascara privilégios e cria um verniz colorido para a alternância de um poder conectado com a exclusão, não com a integração.

Por tudo isso, e muito mais que poderia ser dito desse que é uma das maiores referências do pensamento mundial, sobretudo decolonial, Paulo Freire continua atual, necessário e patrono absoluto da prática e da práxis pedagógica para toda e qualquer pessoa que pretenda escrever e desenhar o trajeto para uma verdadeira transformação social.

A *PEDAGOGIA DO OPRIMIDO,* HOJE, TEM UM HORIZONTE DIGITAL

Ladislau Dowbor*

Por trás do desafio do acesso às letras, no caso da alfabetização, ou aos sinais virtuais na tela, no caso da inclusão digital, está o problema central da desigualdade. A mesma angústia de uma pessoa que tinha dificuldades em ler um endereço, e se sentia fora do mundo, é vivida por mais de um terço da humanidade de excluídos do universo *on-line*, quando as coisas mais simples do cotidiano exigem destreza na tela e no teclado, armazenamento de senhas e a capacidade de pagamento correspondente. As tecnologias mudaram, mas não a exclusão, nem a consequente fragilização política.

A dimensão do acesso ao conhecimento como condição de acesso à cidadania, tão presente na obra de Paulo Freire, não só continua presente como se agrava. Já aquele terço da humanidade encontra-se de certa maneira como que no escuro, desligado do mundo digital onde acontecem as coisas. Ou por não ter acesso aos equipamentos, ou por não ter como pagar as taxas extorsivas, ou por se encontrar em regiões desprovidas de sinal, e de

*Ladislau Dowbor é professor de economia da Pontifícia Universidade Católica de São Paulo (PUC-SP), consultor de diversas agências da Organização das Nações Unidas (ONU) e autor de numerosos estudos, disponíveis gratuitamente on-line em <www.dowbor.org>. Seu último livro, O capitalismo se desloca: novas arquiteturas sociais, trata em particular dos impactos da revolução digital. Contato: <ldowbor@gmail.com>.

energia. Na sociedade do conhecimento, a falta de acesso tornou-se mais dramática.

O conhecimento hoje constitui o principal fator de produção. A capacidade física e a disposição para o trabalho não garantem o acesso a uma remuneração digna. As pessoas precisam de uma bagagem de conhecimentos frequentemente muito ampla, e não à toa, nos índices internacionais de desigualdade, hoje se incluem, além da desigualdade de renda e de patrimônio, a desigualdade educacional.

O controle da economia digital

O conhecimento se tornou em grande parte imaterial. O mundo corporativo é hoje dominado não por grandes fábricas de automóveis, por exemplo, mas por gigantes mundiais que controlam os sinais magnéticos, como Google, Apple, Facebook, Amazon, Microsoft – oligopólio hoje conhecido pela sigla GAFAM. Na China, dominam gigantes semelhantes, como Baidu, Alibaba, Tencent – o BAT. E como o dinheiro também se tornou imaterial – apenas 3% da liquidez que circula no mundo envolve notas impressas por governos – o sistema de intermediação financeira se transformou igualmente, com o domínio de gigantes mundiais que cobram taxas sobre toda e qualquer transação.

Essa transformação da base tecnológica das atividades econômicas mudou em profundidade o que chamávamos de acumulação de capital. No capitalismo tradicional que conhecemos, a extração do excedente pelas elites, sob forma de mais-valia, era assegurada pela exploração salarial. No Brasil de hoje, com 212 milhões de habitantes e cerca de 150 milhões de adultos, apenas 33 milhões de pessoas têm emprego formal no setor privado. Somando 11 milhões de empregados do setor público, temos 44 milhões de pessoas efetivamente inseridas no sistema. No setor informal, temos cerca de 40 milhões de pessoas que "se viram", e, somando-se os quase 15 milhões de desempregados – dados de junho de 2021, durante a pandemia do covid-19 –, mais da metade da população do país se encontra marginalizada. A subutilização da força de trabalho constitui um problema central do desenvolvimento do Brasil.

A economia imaterial

O conhecimento tornou-se o principal fator de produção. Um celular poderá ter 5% do seu valor atribuído à matéria-prima e à força de trabalho empregada. Os outros 95% constituem conhecimento incorporado. Mas o peso econômico das tecnologias e de pesquisa incorporados tornou-se essencial nas mais variadas áreas. Mesmo a agricultura familiar depende de tecnologias de inseminação artificial, análise de solo, estudos hídricos, seleção de sementes e outros aportes sob forma de conhecimento incorporado nos processos produtivos.

As grandes fortunas resultam cada vez menos de produção de bens e serviços finais, como de automóveis: trata-se de controle do acesso ao intangível, plataformas de intermediação em vez de fábricas. A mudança é sísmica, pois o intangível pode ser indefinidamente reproduzido sem custos adicionais, abrindo a possibilidade de uma generalização planetária de aumento de produtividade também sem custos adicionais.

Haskel e Westlake, no livro *Capitalism without Capital*, captam a diferença profunda que caracteriza esse capital intangível. Não se trata de um ativo físico como uma fábrica ou uma loja ou uma linha telefônica: uma vez que esses ativos atingem a sua capacidade, é preciso investir em novos ativos. Mas os intangíveis não precisam obedecer ao mesmo conjunto de leis da física: podem em geral ser usados de novo e de novo. Chamemos esta característica dos intangíveis de potencial de escala [*scalability*] [...]. Não deve ser uma surpresa para nós que coisas que não podemos tocar, como ideias, relações comerciais e *know-how* sejam fundamentalmente diferentes de coisas físicas, como máquinas e construções.[1]

O controle da informação, das redes, do dinheiro imaterial, do acesso ao conhecimento, dos sistemas de comunicação e outros setores de atividade imaterial, inclusive a financeirização acelerada da própria educação, estão gerando outro universo econômico e sociopolítico. Somos dominados não mais por capitalistas produtivos, mas por gigantes da intermediação. É cada vez mais uma economia do pedágio.

As oportunidades na crise

O denominador comum é que a conectividade planetária e a primazia da dimensão imaterial do principal fator de produção estão gerando novas regras do jogo. Na visão de Jeremy Rifkin, em *A sociedade de custo marginal zero*, a rápida expansão dessa nova economia leva a uma possibilidade de escaparmos do poder dos gigantes da intermediação e da filosofia da guerra econômica de todos contra todos, expandindo progressivamente os espaços

---

1 Jonathan Haskel e Stian Westlake, *Capitalism without Capital: The Rise of The Intangible Economy*. Oxford: Princeton University Press, 2018, pp. 60-1.

de colaboração direta entre os agentes econômicos que são ao mesmo tempo produtores e consumidores, os famosos *prosumers*.

Otimismo exagerado? Talvez, mas a expansão das novas tecnologias, da economia imaterial e da conectividade planetária abre espaço para uma compreensão muito mais ampla das oportunidades que surgem para uma economia mais humana. Na obra de Rifkin ecoam evidentemente os trabalhos de Hazel Henderson sobre a "*win-win society*", de Clay Shirky sobre o "excedente cognitivo" e de Don Tapscott, sobre as articulações horizontais entre agentes econômicos (*Wikinomics*), além de outros. A realidade é que há outra economia/sociedade em construção. Para que mundo estamos educando as pessoas?

A lógica de organização herdada do século passado, centrada na privatização e competição, simplesmente não resolve. A apropriação privada, no caso dos bens rivais, é compreensível. Se passo o meu relógio a alguém – um bem físico –, eu deixo de tê-lo. Mas, se compartilho uma ideia, continuo com ela. E, uma vez coberto o eventual custo de elaboração da ideia, ela pode circular e ser apropriada pelo planeta afora sem "me tirar pedaço". Trata-se justamente de uma "sociedade de custo marginal zero".

Elinor Ostrom consagrou a sua vida de pesquisa aos bens comuns, como a água, as florestas, os recursos pesqueiros e outros, o que lhe valeu o Nobel do Banco da Suécia, aliás primeiro Nobel de Economia concedido a uma mulher. Com Charlotte Hess, organizou *Understanding Knowledge as a Commons: From Theory to Practice*, uma coletânea em que os estudos sobre os bens comuns são aproveitados para pensar e entender também o conhecimento como bem comum, numa análise dessa profunda transformação que irá caracterizar o século XXI.

O conceito-chave aqui é *commons*, que traduzimos como *bens comuns*:

Commons se tornou uma palavra de referência para informação digital, que estava sendo trancafiada [*enclosed*], transformada em *commodity* e patenteada de maneira abusiva [*overpatented*]. Seja qual for a denominação utilizada, bens comuns ligados ao "digital", "eletrônico", "informação", "virtual", "comunicação", "intelectual", "internet" ou outros, todos estes conceitos se referem a um novo território compartilhado de informação global distribuída.[2]

A orientação básica desse novo território é o seu imenso potencial de apropriação generalizada:

> Quanto mais pessoas compartilharem conhecimento útil, maior será o bem comum. Considerar o conhecimento como bem comum, portanto, sugere que o eixo unificador de todos os recursos comuns se encontra no seu uso compartilhado, gerido por grupos de várias dimensões e interesses.[3]

O acesso aberto e compartilhado não significa a ausência de formas de gestão, o vale-tudo. Nisso é precioso o aporte de Ostrom, que estudou durante décadas as mais variadas formas de gestão compartilhada de bens comuns – o uso de recursos comuns de água para o cultivo do arroz na Ásia, os pactos de limitação de uso da água nos Estados Unidos e outros. Ela oferece um referencial de regras do jogo construídas pelos próprios usuários, que se organizam para não destruir o que é de uso comum, por meio de arranjos institucionais inovadores.

2   Elinor Ostrom e Charlotte Hess (orgs.), *Understanding Knowledge as a Commons: From Theory to Practice*. Cambridge: MIT Press, 2011, p. 4.

3   Ibidem, p. 5.

Os diversos capítulos de *Understanding Knowledge as a Commons* trazem as visões de James Boyle, sobre o conhecimento visto como ecossistema, mostrando o absurdo que é trancar o acesso aberto a obras por mais de setenta anos depois da morte do autor; de Wendy Lougee, sobre as transformações da universidade e em particular das funções das bibliotecas universitárias, quando o conhecimento passa a ser universalmente disponível; de Peter Suber, sobre a evolução do acesso aberto (*open access*); de Shubha Gosh, sobre os novos conceitos de propriedade intelectual; de Nancy Kranich sobre as tentativas por parte de corporações de trancar o acesso e gerar um novo movimento de *enclosures* no mundo científico e na educação; de Peter Levine, sobre formas de organização da sociedade civil em torno dos novos arranjos, e assim por diante.

Diferentemente dos bens industriais, as ideias têm de circular livremente. Um texto de 1813 de Thomas Jefferson é neste sentido muito eloquente:

> Se há uma coisa que a natureza fez que é menos suscetível que todas as outras de propriedade exclusiva, esta coisa é a ação do poder de pensamento que chamamos de ideia... Que as ideias devam se expandir livremente de uma pessoa para outra, por todo o globo, para a instrução moral e mútua do homem e o avanço de sua condição, parece ter sido particularmente e de maneira benevolente desenhado pela natureza, quando ela as tornou, como o fogo, passíveis de expansão por todo o espaço, sem reduzir a sua densidade em nenhum ponto, e como o ar no qual respiramos, nos movemos e no qual existimos fisicamente, incapazes de confinamento, ou de apropriação exclusiva. Invenções não podem, por natureza, ser objeto de propriedade.[4]

4 Apud Lawrence Lessig, *The Future of Ideas: the Fate of the Commons in an Connected World*. Nova York: Random House, 2001, p. 94.

De certa maneira, temos aqui uma grande tensão, de uma sociedade que evolui para o conhecimento, a densidade cultural e a economia imaterial, mas regendo-se por leis da era industrial. O essencial é a ideia de que o conhecimento é indefinidamente reproduzível. Portanto, só se transforma em valor monetário quando apropriado por alguém, e quando quem dele se apropria coloca um pedágio – "direitos" – para se ter acesso. Para os que tentam controlar o acesso ao conhecimento, este só tem valor ao criar artificialmente a escassez, por meio de leis e repressão, e não por mecanismos econômicos. Por simples natureza do processo, a aplicação à era do conhecimento das leis da reprodução da era industrial trava o acesso. Curiosamente, impedir a livre circulação de ideias e de criação artística tornou-se um fator, por parte das corporações, de pedidos de maior intervenção do Estado. Os mesmos interesses que levaram a corporação a globalizar o território para facilitar a circulação de bens levam-na a fragmentar e a dificultar a circulação do conhecimento.

A questão central de como produzimos, utilizamos e divulgamos o conhecimento envolve, portanto, um dilema. Se, por um lado, é justo que quem se esforçou para desenvolver conhecimento novo seja remunerado pelo seu esforço, por outro, apropriar-se de uma ideia como se fosse um produto material termina por matar o esforço de inovação. A *propriedade intelectual* não tem limites?

Numa universidade norte-americana, com a compra das revistas científicas por grandes grupos econômicos, um professor que distribuiu aos seus alunos cópias do seu próprio artigo foi considerado culpado de pirataria. Poderia quando muito exigir dos seus alunos que comprassem a revista em que está o seu texto. Todos conhecem o absurdo de patentes sobre segmentos de DNA, de bactérias, sementes e outras formas de vida, *copyrights* sobre criação intelectual que se estendem até setenta ou mais anos depois da morte do autor e semelhantes. Pela lei vigente no Brasil, os textos de Paulo Freire estarão livremente disponíveis apenas a partir de 2067! Estamos, na realidade, travando a difusão do progresso, em vez de facilitá-la.

Não são visões extremistas que encontramos nos trabalhos de Lawrence Lessig sobre o futuro das ideias, de James Boyle sobre a dimensão jurídica, de André Gorz sobre a economia do imaterial, de Jeremy Rifkin sobre a economia da cultura, de Eric Raymond sobre a cultura da conectividade, de Joseph Stiglitz sobre os limites do sistema de patentes, de Manuel Castells sobre a sociedade em rede, de Alvin Toffler sobre a "terceira onda", de Pierre Lévy sobre a inteligência coletiva, de Hazel Henderson sobre os processos colaborativos, e tantos outros. São visões de bom senso, e muitos pesquisadores, autores e editores estão se reajustando. Novas dinâmicas estão em curso e ocupando espaços na linha de frente tecnológica, ultrapassando dinâmicas desatualizadas. Instituições de pesquisa como o Instituto de Tecnologia de Massachusetts (Massachusetts Institute of Technology – MIT), autores científicos como Lester Brown, editoras como a Fundação Perseu Abramo, autores de música como Gilberto Gil e tantos outros estão apontando para um universo mais equilibrado. Não se trata de utopias, e sim de mudanças em curso, e os que souberem se readequar vão encontrar o seu lugar.

O Brasil, nesse plano, enfrenta uma situação peculiar, pois herdou uma desigualdade que marginalizou grande parte da sua população. A economia do conhecimento e os seus potenciais ficaram essencialmente limitados ao terço superior da população. É um país em que o setor informal da economia representa quase a metade da população economicamente ativa. Não podemos nos dar ao luxo de não aproveitar ao máximo o imenso potencial que as novas tecnologias apresentam. Generalizar o acesso à banda larga de qualidade, abrir de forma gratuita o acesso ao conhecimento, na linha do movimento mundial de ciência aberta, *creative commons*, *open access* e semelhantes, transformar as instituições de ensino em núcleos de navegação no universo de conhecimento *on-line* que banha o planeta, formar os professores na nova filosofia de construção colaborativa e interativa do conhecimento – todos estes são caminhos que se abrem para uma educação que assuma o protagonismo no seu próprio processo de transformação.

A revolução digital está abrindo um universo de oportunidades. Não precisamos pagar pedágios para os gigantes corporativos da intermediação que são as plataformas como Google, Facebook, Amazon etc., ou para os bancos que nos endividam ao nos emprestar o nosso próprio dinheiro. A educação não só precisa resistir à sua transformação em produto comercial na mão dos gigantes corporativos como também necessita se tornar um instrumento para nos liberar, permitindo a compreensão dos mecanismos. Precisamos, de certa maneira, mudar os meios e os fins. A alfabetização, em outra época e na visão de Paulo Freire, tratava justamente tanto do meio de aquisição do conhecimento como dos fins libertadores. Hoje, para não estar excluído, o nível de conhecimento precisa ser muito mais amplo do que a alfabetização pela qual batalhava Paulo Freire. A *Pedagogia do oprimido*, hoje, tem um horizonte digital.

6 de julho de 2021

O CONTRIBUTO DE PAULO FREIRE PARA A EDUCAÇÃO
E O CONTRAPONTO DO PROJETO ESCOLA SEM PARTIDO (PESP)*

*Débora Mazza***

Existe um conjunto de princípios que comparecem nas obras de Paulo Freire e que, penso, merece ser revisitado em tempos de ataques à nossa curta e frágil ambiência democrática brasileira. Assim, minha intenção é apresentar alguns excertos do contributo de Paulo Freire expresso em três de suas obras (*Educação e atualidade brasileira*, *Pedagogia do oprimido* e *Pedagogia da indignação*), tendo em vista destacar alguns aspectos que, acredito, devem ser colocados comparativamente com alguns projetos de lei que disputam as narrativas no campo da educação.

Desde o seu primeiro texto sistemático, Paulo Freire se pergunta: "Por que não está vingando o espírito democrático na sociedade brasileira?"[1]

*Este artigo, com pequenas modificações, foi inicialmente publicado no *Boletim ADunicamp*, de novembro de 2019 (pp. 22-3). Disponível em: <www.adunicamp.org.br/wp-content/uploads/2019/11/2019_11_dossie_aduni-camp_projeto_neoliberal_final_mobile.pdf>.

**Docente da Faculdade de Educação da Unicamp, do Departamento de Ciências Sociais e Educação e pesquisadora PQ/CNPq. Tem experiência na área de Sociologia e Educação, atuando principalmente nos temas: educação e escolarização, pensamento social brasileiro e Estado, políticas e educação.

1 Paulo Freire, "Educação e atualidade brasileira". Tese (Concurso de professor da cadeira de História e Filosofia da Educação) – Universidade Federal do Recife, Escola de Belas Artes de Pernambuco, Pernambuco, 1959.

Essa inquietação é confrontada com o passado colonialista e patrimonialista, o extermínio dos povos nativos, a escravidão dos povos negros e, paradoxalmente, com a constatação de que a sociedade brasileira urbana industrial que se configura a partir de meados do século XX impunha, de modo crescente, à participação do povo brasileiro na vida pública do país. Daí a importância da educação na atualidade.

Para enfrentar tal desafio, Freire dialoga com autores de diferentes espectros, passando pelos pensadores cristãos (Alceu Amoroso Lima, Emmanuel Mounier, Georges Bernanos, Jacques Maritain), pelos isebianos[2] (Guerreiro Ramos, Hélio Jaguaribe, Roland Corbusier, Álvaro Vieira Pinto) e pelos acadêmicos nacionais (Anísio Teixeira, Caio Prado Jr., Fernando de Azevedo, Gilberto Freyre) e pensadores internacionais (Albert Memmi, Friedrich Engels, Jean-Paul Sartre, Karel Kosík, Karl Mannheim, Karl Marx), entre outros. Desse conjunto desigual de orientações, Paulo Freire foi construindo uma compreensão peculiar do humano como um ser de relações inacabadas, ontologicamente limitado, marcado pelas circunstâncias, que se constitui na e pela linguagem, ao mesmo tempo aberto para o mundo e capaz de transcender as determinações e intervir criadoramente nas condições concretas de existência.

Freire concebe o ser humano como um ser imerso no mundo da cultura, composto por elementos materiais, finitos e limitados,

2 "Isebianos" eram os profissionais ligados ao Instituto Superior de Estudos Brasileiros (ISEB), órgão vinculado ao Ministério da Educação e Cultura, lotado, à época, no Rio de Janeiro, capital federal, e criado em 1955, sendo extinto em 1964. Tinha por objetivos o estudo e a divulgação das ciências sociais, cujos dados e categorias deveriam ser aplicados para a descrição, análise e compreensão da realidade brasileira, bem como auxiliar na promoção da passagem do subdesenvolvimento para o desenvolvimento nacional independente.

e por elementos simbólicos infinitos e ilimitados. Dessa forma, *o processo educativo comparece como amplificador de consciências e promotor de transcendências*:

> Cada vez mais [...] nos convencemos [...] de que o homem brasileiro tem de ganhar a consciência de sua responsabilidade social e política [...] participando, atuando e ganhando cada vez maior ingerência nos destinos da escola de seu filho [...], de seu sindicato, de sua empresa, através de agremiações, de clubes, de conselhos. Ganhar ingerência na vida do bairro [...] de sua comunidade rural, pela participação atuante [...]. Assim, [...] iria o homem brasileiro aprendendo a democracia mais rapidamente.[3]

Na *Pedagogia do oprimido*, Freire reafirma seu compromisso com os grupos sociais engajados na construção da sociedade democrática e explicita *sua concepção de educação e de escola vinculada aos movimentos sociais* e dedica sua obra aos

> movimentos de rebelião, sobretudo de jovens, no mundo atual, que necessariamente revelam peculiaridades dos espaços onde se dão, manifestam, em sua profundidade, preocupação em torno do homem e dos homens, como seres no mundo e com o mundo. Em torno do *que* e de *como* estão sendo. Ao questionarem a "civilização do consumo"; ao denunciarem as "burocracias" de todos os matizes; ao exigirem a transformação das universidades, de que resultem, de um lado, o desaparecimento da rigidez nas relações professor-aluno; de outro, a inserção delas na realidade; ao proporem a transformação da realidade mesma para que as universidades possam renovar-se; ao rechaçarem

3 Paulo Freire, "Educação e atualidade brasileira", op. cit., p. 13.

velhas ordens e instituições estabelecidas, buscando a afirmação dos homens como sujeitos de decisão, todos esses movimentos refletem o sentido mais antropológico do que antropocêntrico de nossa época (p. 121).

Ainda na *Pedagogia do oprimido*, Freire *defende a relevância social do trabalho educativo* e marca posição afirmando:

A ação política junto aos oprimidos tem de ser, no fundo, uma "ação cultural" para a liberdade, por isto mesmo, ação com eles (p. 153).

A narração, de que o educador é o sujeito, conduz os educandos à memorização mecânica do conteúdo narrado. Mais ainda, a narração os transforma em "vasilhas", em recipientes a serem "enchidos" pelo educador (p. 160).

Ninguém educa ninguém, como tampouco ninguém se educa a si mesmo: os homens se educam em comunhão, mediatizados pelo mundo (p. 174).

A educação problematizadora se faz, assim, um esforço permanente através do qual os homens vão percebendo, criticamente, como *estão sendo* no mundo [...] (p. 178).

Denúncia de uma realidade desumanizante e anúncio de uma realidade em que os homens possam ser mais (p. 180).

se dizer a palavra verdadeira, que é trabalho, que é práxis, é transformar o mundo, dizer a palavra não é privilégio de alguns homens, mas direito de todos os homens (p. 188).

> Não há diálogo, porém, se não há um profundo amor ao mundo e aos homens (p. 190).

> a ação cultural dialógica, como um todo também, é a superação de qualquer aspecto induzido (p. 318).

Para que esse processo educativo aconteça de modo democrático, dialógico e permanente, Freire aponta *o lugar e o papel político pedagógico do professor educador* e nos diz que a pedagogia do oprimido é aquela forjada com os homens e com os povos que lutam pela recuperação de sua humanidade:

> pela humanização, pelo trabalho livre, pela desalienação, pela afirmação dos homens como pessoas, como "seres para si" (p. 122).

> Será na sua convivência com os oprimidos, sabendo-se também um deles – somente em um nível diferente de percepção da realidade –, que poderá compreender as formas de ser e comportar-se dos oprimidos, que refletem, em momentos diversos, a estrutura da dominação (p. 147).

A efetivação dessa prática educativa dialógica orientada por um amor profundo às pessoas passa pela *defesa da esfera pública como bem comum e como possibilidade de construção de condições dignas para todos*. Em seu último escrito, Freire aponta:

> É certo que mulheres e homens podem mudar o mundo para melhor, para fazê-lo menos injusto, mas a partir da realidade concreta a que "chegam" em sua geração. E não fundadas ou fundados em devaneios, falsos sonhos sem raízes, puras ilusões. O que não é porém possível é sequer pensar em transformar o

mundo sem sonho, sem utopia ou sem projeto. [...] A transformação do mundo necessita tanto do sonho quanto [...] da lealdade de quem sonha às condições históricas, materiais, aos níveis de desenvolvimento tecnológico, científico do contexto do sonhador. Os sonhos são projetos pelos quais se luta. Sua realização não se verifica facilmente, sem obstáculos. Implica, pelo contrário, avanços, recuos, marchas às vezes demoradas. Implica luta. Na verdade, a transformação do mundo a que o sonho aspira é um ato político e seria uma ingenuidade não reconhecer que os sonhos têm seus contrassonhos. É que o momento de que uma geração faz parte, porque histórico, revela marcas antigas que envolvem compreensões da realidade, interesses de grupos, de classes, preconceitos, gestação de ideologias que se vêm perpetuando em contradição com aspectos mais modernos. [...] Não há atualidade que não seja palco de confrontações entre forças que reagem ao avanço e forças que por ele se batem. É neste sentido que se acham contraditoriamente presentes em nossa atualidade fortes marcas do nosso passado colonial, escravocrata, obstaculizando avanços da modernidade. São marcas de um passado que, incapaz de perdurar por muito mais tempo, insiste em prolongar sua presença em prejuízo da mudança. [...] A luta ideológica, política, pedagógica e ética a lhe ser dada por quem se posiciona numa opção progressista não escolhe lugar nem hora. Tanto se verifica em casa, nas relações pais, mães, filhos, filhas, quanto na escola, não importa o seu grau, ou nas relações de trabalho. O fundamental, se sou coerentemente progressista, é testemunhar [...] o meu respeito à dignidade do outro ou da outra. Ao seu direito de ser [...] Por grande que seja a força condicionante da economia sobre o nosso comportamento individual e social, não posso aceitar a minha total passividade perante ela. Na medida em que aceitamos que a economia [...]

exerce sobre nós um poder irrecorrível não temos outro caminho senão renunciar à nossa capacidade de pensar, de conjecturar, de comparar, de escolher, de decidir, de projetar, de sonhar. [...] a política perde o sentido da luta pela concretização de sonhos diferentes. Esgota-se a eticidade de nossa presença no mundo.[4]

Em contraponto a essa tradição democrática, amorosa, pública e inclusiva de educação, têm tramitado no Congresso Nacional projetos de lei que preconizam a chamada Escola Sem Partido, a militarização das escolas cívicas públicas, a educação no lar (*homeschooling*) e que se aglutinam em torno de interesses particularistas e de forças conservadoras da sociedade brasileira.

Nos limites deste texto, vou me ater ao chamado Projeto Escola Sem Partido (PESP), cuja ideia foi apresentada inicialmente, em 2003, pelo advogado Miguel Nassib, procurador do estado de São Paulo em Brasília e ex-assessor de ministro do Supremo Tribunal Federal (STF). O PESP, depois de tramitar por várias instâncias e passar por reformulações e angariar adeptos, foi apoiado pelo então deputado federal Flávio Bolsonaro e transformado no Projeto de Lei (PL) nº 7.180, de 24 de fevereiro de 2014, de autoria de Erivelton Santana.[5]

O PL solicita a alteração do art. 3º da Lei de Diretrizes e Bases da Educação Nacional (LDBEN) nº 9.394, de 20 de dezembro de 1996, que assegura que o ensino será ministrado nos princípios de

---

4 Idem, *Pedagogia da indignação: cartas pedagógicas e outros escritos*, 5ª ed. São Paulo: Editora Unesp, 2000, pp. 53-5.

5 Erivelton Santana. Câmara dos Deputados do Congresso Nacional. Projeto de Lei nº 7.180/2014. Brasília: DF, 2014. Disponível em: < www.camara.leg.br/proposicoesWeb=prop_mostrarintegra?codteor=1230836&filename=pl+7180/2014 >.

igualdade, liberdade, pluralidade, respeito e tolerância.[6] Contudo, o PL afronta igualmente os arts. 205 e 206 da Constituição Federal de 1988 (CF/1988) e os arts. 1º e 2º da LDBEN que garantem que a educação abrange muitos processos formativos que se desenvolvem na família, na convivência humana, nas instituições de ensino, no trabalho, nas manifestações culturais; e que a educação é dever da família e do Estado inspirada nos princípios de liberdade e nos ideais de solidariedade.[7]

O Projeto de Lei se inspirou no Código de Defesa do Consumidor (CDC) e deseja instituir:

> respeito às convicções do aluno, de seus pais ou responsáveis, tendo os valores de ordem familiar *precedência* sobre a educação escolar nos aspectos relacionados à educação moral, sexual e religiosa, vedada a transversalidade ou técnicas subliminares no ensino desses temas.[8]

O movimento PESP se popularizou pelas redes sociais por meio de material de divulgação em linguagem simples, valendo-se de polarizações no campo político que transbordam para o campo da educação. Miguel Nagib, idealizador e defensor do projeto, em audiência pública no Senado Federal, realizada em 1/9/2016, afirmou:

6   Brasil. Ministério de Educação e Cultura. Lei nº 9.394, de 20 de dezembro de 1996. Estabelece as diretrizes e bases da educação nacional. Brasília: MEC, 1996. Disponível em: <www.planalto.gov.br/ccivil_03/leis/l9394.htm>.

7   Brasil. Presidência da República. Lei nº 8.078, de 11 de setembro de 1990. Dispõe sobre a proteção ao consumidor e dá outras providências. Brasília: Presidência de República, 1990.

8   Erivelton Santana, op. cit. [*Grifo nosso.*]

> O nosso projeto foi inspirado no Código de Defesa do Consumidor. O código intervém na relação entre fornecedores e consumidores para proteger a parte mais fraca, que é o consumidor, o tomador dos serviços que são prestados pelos fornecedores. Da mesma maneira, a nossa proposta intervém na relação de ensino-aprendizagem para proteger a parte mais fraca dessa relação, que é o estudante, aquele indivíduo vulnerável, que está se desenvolvendo.[9]

O PESP instala na sociedade brasileira *uma concepção de educação e escola* sob a ótica do CDC, pautada no poder de compra do indivíduo, no desejo de consumo, nas escolhas privadas, na primazia dos valores da família e na oferta da educação como bem e serviço de mercado.

Essa concepção privada e privatista de educação e escola deságua na *desqualificação do professor e do trabalho da escola pública* travestida de argumentos aparentemente vinculados à esfera da moral cristã. Entretanto, quando analisamos os conteúdos veiculados nas mídias pelos grupos que defendem esses projetos, identificamos que o ataque é endereçado às associações e entidades de professores e aos sindicatos dos trabalhadores da educação. As mensagens apontam uma alegada manipulação do professor sobre o aluno, a suposta doutrinação marxista do currículo escolar, incluindo a chamada "ideologia de gênero", que seria contrária aos valores religiosos, e o aparelhamento da escola contra os costumes das famílias. O site do PESP promove o cerceamento da autonomia

---

9 Apud Fernando de A. Penna, "O escola sem partido como chave do fenômeno educacional", in Gaudêncio Grigotto, *Escola sem partido: esfinge que ameaça a educação e a sociedade brasileira*. E-book, Rio de Janeiro: Uerj; Laboratório de Políticas Públicas, 2017. Disponível em: <drive.google.com/file/d/0B-8ZDG4hi54IEZ05HQwdzUmViekE/view>, p. 39.

didática, metodológica e de conteúdo do trabalho do professor e a instauração de um mal-estar nas relações entre família e escola pública, na medida em que estimula comportamentos de fiscalização, desconfiança e delação do trabalho e do comportamento do professor.

No site do movimento, encontramos mensagens do tipo "por uma lei contra o abuso da liberdade de ensinar" e tutoriais que exibem, passo a passo, "como flagrar um doutrinador", "como delatar um professor marxista" e "como filmar seu professor". As mensagens subscrevem os deveres do professor a partir de sua negatividade, e não da sua potência e positividade:

> O professor *não deve* se aproveitar da audiência cativa dos alunos para promover os seus próprios interesses [...] *não favorecerá* e *nem prejudicará* os alunos em razão de suas convicções políticas [...] *não fará* propaganda político-partidária em sala de aula *nem incitará* seus alunos a participar de manifestações, atos públicos e passeatas.[10]

E, para finalizar, apontamos alguns *efeitos deletérios do* PESP e a inflexão que ele promove na relação entre Estado, educação e sociedade.

Ao mesmo tempo que adota como ponto de partida um argumento moral conservador, o PESP se relaciona a uma proposta de mudança da natureza da educação, tirando-a da esfera do direito público e do bem comum e transformando-a em um direito privado e um produto de mercado. Ao criticar a escola pública e o exercício profissional do professor como servidor do Estado

---

10 Escola Sem Partido. Disponível em: < www.escolasempartido.org/programa-
-escola-sem-partido/>. [*Grifos nossos.*]

democrático, o PESP defende a primazia do poder da família, a ampliação da esfera privada e a primazia da orientação dos pais nos aspectos ligados à educação moral, sexual e religiosa de seus filhos no ambiente escolar.

Para tanto, ganham destaque as estratégias discursivas de delação do professor e o ataque à escola pública como um espaço suspeito que promove encontros de cidadanias plurais. O projeto:

- fortalece a liberdade de escolha da escola pela família (*school choice*);
- deseja destinar recursos públicos para a iniciativa privada através de bônus (*vouchers*);
- preconiza o cerceamento de crianças e jovens em espaços mais privados e controlados de educação doméstica (*homeschooling*);
- valoriza o notório saber por meio de critérios que não passam pela certificação profissional nem pelo concurso público;
- indica a venda de materiais apostilados e kits pedagógicos vinculados a interesses particulares de grupos políticos, religiosos e partidários; e
- defende a ampliação e acreditação da educação a distância (EaD).

É importante lembrar que a escola republicana foi pensada como um espaço de sociabilidades múltiplas, entre diferentes e desiguais. Ela deve ser pública, gratuita, laica, financiada pelo Estado – com qualidade socialmente referenciada e mantida sob forte influência da racionalidade científica e secular –, além de ancorada na profissionalização do professor e na ideia de educação como um bem comum e um direito de todos.

Em tempos de inflexão neoliberal e neoconservadora, compreender as disputas no campo educacional a partir do exercício do pensamento contraditório e da prática do dissenso talvez nos ajude a resistir aos retrocessos no campo das políticas sociais e educacionais, bem como a entender o sentido dos ataques midiáticos que Paulo Freire tem sofrido desde os movimentos de rua em 2013, que propõem o fim da dita "doutrinação marxista", o que inclui a queima de seus livros em praça pública e a retirada do título de Patrono da Educação Brasileira, que lhe foi atribuído pelo governo brasileiro em 2012.

Sob aparência de um discurso cristão que defende os valores da família, os signatários de projetos como o Escola Sem Partido vislumbram encurtar o escopo das políticas públicas e transformar a educação em mercadoria, a escola em patrimônio privado e o aluno cidadão de direito em consumidor monetarizado.

**HORIZONTES DA UTOPIA,
UMA CARTA PARA ELZA E PAULO**

Nima Spigolon*

Campinas, outono-inverno de 2021.

Queridos Elza e Paulo,

Fiquei tão atribulada com a continuidade do tal de *home office* e o encerramento do semestre letivo que seguiu remoto com atividades assíncronas e síncronas, que não abri o jornal nem a agenda da semana. Tampouco li se a Comissão Parlamentar de Inquérito (CPI) da covid-19 encerrou as investigações acerca das omissões do governo federal no combate à pandemia. E tenho a impressão de que vocês encontram-se preocupados com as notícias da família, do Brasil e do mundo. Essa é também uma maneira de acolher o humano que existe em cada um de nós. Uma sensação boa de esperançar, de qualquer forma!

Tomada pelas urgências do momento e pelas lembranças, pela saudade de vocês, releio o *Pedagogia do oprimido* e, então, escrevo-lhes esta carta, que dedico com as mesmas letras que dedicaram em 1968 as primeiras palavras desse livro que é referência: "aos esfarrapados do mundo e aos que neles se descobrem e,

*Professora na Faculdade de Educação da Unicamp, instituição na qual fez mestrado e doutorado, sendo pioneira nas pesquisas acerca da educadora Elza Freire e das suas influências e contribuições na vida e na obra do marido, Paulo Freire.

assim descobrindo-se, com eles sofrem, mas, sobretudo, com eles lutam" (p. 5).

Os ventos do tempo são as travessias em minhas palavras... uma lufada de saudade de vocês pousa em mim para escrever sem pausa em meio a e-mails, telas de computadores, teclas de celular e tantos papéis, livros e lápis. Tempo que diz sobre a memória do que somos e traz no vento as páginas compulsórias de nosso encontro contemporâneo.

Quanto mais leio as palavras dos dois, entremeadas por cháve-nas de café e a coloração âmbar da manhã de outono, mais me surpreendo com a atualidade dos assuntos que vocês abordam. Sejam estampados nos títulos de Paulo, sejam guardados nos amarelados "escritos íntimos"[1] de Elza, ambos delicadamente suspensos no cedrinho por sobre as mãos francesas da parede branca. O vento da sua presença, Elza e Paulo, desloca meu olhar ao encontro de vocês nos retratos e me despertam os rascunhos redigidos no pensamento – quando li, reli, e agora retomo, *Pedagogia do oprimido* –, além de certos sentimentos nunca publicizados por mim antes.

Matutei aqui, esta carta é parte das travessias através das quais a experiência humaniza o tempo, em vez de perfilá-lo a uma época longínqua, mesmo quando vocês pensavam, e eu ainda penso, que o mundo teria de ser mudado e que as nossas relações com a realidade social de que participamos mudariam intermediadas pela educação. Quero aproximar-me da complexidade da epistemologia de vocês, que às vezes, em alguma inflexão da corporalidade da existência humana, entrega-se a um profundo e subjetivo

1   Nima Spigolon, "Escritos Íntimos e escrita de si: por entre as páginas e a vida de Elza Freire". *Revista Brasileira de Pesquisa (Auto)biográfica*, v. 1, n. 2 (2016), pp. 254-68.

recolhimento, e nesse movimento provoca um ato concreto de conscientização. Sai de si, mundo afora partejando, na concepção de vocês dois, a educação comprometida com a vida, cuja práxis político-pedagógica trata da leitura da realidade. Epistemologicamente, à leitura do mundo precede a leitura da palavra.

Reconhecer-se dentro da experiência, fincada no presente histórico. Ao fazê-lo, quero registrar que estou diante de uma perspectiva até então desconhecida a que denomino de leitura "elza-freireana" da realidade, que é social, política e cultural – e é estética, geográfica e amorosa. Essa leitura torna possível os processos de amalgamar subjetividade/objetividade, concreto/abstração, razão/paixão. Deixo-me ser envolvida pelos ventos do tempo, ao relembrar Mnemosyne que, ao soprar e cantar em mim essa releitura da *Pedagogia do oprimido*, desenvolve o aprendizado e o ensino permeada de movimentos poéticos do espírito.

Elza e Paulo, é muito viva em mim a memória de vocês, vinda mediante o exercício de "ação-reflexão-ação" com Mnemosyne, quando percebo a relação indicotomizável do acontecimento revolucionário de uma educação política que pensa a existência humana. E faz isso ao sistematizar a "pedagogia humanista e libertadora" num conjunto de pressupostos, teorias e práticas sob o título de *Pedagogia do oprimido*, que implica processos permanentes de transformação. Minha percepção, portanto, é de uma pedagogia nascida de vocês, que afetuosa e cientificamente chamo de "elza-freireana". Uma pedagogia que cria condições para que o sujeito possa romper com a "educação bancária" e, ao fazê-lo, possa re-descobrir-se nos *círculos de cultura*, expressar-se nos *temas geradores*, radicalizando a sua condição ontológica no mundo por meio da *dialogicidade* e no trabalho em *comunhão*, de modo a vir acontecer o *inédito-viável*.

PREFÁCIO | NIMA SPIGOLON

Inevitavelmente, ou *inédita-viavelmente*, escrever para vocês não é uma homenagem a quem se foi, é a quem está presente. Vocês estão presentes, e cada vez mais vivos, nas vias emancipatórias, nos horizontes da utopia – onde coloco meus desejos de mudança para uma outra realidade possível, a qual, dialeticamente, é uma categoria da realidade. Vocês representam horizontes da utopia – tempo-espaço em que acontece a transformação da vida, do que se vive, com a força de uma educação que respeita as diferenças, acompanhada do surgimento de uma consciência de educador.

Sem titubear, comento com vocês, Elza e Paulo, que, na minha releitura do livro *Pedagogia do oprimido*, há duas reflexões que se destacam. A primeira, mais crítica, de que, se a produção é datada, o pensamento expresso na obra em si é atemporal, caracterizado por cenários latino-americanos de golpes de Estado, ditaduras e exílios políticos. A segunda, mais construtiva, de que a dimensão familiar atravessa as configurações de criação de *Pedagogia do oprimido*. Então, não há um *inédito-viável*, há muitos. Mesmo em circunstâncias fossilizadas de domínio e exploração, em que se vislumbra *o ser mais* nunca como expressão da luta individual e, sim, como projeto coletivo, tendo em vista condições estruturais que tornem a sociedade mais democrática, justa, digna e amorosa.

Folheio, lentamente, o "Pedagogia da convivência".[2]

E, enquanto as chávenas de café permanecem lá, agora vazias no canto da minha escrivaninha, e a luz pálida do abajur marca as noites mais longas e os dias mais curtos de inverno, a escrita desta carta a vocês, Elza e Paulo, me remete a cenários que, embora se apresentem anacrônicos, alinhavam experiências com nomes e sobrenomes. Fatos deixam de ser inexoráveis e assumem um caráter

2   Nima I. Spigolon, "Pedagogia da convivência: Elza Freire – uma vida que faz Educação". Dissertação (Mestrado em Educação). Unicamp, Campinas, 2009.

histórico. Por um lado, a situação pandêmica do mundo em 2021, agudizada por uma crise social, sanitária, humanitária, econômica e política, e, por outro, os quadros de exílio da família Freire em 1968, quando, em Santiago do Chile, novamente se reuniram Elza, Paulo e os filhos: as três Marias – Madalena, Cristina e Fátima – e os dois meninos – Joaquim e Lutgardes, criando condições reais de existência e emocionais para a feitura da *Pedagogia do oprimido*.

Ah! Quantas saudades de Madá, Mima, Fá, Joaquim e Lut. Reencontro vocês, Elza e Paulo, neles, no legado que nos deixaram e que se propaga nas inserções político-pedagógicas dos cinco filhos, cada um com as suas particularidades e sempre unidos. Madá, Fátima e Lut continuam residindo em São Paulo, embora Fá siga seus movimentos pendulares de idas e vindas; Cristina e Joaquim mantêm-se domiciliados na Suíça desde os anos 1970. É uma boniteza ver vocês no sotaque das três Marias e dos dois meninos, no compromisso de amor à humanidade, na coerência ética que se manifesta artística e publicamente, na práxis educativa aprendida no bojo amoroso da família Freire.

Madalena, Cristina, Fátima, Joaquim e Lutgardes, de quem nunca me afastei desde que os conheci na época do mestrado, em 2006, são – nos fragmentos de uma *pedagogia da convivência*, que acontece nas variadas dimensões do sentir, pensar, agir e relacionar-se – a vivência pulsante e latente dos postulados de vocês.

Queridos, vou fazer uma menção muito especial em meio a esta escrita salteada por 1968 e 2021, na qual há o respiro de utopia e de esperança com as comemorações do seu centenário, Paulo, e dos seus 105 anos, Elza, para as quais elaboramos um selo – a professora Camila Lima Coimbra[3] na UFU e eu aqui na Unicamp

---

3   Professora do Núcleo de Didática, da Faculdade de Educação, da Universidade Federal de Uberlândia.

–, disponibilizando-o para acesso gratuito, democrático e público, assim como vocês nos ensinaram. Bem, mas isso quero retomar em outra carta.

Eu me demoro agora em "As noites da ditadura e os dias de utopia".[4]

Reconheço, Elza e Paulo, que, em 1968, a feitura do *Pedagogia do oprimido* se inscreveu no espírito de luta internacional associado ao renascimento de utopias, o desejo contra a razão identificada como marca da barbárie, predominante no breve século XX, e explosões anticapitalistas vindas do combate ao imperialismo e às ditaduras, por uma sociedade livre e igualitária.

Elza, recordei-me da sua escuta e me vi no Maio de 68, na Primavera de Praga, na Guerra do Vietnã, no AI-5. Paulo, recordei-me da sua escrita e li as reminiscências dissonantes daquele ano nos movimentos que inspiravam um projeto político capaz de tornar nosso mundo melhor. Elza e Paulo, como expressões de humanidade, a escuta e a escrita de vocês me seguram pela mão, enquanto vivo a angústia existencial em um mundo pandêmico e estilhaçado, meio que virado de cabeça para baixo.

Acercaram-me aqui, Elza e Paulo, situações expressivas que marcaram os primeiros anos de ditadura no Brasil e de exílio, no Chile, da família de vocês. Ajuntadas aqui algumas memórias imbricadas ao *Pedagogia do oprimido*, que simbolizam resistência, luta, utopia e educação, uma revolução, diria eu, que seguiu rompendo as fronteiras do Brasil e compondo transversalmente a movimentação cultural, política e pedagógica da família Freire.

Elza e Paulo, vou contar-lhes aqui um causo: em 2008, ainda no mestrado, numa das minhas travessias do Rio Grande, fui ter

---

4 Nima I. Spigolon, "As noites da ditadura e os dias de utopia – o exílio, a educação e os percursos de Elza Freire nos anos de 1964 a 1979". Tese (Doutorado). Unicamp, Campinas, 2014.

em São Paulo, antes com o Lut no Instituto Paulo Freire e depois com Madá. Com Lut, pão de queijo e manteiga de leite que eu levava de Ituiutaba, Minas Gerais, ele me diz: "O meu pai levou certo tempo para começar a escrever *Pedagogia do oprimido*, aí a mãe disse pro pai: 'Olha, você fala, fala, mas não escreve nada, quando é que você vai colocar tudo isso no papel?' Então meu pai começou a escrever. Quer dizer, foi graças a ela, graças ao empurrão e incentivo dela. Depois, a primeira leitora da *Pedagogia do oprimido* foi nossa mãe." Com Madá, doce de abóbora, o seu predileto, também de Ituiutaba. E me olhando nos olhos, levou-me ao dia em que perguntou, carinhosamente ao pai se ele não estava falando demasiado insistentemente sobre a *Pedagogia do oprimido*. Se não seria melhor pô-lo logo no papel; então o pai respondeu que ela estava certa. E foi o que ele fez.

Lut, Madá, Mima, Fá e Joaquim presenciaram Paulo contando que depois de reuniões e seminários com exilados que na época estavam no Chile, Elza lhe sugeria que escrevesse esses momentos. A sugestão foi realmente de você, Elza. Paulo começou, tomou gosto pela escrita. Foi a partir daí que as filhas e os filhos, emocionados, afirmam que Paulo escreveu e emendou a *Pedagogia do oprimido*.

Os originais da *Pedagogia do oprimido* foram compartilhados com leitores e ouvintes. À medida que o livro adquiriu forma, e Paulo comentava da *Pedagogia do oprimido* com outras pessoas, reafirmava que Elza "sempre foi uma ouvinte atenciosa e crítica, e se tornou a primeira leitora, igualmente crítica".[5] Há também a originalidade da *pedagogia da convivência*, evidenciada quando Paulo, no livro *Pedagogia da esperança*, rememora que Elza "De

---

5   Paulo Freire, *Pedagogia da esperança: um reencontro com a Pedagogia do oprimido*. Organização de Ana Maria Araújo Freire. 28ª ed. Rio de Janeiro: Paz e Terra, 2021, p. 65.

manhã, muito cedo, lia as páginas que eu escrevera até a madrugada e deixara arrumadas sobre a mesa. Às vezes, não se continha. Me acordava e, com humor, me dizia: 'Espero que este livro não nos torne mais vulneráveis a novos exílios.'"[6]

Faço remissão ao meu doutorado[7] e torno epistolar a narrativa política de que a condição de exilados da família de vocês, Elza e Paulo, serviu de rompimento inicial com uma espécie de paroquialismo local, regional e nacional, identificando-os como partícipes de movimentos de esquerda. Tal configuração propiciou a vocês assumirem-se numa perspectiva marxista, entremeada de amorosidade e de apreciação científica da realidade brasileira, latino-americana e, posteriormente, mundial. Foram qualificados de revolucionários os trabalhos do casal Freire, como acontece com o livro *Pedagogia do oprimido*, que o tornou conhecido mundo afora.

Queridos Freires, reler este livro e revisitar a ambiência familiar para a sua feitura, tendo em 2021 os acontecimentos que temos, me encoraja a grafar que no encontro dessas memórias pulsam o Brasil e a América Latina como dimensões da relação humanidade-realidade-conhecimento, pois, ao detalharem processos, fortalecem a sociedade civil e os princípios de liberdade e vida.

Elza e Paulo, cabe mais um causo nesta carta? Acho que sim. Vou contar-lhes que Fá, Mima e Joaquim revelam a perenidade e a relevância nas questões abordadas pelo *Pedagogia do oprimido*, deixando emergir na prosa a poesia das horas que você, Paulo, dedicava-se, no início da noite, a estar na sua inteireza com Elza e os filhos, que carinhosamente chamava de "meninada". Mais um "bucadim" de prosa e de poesia brotam das memórias situadas

6   Ibidem, p. 90.

7   Nima I. Spigolon, "As noites da ditadura e os dias de utopia – o exílio, a educação e os percursos de Elza Freire nos anos de 1964 a 1979", op. cit.

na casa da rua Alcides de Gasperi, nº 500, na cidade de Santiago, quando Fá e Mima acompanhavam Elza ao Mercado Mapocho, e Joaquim já indicava seus pendores para a música clássica e o violão. Lá na biblioteca da casa, grafava-se na *Pedagogia do oprimido* que esse processo de integração interativa é significativo quando vinculado ao diálogo que desencadeia novos níveis de consciência e, consequentemente, novas formas de ação.

Elza e Paulo, as vacinas para imunização contra a covid-19 estão chegando. E a primavera chegará. Convido vocês, Madalena, Cristina, Fátima, Joaquim e Lutgardes para estarmos juntos "com o sol e com os pássaros, com a manhã, com o novo dia", quando Paulo e a família olhavam "pela janela o pequeno jardim que Elza fizera e as roseiras que ela plantara... a casa pintada de azul como era na época".[8] A casa azul, da família Freire, cuja ambiência íntima e familiar com Elza e os filhos proporcionou a Paulo as condições para sistematizar a *Pedagogia do oprimido*, dar continuidade à fundamentação da proposta político-pedagógica iniciada no Brasil e aprofundar o entendimento diante da radicalização do seu pensar a humanidade – um processo entremeado por discussões que se desenrolam sob a condição de exilados. A infraestrutura cotidiana da família vinha de Elza, nas palavras dos filhos, uma mulher tão resolvida no que dizia respeito à sua capacidade criativa, reflexiva, crítica, generosa e amorosa de ser que ela sempre esteve na linha de frente. Pois, você, Elza, sabia que Paulo a representava.

Quantas memórias saudosas e amorosas! E, lá da casa azul, ressurge aqui uma atmosfera multifacetada e multicor de recordação na qual Paulo expressa que: "Não poderia repensar a *Pedagogia do oprimido* sem pensar, sem lembrar alguns dos lugares onde a

8   Paulo Freire, *Pedagogia da esperança*, op. cit., pp. 61-4.

escrevi, mas sobretudo um deles, a casa onde vivi tempo feliz."[9]
"Foi esta a experiência que com Elza vivi [...] a vida, com amor."[10]

Os ventos do tempo são as travessias em minhas palavras... volto ao início desta carta para ir me despedindo. E faço-a naquele abraço de alma para alma, em vocês que amo: Elza e Paulo, além de Madalena, Cristina, Fátima, Joaquim e Lutgardes, e a todos os irmãos e as irmãs, devido ao mundo que me deram, comprovando nossa *gentetude*, pois é o esperançar que renasce diuturnamente comigo quando reconheço a *boniteza* que se move em torno do sentido da vida. Isso acontece enquanto as linhas desta carta passam pela ampulheta, deixando a imagem dos momentos que se vão quando mais quereríamos que ficassem.

Elza e Paulo, vocês trabalharam juntos e, tenho para comigo que continuam assim, pois, parafraseando Paulo em *Pedagogia do oprimido*, por um lado espero "que permaneça: nossa confiança no povo" e que possamos seguir na "criação de um mundo em que seja menos difícil amar" (p. 324).

Ao mesmo tempo, quero destacar o que Paulo Freire afirma em *Pedagogia do oprimido*: "Queremos expressar aqui o nosso agradecimento a Elza, de modo geral nossa primeira leitora, por sua compreensão e estímulos constantes a nosso trabalho, que também é seu" (p. 117). Elza é a coautora da *Pedagogia do oprimido* e das produções sistematizadas a partir do trabalho de ambos, tendo como gênese a proposta de educação que desde o final dos anos 1950 segue revolucionando o mundo por meio da educação. Os filhos – Madalena, Cristina, Fátima,

9   Ibidem, p. 85.

10 Ibidem, p. 89.

Joaquim e Lutgardes – sempre me contam sobre a obra do pai, atravessada pela obra oculta, silenciosa e de bastidores da mãe.

Meus queridos Elza e Paulo, a *pedagogia da convivência* é o encontro amoroso com a *Pedagogia do oprimido* e a *Pedagogia da esperança*, tendo a educação mediatizada pelo mundo para nos tornar seres mais humanos, mais humanizadores, mais gente. A cada nova página dessas pedagogias, traremos e teremos Paulo, e cada vez mais teremos e traremos Paulo e Elza, pois a *pedagogia da convivência* modelou as demais pedagogias que Freire nos legou.

Com meu beijo de gratidão em todos os instantes de minha vida e com o amor que sobrevive a distância, à ausência e à saudade, seguimos proseando.

E, como sempre, despeço-me deixando-lhes o meu inté,

Nima

PREFÁCIO À PRIMEIRA EDIÇÃO (1967)
APRENDER A DIZER A SUA PALAVRA

Ernani Maria Fiori

Paulo Freire é um pensador comprometido com a vida: não pensa ideias, pensa a existência. É também educador: existencia seu pensamento numa pedagogia em que o esforço totalizador da práxis humana busca, na interioridade desta, retotalizar-se como "prática da liberdade". Em sociedades cuja dinâmica estrutural conduz à dominação de consciências, "a pedagogia dominante é a pedagogia das classes dominantes". Os métodos da opressão não podem, contraditoriamente, servir à libertação do oprimido. Nessas sociedades, governadas pelos interesses de grupos, classes e nações dominantes, a "educação como prática da liberdade" postula, necessariamente, uma "pedagogia do oprimido". Não pedagogia para ele, mas dele. Os caminhos da liberação são os do oprimido que se libera: ele não é coisa que se resgata, é sujeito que se deve autoconfigurar responsavelmente. A educação liberadora é incompatível com uma pedagogia que, de maneira consciente ou mistificada, tem sido prática de dominação. A prática da liberdade só encontrará adequada expressão numa pedagogia em que o oprimido tenha condições de, reflexivamente, descobrir-se e conquistar-se como sujeito de sua própria destinação histórica. Uma cultura tecida com a trama da dominação, por mais generosos que sejam os propósitos de seus educadores, é barreira cerrada às possibilidades educacionais dos que se situam nas subculturas dos proletários e marginais. Ao contrário, uma nova pedagogia enraizada na vida dessas subculturas, a partir delas e com elas, será um contínuo retomar reflexivo de seus próprios caminhos de liberação; não será simples reflexo, senão reflexiva criação e recriação, um ir adiante nesses caminhos: "método", "prática de liberdade", que, por ser tal, está intrinsecamente incapacitada para o exercício da dominação. A pedagogia do oprimido é, pois, liberadora de ambos, do oprimido e do opressor. Hegelianamente, diríamos: a verdade do opressor reside na consciência do oprimido.

Assim apreendemos a ideia-fonte de dois livros[1] em que Paulo Freire traduz, em forma de lúcido saber sociopedagógico, sua grande e apaixonante experiência de educador. Experiência e saber que se dialetam, densificando-se, alongando-se e dando, com nitidez cada vez maior, o contorno e o relevo de sua profunda intuição central: a do educador de vocação humanista que, ao inventar suas técnicas pedagógicas, redescobre através delas o processo histórico em que e por que se constitui a consciência humana. Ou, aproveitando uma sugestão de Ortega, o processo em que a vida como biologia passa a ser vida como biografia.

Talvez seja este o sentido mais exato da alfabetização: aprender a escrever a sua vida como autor e como testemunha de sua história, isto é, biografar-se, existenciar-se, historicizar-se. Por isto, a pedagogia de Paulo Freire, sendo método de alfabetização, tem como ideia animadora toda a amplitude humana da "educação como prática da liberdade", o que, em regime de dominação, só se pode produzir e desenvolver na dinâmica de uma "pedagogia do oprimido".

As técnicas do referido método acabam por ser a estilização pedagógica do processo em que o homem constitui e conquista,

1   Paulo Freire, *Educação como prática da liberdade*. Rio de Janeiro: Paz e Terra, 1967; idem, *Pedagogia do oprimido*. Rio de Janeiro: Paz e Terra, 1967.

historicamente, sua própria forma: a pedagogia faz-se antropologia. Esta conquista não se pode comparar com o crescimento espontâneo dos vegetais: participa da ambiguidade da condição humana e dialetiza-se nas contradições da aventura histórica, projeta-se na contínua recriação de um mundo que, ao mesmo tempo, obstaculiza e provoca o esforço de superação liberadora da consciência humana. A antropologia acaba por exigir e comandar uma política.

É o que pretendemos insinuar em três relances. Primeiro: o movimento interno que unifica os elementos do método e os excede em amplitude de humanismo pedagógico. Segundo: esse movimento reproduz e manifesta o processo histórico em que o homem se reconhece. Terceiro: os rumos possíveis desse processo são possíveis projetos e, por conseguinte, a conscientização não é apenas conhecimento ou reconhecimento, mas opção, decisão, compromisso.

As técnicas do método de alfabetização de Paulo Freire, embora em si valiosas, tomadas isoladamente não dizem nada do método. Também não se ajuntaram ecleticamente segundo um critério de simples eficiência técnico-pedagógica. Inventadas ou reinventadas numa só direção de pensamento, resultam da unidade que transparece na linha axial do método e assinala o sentido e o alcance de seu humanismo: alfabetizar é conscientizar.

Um mínimo de palavras, com a máxima polivalência fonêmica, é o ponto de partida para a conquista do universo vocabular. Essas palavras, oriundas do próprio universo vocabular do alfabetizando, uma vez transfiguradas pela crítica, a ele retornam em ação transformadora do mundo. Como saem de seu universo e como a ele voltam?

Uma pesquisa prévia investiga o universo das palavras faladas, no meio cultural do alfabetizando. Daí são extraídos os vocábulos de mais ricas possibilidades fonêmicas e de maior carga semântica – os que não só permitem rápido domínio do universo da palavra escrita como, também, o mais eficaz engajamento de quem a pronuncia, com a força pragmática que instaura e transforma o mundo humano.

Estas palavras são chamadas *geradoras* porque, através da combinação de seus elementos básicos, propiciam a formação de outras. Como palavras do universo vocabular do alfabetizando, são significações constituídas ou reconstituídas em comportamentos seus, que configuram situações existenciais ou, dentro delas, se configuram. Tais significações são plasticamente codificadas em quadros, *slides*, *filminas* etc., representativos das respectivas situações, que, da experiência vivida do alfabetizando, passam para o mundo dos objetos. O alfabetizando ganha distância para ver sua experiência: "admirar". Nesse instante, começa a descodificar.

A descodificação é análise e consequente reconstituição da situação vivida: reflexo, reflexão e abertura de possibilidades concretas de ultrapassagem. Mediada pela objetivação, a imediatez da experiência lucidifica-se, interiormente, em reflexão de si mesma e crítica animadora de novos projetos existenciais. O que antes era fechamento, pouco a pouco se vai abrindo; a consciência passa a escutar os apelos que a convocam sempre mais além de seus limites: faz-se crítica.

Ao objetivar seu mundo, o alfabetizando nele reencontra-se com os outros e nos outros, companheiros de seu pequeno "círculo de cultura". Encontram-se e reencontram-se todos no mesmo mundo comum e, da coincidência das intenções que o objetivam, ex-surge a comunicação, o diálogo que criticiza e promove os participantes do círculo. Assim, juntos, re-criam criticamente o seu mundo: o que antes os absorvia, agora podem ver ao revés. No círculo de cultura, a rigor, não se ensina, aprende-se em "reciprocidade de consciências"; não há professor, há um coordenador, que tem por função dar as informações solicitadas pelos respectivos participantes e propiciar condições favoráveis à dinâmica do grupo, reduzindo ao mínimo sua intervenção direta no curso do diálogo.

A "codificação" e a "descodificação" permitem ao alfabetizando integrar a significação das respectivas palavras geradoras em seu contexto existencial – ele a redescobre num mundo expressado em seu comportamento. Conscientiza a palavra como significação que se constitui em sua intenção significante, coincidente com intenções de outros que significam o mesmo mundo. Este – o fundo – é o lugar do encontro de cada um consigo mesmo e os demais.

A essa altura do processo, a respectiva palavra geradora pode ser, ela mesma, objetivada como combinação de fonemas suscetíveis de representação gráfica. O alfabetizando já sabe que a língua também é cultura, que o homem é sujeito: sente-se desafiado a desvelar os segredos de sua constituição, a partir da construção de suas palavras – também construção de seu mundo. Para esse efeito, como também para a descodificação das situações significadas pelas palavras geradoras, a que nos referimos, é de particular interesse a etapa preliminar do método, que não havíamos ainda mencionado. Nessa etapa, são descodificadas pelo grupo várias unidades básicas, codificações simples e sugestivas, que, dialogicamente descodificadas, vão redescobrindo o homem como sujeito de todo o processo histórico da cultura e, obviamente, também da cultura letrada. O que o homem fala e escreve e como fala e escreve, tudo é expressão objetiva de seu espírito. Por isto, pode o espírito refazer o feito, neste redescobrindo o processo que o faz e refaz.

Assim, ao objetivar uma palavra geradora – íntegra, primeiro, e depois decomposta em seus elementos silábicos –, o alfabetizando já está motivado para não só buscar o mecanismo de sua recomposição e da composição de novas palavras, mas também para escrever seu pensamento. A palavra geradora, ainda que objetivada em sua condição de simples vocábulo escrito, não pode mais libertar-se de seu dinamismo semântico e de sua força pragmática, de que o alfabetizando já se fizera consciente na repetida descodificação crítica.

Não se deixara, pois, aprisionar nos mecanismos de composição vocabular. E buscará novas palavras, não para colecioná-las na memória, mas para dizer e escrever o seu mundo, o seu pensamento, para contar sua história. Pensar o mundo é julgá-lo; e a experiência dos círculos de cultura mostra que o alfabetizando, ao começar a escrever livremente, não copia palavras, mas expressa juízos. Estes, de certa maneira, tentam reproduzir o movimento de sua própria experiência; o alfabetizando, ao dar-lhes forma escrita, vai assumindo, gradualmente, a consciência de testemunha de uma história de que se sabe autor. Na medida em que se apercebe como testemunha de sua história, sua consciência se faz reflexivamente mais responsável dessa história.

O método Paulo Freire não ensina a repetir palavras, não se restringe a desenvolver a capacidade de pensá-las segundo as exigências lógicas do discurso abstrato; simplesmente coloca o alfabetizando em condições de poder re-existenciar criticamente as palavras de seu mundo, para, na oportunidade devida, saber e poder dizer a sua palavra.

Eis por que, em uma cultura letrada, aprende a ler e escrever, mas a intenção última com que o faz vai além da alfabetização. Atravessa e anima toda a empresa educativa, que não é senão aprendizagem permanente desse esforço de totalização – jamais acabada – através do qual o homem tenta abraçar-se inteiramente na plenitude de sua forma. É a própria dialética em que

PREFÁCIO | ERNANI MARIA FIORI

se existencia o homem. Mas, para isto, para assumir responsavelmente sua missão de homem, há de aprender a dizer a sua palavra, pois, com ela, constitui a si mesmo e a comunhão humana em que se constitui; instaura o mundo em que se humaniza, humanizando-o.

Com a palavra, o homem se faz homem. Ao dizer a sua palavra, pois, o homem assume conscientemente sua essencial condição humana. E o método que lhe propicia essa aprendizagem comensura-se ao homem todo, e seus princípios fundam toda pedagogia, desde a alfabetização até os mais altos níveis do labor universitário.

A educação reproduz, assim, em seu plano próprio, a estrutura dinâmica e o movimento dialético do processo histórico de produção do homem. Para o homem, produzir-se é conquistar-se, conquistar sua forma humana. A pedagogia é antropologia.

Tudo foi resumido por uma mulher simples do povo, num círculo de cultura, diante de uma situação representada em quadro: "Gosto de discutir sobre isto porque vivo assim. Enquanto vivo, porém, não vejo. Agora sim, observo como vivo."

A consciência é essa misteriosa e contraditória capacidade que tem o homem de distanciar-se das coisas para fazê-las presentes, imediatamente presentes. É a presença que tem o poder de presentificar: não é representação, mas condição de apresentação. É um comportar-se do homem frente ao meio que o envolve, transformando-o em mundo humano. Absorvido pelo meio natural, responde a estímulos; e o êxito de suas respostas mede-se por sua maior ou menor adaptação: naturaliza-se. Despegado de seu meio vital, por virtude da consciência, enfrenta as coisas objetivando-as, e enfrenta-se com elas, que deixam de ser simples estímulos, para se tornarem desafios. O meio envolvente não o fecha, limita-o – o que supõe a consciência do além-limite. Por isto, porque se projeta intencionalmente além do limite que tenta encerrá-la, pode a consciência desprender-se dele, liberar-se e objetivar, transubstanciando o meio físico em mundo humano.

A "hominização" não é adaptação: o homem não se naturaliza, humaniza o mundo. A "hominização" não é só processo biológico, mas também história.

A intencionalidade da consciência humana não morre na espessura de um envoltório sem reverso. Ela tem dimensão sempre maior do que os horizontes que a circundam. Perpassa além das coisas que alcança e, porque as sobrepassa, pode enfrentá-las como objetos.

A objetividade dos objetos é constituída na intencionalidade da consciência, mas, paradoxalmente, esta atinge, no objetivado, o que ainda não se objetivou: o objetimável. Portanto, o objeto não é só objeto, é, ao mesmo tempo, problema: o que está em frente, como obstáculo e interrogação. Na dialética constituinte da consciência, em que esta se perfaz na medida em que faz o mundo, a interrogação nunca é pergunta exclusivamente especulativa: no processo de totalização da consciência é sempre provocação que a incita a totalizar-se. O mundo é espetáculo, mas sobretudo convocação. E, como a consciência se constitui necessariamente como consciência do mundo, ela é, pois, simultânea e implicadamente, apresentação e elaboração do mundo.

A intencionalidade transcendental da consciência permite-lhe recuar indefinidamente seus horizontes e, dentro deles, ultrapassar os momentos e as situações, que tentam retê-la e enclausurá-la. Liberta pela força de seu impulso transcendentalizante, pode volver reflexivamente sobre tais situações e momentos, para julgá-los e julgar-se. Por isto é capaz de crítica. A reflexividade é a raiz da objetivação. Se a consciência se distancia do mundo e o objetiva, é porque sua intencionalidade transcendental a faz reflexiva. Desde o primeiro momento de sua constituição, ao objetivar seu mundo originário, já é virtualmente reflexiva. É presença e distância do mundo: a distância é a condição da presença. Ao distanciar-se do mundo, constituindo-se na objetividade, surpreende-se, ela, em sua subjetividade. Nessa linha do entendimento, reflexão e mundo, subjetividade e objetividade não se separam: opõem-se, implicando-se dialeticamente. A verdadeira reflexão crítica origina-se e dialetiza-se na interioridade da "práxis" constitutiva do mundo humano – é também "práxis".

Distanciando-se de seu mundo vivido, problematizando-o, "descodificando-o" criticamente, no mesmo movimento da consciência o homem se redescobre como sujeito instaurador desse mundo de sua experiência. Testemunhando objetivamente sua história, mesmo a consciência ingênua acaba por despertar criticamente, para identificar-se como personagem que se ignorava e é chamada a assumir seu papel. A consciência do mundo e a consciência de si crescem juntas e em razão direta; uma é a luz interior da outra, uma comprometida com a outra. Evidencia-se a intrínseca correlação entre conquistar-se, fazer-se mais si mesmo, e conquistar o mundo, fazê-lo mais humano. Paulo Freire não inventou o homem; apenas pensa e pratica um método pedagógico que procura dar ao homem a oportunidade de re-descobrir-se através da retomada reflexiva do próprio processo em que vai ele se descobrindo, manifestando e configurando – "método de conscientização".

Mas ninguém se conscientiza separadamente dos demais. A consciência se constitui como consciência do mundo. Se cada consciência tivesse o seu mundo, as consciências se desencontrariam em mundos diferentes e separados – seriam mônadas incomunicáveis. As consciências não se encontram no vazio de si mesmas, pois a consciência é sempre, radicalmente, consciência do mundo. Seu lugar de encontro necessário é o mundo, que, se não for originariamente comum, não permitirá mais a comunicação. Cada um terá seus próprios caminhos de entrada nesse mundo comum, mas a convergência das intenções, que o significam, é a condição de possibilidade das divergências dos que, nele, se comunicam. A não ser assim, os caminhos seriam paralelos e intransponíveis. As consciências não são comunicantes porque se comunicam; mas comunicam-se porque comunicantes. A intersubjetivação das consciências é tão originária quanto sua mundanidade ou sua subjetividade. Radicalizando, poderíamos dizer, em linguagem não mais fenomenológica, que a intersubjetivação das consciências é a progressiva conscientização, no homem, do "parentesco ontológico" dos seres no ser. É o mesmo mistério que nos invade e nos envolve, encobrindo-se e descobrindo-se na ambiguidade do nosso corpo consciente.

Na constituição da consciência, mundo e consciência se põem como consciência do mundo ou mundo consciente e, ao mesmo tempo, se opõem como consciência de si e consciência do mundo. Na intersubjetivação, as consciências também se põem como consciências de um certo mundo comum e, nesse mundo, se opõem como consciência de si e consciência do outro. Comunicamo-nos na oposição, que é a única via de encontro para consciências que se constituem na mundanidade e na intersubjetividade.

O monólogo, enquanto isolamento, é a negação do homem; é fechamento da consciência, uma vez que consciência é abertura. Na solidão, uma consciência, que é consciência do mundo, adentra-se em si, adentrando-se mais em seu mundo, que, reflexivamente, faz-se mais lúcida mediação da imediatez intersubjetiva das consciências. A solidão – não o isolamento – só se mantém enquanto renova e revigora as condições do diálogo.

O diálogo fenomeniza e historiciza a essencial intersubjetividade humana; ele é relacional e, nele, ninguém tem iniciativa absoluta. Os dialogantes "admiram" um mesmo mundo; afastam-se dele e com ele coincidem; nele põem-se e opõem-se. Vimos que, assim, a consciência se existencia e busca perfazer-se. O diálogo não é um produto histórico, é a própria historicização. É ele, pois, o movimento constitutivo da consciência que, abrindo-se para a infinitude, vence intencionalmente as fronteiras da finitude e, incessantemente, busca reencontrar-se além de si mesma. Consciência do mundo, busca-se ela a si mesma num mundo que é comum; porque é comum esse mundo, buscar-se a si mesma é comunicar-se com o outro. O isolamento não personaliza porque não socializa. Intersubjetivando-se mais, mais densidade subjetiva ganha o sujeito.

A consciência e o mundo não se estruturam sincronicamente numa estática consciência do mundo: visão e espetáculo. Essa estrutura funcionaliza-se diacronicamente numa história. A consciência humana busca comensurar-se a si mesma num movimento que transgride, continuamente, todos os seus limites. Totalizando-se além de si mesma, nunca chega a totalizar-se inteiramente, pois sempre se transcende a si mesma. Não é a consciência vazia do mundo que se dinamiza nem o mundo é simples projeção do movimento que a constitui como consciência humana. A consciência é consciência do mundo: o mundo e a consciência, juntos, como consciência do mundo, constituem-se dialeticamente num mesmo movimento – numa mesma história. Em outros termos: objetivar o mundo é historicizá-lo, humanizá-lo. Então, o mundo da consciência não é criação, mas, sim, elaboração humana. Esse mundo não se constitui na contemplação, mas no trabalho.

Na objetivação transparece, pois, a responsabilidade histórica do sujeito: ao reproduzi-la criticamente, o homem se reconhece como sujeito que elabora o mundo; nele, no mundo, efetua-se a necessária mediação do autorreconhecimento que o personaliza e o conscientiza como autor responsável de sua própria história. O mundo conscientiza-se como projeto humano: o homem faz-se livre. O que pareceria ser apenas visão é, efetivamente, "provocação"; o espetáculo, em verdade, é compromisso.

Se o mundo é o mundo das consciências intersubjetivadas, sua elaboração forçosamente há de ser colaboração. O mundo comum mediatiza a originária intersubjetivação das consciências: o autorreconhecimento plenifica-se no reconhecimento do outro; no isolamento, a consciência modifica-se. A intersubjetividade, em que as consciências se enfrentam, dialetizam-se, promovem-se, é a tessitura última do processo histórico de humanização. Está nas origens da "hominização" e anuncia as exigências últimas da humanização. Reencontrar-se como sujeito, e liberar-se, é todo o sentido do compromisso histórico. Já a antropologia sugere que a "práxis", se humana e humanizadora, é a "prática da liberdade".

O círculo de cultura – no método Paulo Freire – re-vive a vida em profundidade crítica. A consciência emerge do mundo vivido, objetiva-o, problematiza-o, compreende-o como projeto humano. Em diálogo circular, intersubjetivando-se mais e mais, vai assumindo, criticamente, o dinamismo de sua subjetividade criadora. Todos juntos, em círculo, e em colaboração, re-elaboram o mundo e, ao reconstruí-lo, apercebem-se de que, embora construído também por eles, esse mundo não é verdadeiramente para eles. Humanizado por eles, esse mundo não os humaniza. As mãos que o fazem não são as que o dominam. Destinado a liberá-los como sujeitos, escraviza-os como objetos.

Reflexivamente, retomam o movimento da consciência que os constitui sujeitos, desbordando a estreiteza das situações vividas; resumem o impulso dialético da totalização histórica. Presentificados como objetos no mundo da consciência dominadora, não se davam conta de que também eram presença que presentifica um mundo que não é de ninguém, porque originariamente é de todos. Restituída em sua amplitude, a consciência abre-se para a "prática da liberdade": o processo de "hominização", desde suas obscuras profundezas, vai adquirindo a translucidez de um projeto de humanização. Não é crescimento, é história: áspero esforço de superação dialética das contradições que entretecem o drama existencial da finitude humana. O método de conscientização de Paulo Freire refaz criticamente esse processo dialético de historicização. Como todo bom método pedagógico, não pretende ser método de ensino, mas sim de aprendizagem; com ele, o homem não cria sua possibilidade de ser livre, mas aprende a efetivá-la e exercê-la. A pedagogia aceita a sugestão da antropologia: impõe-se pensar e viver "a educação como prática da liberdade".

Não foi por acaso que esse método de conscientização originou-se como método de alfabetização. A cultura letrada não é invenção caprichosa do espírito; surge no momento em que a cultura, como reflexão de si mesma, consegue dizer-se a si mesma, de maneira definida, clara e permanente. A cultura marca o aparecimento do homem no largo processo da evolução cósmica. A essência humana existencia-se, autodesvelando-se como história. Mas essa consciência histórica, objetivando-se reflexivamente, surpreende-se a si mesma, passa a dizer-se, torna-se consciência historiadora: o homem é levado a escrever sua história. Alfabetizar-se é aprender a ler essa palavra escrita em que a cultura se diz e, dizendo-se criticamente, deixa de ser repetição intemporal do que passou, para temporalizar-se, para conscientizar sua temporalidade constituinte, que é anúncio e promessa do que há de vir. O destino, criticamente, recupera-se como projeto.

Nesse sentido, alfabetizar-se não é aprender a repetir palavras, mas a dizer a sua palavra, criadora de cultura. A cultura letrada conscientiza a cultura: a consciência historiadora automanifesta à consciência sua condição essencial de consciência histórica. Ensinar a ler as palavras ditas e ditadas é uma forma de mistificar as consciências, despersonalizando-as na repetição – é a técnica da propaganda massificadora. Aprender a dizer a sua palavra é toda a pedagogia, e também toda a antropologia.

A "hominização" opera-se no momento em que a consciência ganha a dimensão da transcendentalidade. Nesse instante, liberada do meio envolvente, despega-se dele, enfrenta-o, num comportamento que a constitui como consciência do mundo. Nesse comportamento, as coisas são objetivadas, isto é, significadas e expressadas: o homem as diz. A palavra instaura o mundo do homem. A palavra, como comportamento humano, significante do mundo, não designa apenas as coisas, transforma-as; não é só pensamento, é "práxis". Assim considerada, a semântica é existência, e a palavra viva plenifica-se no trabalho.

Expressar-se, expressando o mundo, implica o comunicar-se. A partir da intersubjetividade originária, poderíamos dizer que a palavra, mais que instrumento, é origem da comunicação – a palavra é essencialmente diálogo. A palavra abre a consciência para o mundo comum das consciências, em diálogo, portanto. Nessa linha de entendimento, a expressão do mundo consubstancia-se em elaboração do mundo e a comunicação em colaboração. E o homem só se expressa convenientemente quando colabora com todos na construção do mundo comum – só se humaniza no processo dialógico de humanização do mundo. A palavra, porque lugar do encontro e do reconhecimento das consciências, também o é do reencontro e do reconhecimento de si mesmo. A palavra pessoal, criadora, pois a palavra repetida é monólogo das consciências que perderam sua identidade, isoladas, imersas na multidão anônima e submissas a um destino que lhes é imposto e que não são capazes de superar, com a decisão de um projeto.

É verdade: nem a cultura iletrada é a negação do homem nem a cultura letrada chegou a ser sua plenitude. Não há homem absolutamente inculto: o homem "hominiza-se" expressando, dizendo o seu mundo. Aí começam a história e a cultura. Mas o primeiro instante da palavra é terrivelmente perturbador: presentifica o mundo à consciência e, ao mesmo tempo, distancia-o. O enfrentamento com o mundo é ameaça e risco. O homem substitui o envoltório protetor do meio natural por um mundo que o provoca e desafia. Num comportamento ambíguo, enquanto ensaia o domínio técnico desse mundo, tenta voltar a seu seio, imergir nele, enleando-se na indistinção entre palavra e coisa. A palavra, primitivamente, é mito. Interior ao mito e condição sua, o *logos* humano vai conquistando primazia, com a inteligência das mãos que transformam o mundo. Os primórdios dessa história ainda são mitologia: o mito é objetivado pela palavra que o diz. A narração do mito, no entanto, objetivando o mundo mítico e entrevendo o seu conteúdo racional, acaba por devolver à consciência a autonomia da palavra, distinta das coisas que ela significa e transforma. Nessa ambiguidade com que a consciência faz o seu mundo, afastando-o de si, no distanciamento objetivante que o presentifica como mundo consciente, a palavra adquire a autonomia que a torna disponível para ser recriada na expressão escrita. Embora não tenha sido um produto arbitrário do espírito inventivo do homem, a cultura letrada é um epifenômeno da cultura, que, atualizando sua reflexividade virtual, encontra na palavra escrita uma maneira mais firme e definida de dizer-se, isto é, de existenciar-se discursivamente na práxis histórica. Podemos conceber a ultrapassagem da cultura letrada: o que, em todo caso, ficará é o sentido profundo que ela manifesta: escrever e não conservar e repetir a palavra dita, mas dizê-la com a força reflexiva que sua autonomia lhe dá – a força ingênita que a faz instauradora do mundo da consciência, criadora da cultura.

Com o método de Paulo Freire, os alfabetizandos partem de algumas poucas palavras que lhes servem para gerar seu universo vocabular. Antes, porém, conscientizam o poder criador dessas palavras: são elas que geram o seu mundo. São significações que se constituem em comportamentos seus; portanto, significações do mundo, mas suas também. Assim, ao visualizarem a palavra escrita, em sua ambígua autonomia, já estão conscientes da dignidade de que ela é portadora – a alfabetização não é um jogo de palavras, é a consciência reflexiva da cultura, a reconstrução crítica do mundo humano, a abertura de novos caminhos, o projeto histórico de um mundo comum, a bravura de dizer a sua palavra.

A alfabetização, portanto, é toda a pedagogia: aprender a ler é aprender a dizer a sua palavra. E a palavra humana imita a palavra divina: é criadora.

A palavra é entendida, aqui, como palavra e ação; não é o termo que assinala arbitrariamente um pensamento que, por sua vez, discorre separado da existência. É significação produzida pela práxis, palavra cuja discursividade flui da historicidade – palavra viva e dinâmica, não categoria inerte, exânime. Palavra que diz e transforma o mundo.

A palavra viva é diálogo existencial. Expressa e elabora o mundo, em comunicação e colaboração. O diálogo autêntico – reconhecimento do outro e reconhecimento de si, no outro – é decisão e compromisso de colaborar na construção do mundo comum. Não há consciências vazias; por isto os homens não se humanizam senão humanizando o mundo.

Em linguagem direta: os homens humanizam-se, trabalhando juntos para fazer do mundo, sempre mais, a mediação de consciências que se coexistenciam em liberdade. Aos que constroem juntos o mundo humano, compete assumirem a responsabilidade de dar-lhe direção. Dizer a sua palavra equivale a assumir conscientemente, como trabalhador, a função de sujeito de sua história, em colaboração com os demais trabalhadores – o povo.

Ao Povo cabe dizer a palavra de comando no processo histórico-cultural. Se a direção racional de tal processo já é política, então conscientizar é politizar. E a cultura popular se traduz por política popular; não há cultura do Povo sem política do Povo.

O método de Paulo Freire é, fundamentalmente, um método de cultura popular: conscientiza e politiza. Não absorve o político no pedagógico, mas também não põe inimizade entre educação e política. Distingue-as, sim, mas na unidade do mesmo movimento em que o homem se historiciza e busca reencontrar-se, isto é, busca ser livre. Não tem a ingenuidade de supor que a educação, só ela, decidirá os rumos da história, mas tem, contudo, a coragem suficiente para afirmar que a educação verdadeira conscientiza as contradições do mundo humano, sejam estruturais, superestruturais ou interestruturais, contradições que impelem o homem a ir adiante. As contradições conscientizadas não lhe dão mais descanso, tornam insuportável a acomodação. Um método pedagógico de conscientização alcança as últimas fronteiras do humano. E como o homem sempre se excede, o método também o acompanha. É "a educação como prática da liberdade".

Em regime de dominação de consciências, em que os que mais trabalham menos podem dizer a sua palavra e em que multidões imensas nem sequer têm condições para trabalhar, os dominadores mantêm o monopólio da palavra, com que mistificam, massificam e dominam. Nessa situação, os dominados, para dizerem a sua palavra, têm que lutar para tomá-la. Aprender a tomá-la dos que a detêm e a recusam aos demais é um difícil, mas imprescindível, aprendizado – é a "pedagogia do oprimido".

Santiago, Chile
Dezembro de 1967

PRIMEIRAS PALAVRAS

As páginas que se seguem e que propomos como uma introdução à *Pedagogia do oprimido* são o resultado de nossas observações nestes cinco anos de exílio. Observações que se vêm juntando às que fizemos no Brasil, nos vários setores em que tivemos oportunidade de exercer atividades educativas.

Um dos aspectos que surpreendemos, quer nos cursos de capacitação que damos e em que analisamos o papel da conscientização, quer na aplicação mesma de uma educação realmente libertadora, é o "medo da liberdade", a que faremos referência no primeiro capítulo deste ensaio.

Não são raras as vezes em que participantes destes cursos, numa atitude em que manifestam o seu "medo da liberdade", se referem ao que chamam de "perigo da conscientização". "A consciência crítica", dizem, "é anárquica." Ao que outros acrescentam: "Não poderá a consciência crítica conduzir à desordem?" Há, contudo, os que também dizem: "Por que negar? Eu temia a liberdade. Já não a temo!"

Certa vez, em um desses cursos, de que fazia parte um homem que fora, durante longo tempo, operário, se estabeleceu uma dessas discussões em que se afirmava a "periculosidade da consciência crítica". No meio da discussão, disse este homem: "Talvez seja eu, entre os senhores, o único de origem operária. Não posso dizer que haja entendido todas as palavras que foram ditas aqui, mas uma coisa posso afirmar: cheguei a esse curso *ingênuo* e, ao descobrir-me ingênuo, comecei a tornar-me *crítico*. Esta descoberta, contudo, nem me faz fanático nem me dá a sensação de desmoronamento." Discutia-se, na oportunidade, se a conscientização de uma situação existencial, concreta, de injustiça não poderia conduzir os homens dela conscientizados a um "fanatismo destrutivo" ou a uma "sensação de desmoronamento total do mundo em que estavam esses homens".

A dúvida, assim expressa, implicita uma afirmação nem sempre explicitada, no que teme a liberdade: "Melhor será que a situação concreta de injustiça não se constitua num 'percebido' claro para a consciência dos que a sofrem."

Na verdade, porém, não é a conscientização que pode levar o povo a "fanatismos destrutivos". Pelo contrário, a conscientização, que lhe possibilita inserir-se no processo histórico, como sujeito, evita os fanatismos e o inscreve na busca de sua afirmação.

"Se a tomada de consciência abre o caminho à expressão das insatisfações sociais, se deve a que estas são componentes reais de uma situação de opressão."[1]

O medo da liberdade, de que necessariamente não tem consciência o seu portador, o faz ver o que não existe. No fundo, o que teme a liberdade se refugia na segurança vital, como diria Hegel,[2] preferindo-a à liberdade arriscada.

Raro, porém, é o que manifesta explicitamente este receio da liberdade. Sua tendência é, antes, camuflá-lo, num jogo manhoso,

---

1 Francisco Weffort, em prefácio a Paulo Freire, *Educação como prática da liberdade*, op. cit.

2 "[...] *And it is solely by risking life that freedom is obtained* [...]. *The individual, who has hot staked his life may, no doubt, be recognized as a person; but he has not attained the truth of this recognition as an independent self-consciousness.*" [E é somente colocando a vida em risco que a liberdade é conquistada [...]. O indivíduo que não arriscou a vida pode, sem dúvida, ser reconhecido como pessoa; mas não alcançou a verdade desse reconhecimento como uma consciência-de-si independente.] Georg W. F. Hegel, *The Phenomenology of Mind*. Nova York: Harper and Row, 1967, p. 233.

ainda que, às vezes, inconsciente. Jogo artificioso de palavras em que aparece ou pretende aparecer como o que defende a liberdade, e não como o que a teme.

Às suas dúvidas e inquietações empresta um ar de profunda seriedade. Seriedade de quem fosse o zelador da liberdade. Liberdade que se confunde com a manutenção do *status quo*. Por isto, se a conscientização põe em discussão este *status quo*, ameaça, então, a liberdade.

As afirmações que fazemos neste ensaio não são, de um lado, fruto de devaneios intelectuais nem, tampouco, de outro, resultam apenas de leituras, por mais importantes que elas nos tenham sido. Estão sempre ancoradas, como sugerimos no início destas páginas, em situações concretas. Expressam reações de proletários, camponeses ou urbanos, e de homens de classe média, que vimos observando, direta ou indiretamente, em nosso trabalho educativo. Nossa intenção é continuar com estas observações para retificar ou ratificar, em estudos posteriores, pontos afirmados neste ensaio. Ensaio que, provavelmente, irá provocar, em alguns de seus possíveis leitores, reações sectárias.

Entre estes, haverá, talvez, os que não ultrapassarão suas primeiras páginas. Uns, por considerarem a nossa posição, diante do problema da libertação dos homens, uma posição idealista a mais, quando não um "blá-blá-blá" reacionário. "Blá-blá-blá" de quem se perde falando em vocação ontológica, em amor, em diálogo, em esperança, em humildade, em simpatia. Outros, por não quererem ou não poderem aceitar as críticas e a denúncia que fazemos da situação opressora, situação em que os opressores se "gratificam", através de sua falsa generosidade.

Daí que seja este, com todas as deficiências de um ensaio puramente aproximativo, um trabalho para homens radicais. Cristãos ou marxistas, ainda que discordando de nossas posições, em grande parte, em parte ou em sua totalidade, estes, estamos certos, poderão chegar ao fim do texto.

Na medida, porém, em que, sectariamente, assumam posições fechadas, "irracionais", rechaçarão o diálogo que pretendemos estabelecer através deste livro.

É que a sectarização é sempre castradora, pelo fanatismo de que se nutre. A radicalização, pelo contrário, é sempre criadora, pela criticidade que a alimenta. Enquanto a sectarização é mítica, por isto alienante, a radicalização é crítica, por isto libertadora. Libertadora porque, implicando o enraizamento que os homens fazem na opção que fizeram, os engaja cada vez mais no esforço de transformação da realidade concreta, objetiva.

A sectarização, porque mítica e irracional, transforma a realidade numa falsa realidade, que, assim, não pode ser mudada.

Parta de quem parta, a sectarização é um obstáculo à emancipação dos homens. Daí que seja doloroso observar que nem sempre o sectarismo de direita provoque o seu contrário, isto é, a radicalização do revolucionário.

Não são raros os revolucionários que se tornam reacionários pela sectarização em que se deixam cair, ao responder à sectarização direitista.

Não queremos, porém, com isto dizer – e o deixamos claro no ensaio anterior[3] – que o radical se torne dócil objeto da dominação.

Precisamente porque inscrito, como radical, num processo de libertação, não pode ficar passivo diante da violência do dominador.

Por outro lado, jamais será o radical um subjetivista. É que, para ele, o aspecto subjetivo toma corpo numa unidade dialética com a dimensão objetiva da própria ideia, isto é, com os conteúdos concretos da realidade sobre a qual exerce o ato cognoscente.

3 Paulo Freire, *Educação como prática da liberdade*, op. cit.

Subjetividade e objetividade, desta forma, se encontram naquela unidade dialética de que resulta um conhecer solidário com o atuar, e este com aquele. É exatamente esta unidade dialética que gera um atuar e um pensar certos na e sobre a realidade para transformá-la.

O sectário, por sua vez, qualquer que seja a opção de onde parta na sua "irracionalidade" que o cega, não percebe ou não pode perceber a dinâmica da realidade, ou a percebe equivocadamente.

Até quando se pensa na dialética, a sua é uma "dialética domesticada".

Esta é a razão, por exemplo, por que o sectário de direita, que, no nosso ensaio anterior, chamamos de "sectário de nascença", pretende frear o processo, "domesticar" o tempo e, assim, os homens. Esta é a razão também por que o homem de esquerda, ao sectarizar-se, se equivoca totalmente na sua interpretação "dialética" da realidade, da história, deixando-se cair em posições fundamentalmente fatalistas.

Distinguem-se, na medida em que o primeiro pretende "domesticar" o presente para que o futuro, na melhor das hipóteses, repita o presente "domesticado", enquanto o segundo transforma o futuro em algo preestabelecido, uma espécie de fado, de sina ou de destino irremediáveis. Enquanto, para o primeiro, o hoje ligado ao passado é algo dado e imutável, para o segundo, o amanhã é algo pré-dado, prefixado inexoravelmente. Ambos se fazem reacionários porque, a partir de sua falsa visão da história, desenvolvem um e outro formas de ação negadoras da liberdade. É que o fato de um conceber o presente "bem-comportado" e o outro, o futuro como predeterminado não significa que se tornem espectadores, que cruzem os braços – o primeiro, esperando a manutenção do presente, uma espécie de volta ao passado; o segundo, à espera de que o futuro já "conhecido" se instale.

Pelo contrário, fechando-se em um "círculo de segurança", do qual não podem sair, estabelecem ambos a sua verdade. E esta não é a dos homens na luta para construir o futuro, correndo o risco desta própria construção. Não é a dos homens lutando e aprendendo, uns com os outros, a edificar este futuro, que ainda não está dado, como se fosse destino, como se devesse ser recebido pelos homens, e não criado por eles.

A sectarização, em ambos os casos, é reacionária porque, um e outro, apropriando-se do tempo, de cujo saber se sentem igualmente proprietários, terminam sem o povo, uma forma de estar contra ele.

Enquanto o sectário de direita, fechando-se em "sua" verdade, não faz mais do que o que lhe é próprio, o homem de esquerda, que se sectariza e também se encerra, é a negação do si mesmo.

Um, na posição que lhe é própria; o outro, na que o nega, ambos girando em torno de "sua" verdade, sentem-se abalados na sua segurança, se alguém a discute. Daí que lhes seja necessário considerar como mentira tudo o que não seja a sua verdade. "Sofrem ambos da falta de dúvida."[4]

O radical, comprometido com a libertação dos homens, não se deixa prender em "círculos de segurança", nos quais aprisione também a realidade. Tão mais radical quanto mais se inscreve nesta realidade para, conhecendo-a melhor, melhor poder transformá-la.

Não teme enfrentar, não teme ouvir, não teme o desvelamento do mundo. Não teme o encontro com o povo. Não teme o diálogo com ele, de que resulta o crescente saber de ambos.[5] Não se sente dono

4   Márcio Moreira Alves, em conversa com o autor.

5   "Enquanto o conhecimento teórico permanecer como privilégio de uns quantos 'acadêmicos' dentro do Partido, este se encontrará em grande perigo de ir ao fracasso." Rosa Luxemburgo, "¿Reforma o Revolución?", in Wright Mills, *Los marxistas*. México: Era S.A., 1964, p. 171.

do tempo nem dono dos homens nem libertador dos oprimidos. Com eles se compromete, dentro do tempo, para com eles lutar.

Se a sectarização, como afirmamos, é o próprio do reacionário, a radicalização é o próprio do revolucionário. Daí que a pedagogia do oprimido, que implica uma tarefa radical, cujas linhas introdutórias pretendemos apresentar neste ensaio, e a própria leitura deste texto não possam ser realizadas por sectários.

Queremos expressar aqui o nosso agradecimento a Elza, de modo geral nossa primeira leitora, por sua compreensão e estímulos constantes a nosso trabalho, que também é seu. Agradecimento que estendemos a todos quantos leram os originais deste ensaio pelas críticas que nos fizeram, o que não nos retira ou diminui a responsabilidade pelas afirmações nele feitas.

Paulo Freire
Santiago, Chile
Outono de 1968

1

JUSTIFICATIVA DA PEDAGOGIA DO OPRIMIDO

RECONHECEMOS A AMPLITUDE do tema que nos propomos tratar neste ensaio, com o qual pretendemos, em certo aspecto, aprofundar alguns pontos discutidos em nosso trabalho anterior, *Educação como prática da liberdade*. Daí que o consideremos como mera introdução, como simples aproximação a assunto que nos parece de importância fundamental.

Mais uma vez os homens, desafiados pela dramaticidade da hora atual, se propõem a si mesmos como problema. Descobrem que pouco sabem de si, de seu "posto no cosmos", e se inquietam por saber mais. Estará, aliás, no reconhecimento do seu pouco saber de si uma das razões desta procura. Ao se instalarem na quase, senão trágica, descoberta do seu pouco saber de si, se fazem problema a eles mesmos. Indagam. Respondem, e suas respostas os levam a novas perguntas.

O problema de sua humanização, apesar de sempre dever haver sido, de um ponto de vista axiológico, o seu problema central, assume, hoje, caráter de preocupação iniludível.[1]

---

1 Os movimentos de rebelião, sobretudo de jovens, no mundo atual, que necessariamente revelam peculiaridades dos espaços onde se dão, manifestam, em sua profundidade, essa preocupação em torno do homem e dos homens, como seres no mundo e com o mundo. Em torno do *que* e de *como* estão sendo. Ao questionarem a "civilização do consumo"; ao denunciarem as "burocracias" de todos os matizes; ao exigirem a transformação das universidades, de que resultem, de um lado, o desaparecimento da rigidez nas relações professor-aluno; de outro, a inserção delas na realidade; ao proporem a transformação da realidade mesma para que as universidades possam renovar-se; ao rechaçarem velhas ordens e instituições estabelecidas, buscando a afirmação dos homens como sujeitos de decisão, todos estes movimentos refletem o sentido mais antropológico do que antropocêntrico de nossa época.

Constatar esta preocupação implica, indiscutivelmente, reconhecer a desumanização, não apenas como viabilidade ontológica, mas como realidade histórica. É também, e talvez sobretudo, a partir desta dolorosa constatação que os homens se perguntam sobre a outra viabilidade – a de sua humanização. Ambas, na raiz de sua inconclusão, os inscrevem num permanente movimento de busca. Humanização e desumanização, dentro da história, num contexto real, concreto, objetivo, são possibilidades dos homens como seres inconclusos e conscientes de sua inconclusão.

Mas, se ambas são possibilidades, só a primeira nos parece ser o que chamamos de "vocação" dos homens. Vocação negada, mas também afirmada na própria negação. Vocação negada na injustiça, na exploração, na opressão, na violência dos opressores. Mas afirmada no anseio de liberdade, de justiça, de luta dos oprimidos, pela recuperação de sua humanidade roubada.

A desumanização, que não se verifica apenas nos que têm sua humanidade roubada, mas também, ainda que de forma diferente, nos que a roubam, é distorção da vocação do *ser mais*. É distorção possível na história, mas não vocação histórica. Na verdade, se admitíssemos que a desumanização é vocação histórica dos homens, nada mais teríamos que fazer, a não ser adotar uma atitude cínica ou de total desespero. A luta pela humanização, pelo trabalho livre, pela desalienação, pela afirmação dos homens como pessoas, como "seres para si", não teria significação. Esta somente é possível porque a desumanização, mesmo que um fato concreto na história, não é, porém, *destino dado*, mas resultado de uma "ordem" injusta que gera a violência dos opressores, e esta, o *ser menos*.

A CONTRADIÇÃO OPRESSORES-OPRIMIDOS.
SUA SUPERAÇÃO

A violência dos opressores, que os faz também desumanizados, não instaura uma outra vocação – a do ser menos. Como distorção do ser mais, o ser menos leva os oprimidos, cedo ou tarde, a lutar contra quem os fez menos. E esta luta somente tem sentido quando os oprimidos, ao buscarem recuperar sua humanidade, que é uma forma de criá-la, não se sentem idealistamente opressores nem se tornam, de fato, opressores dos opressores, mas restauradores da humanidade em ambos. E aí está a grande tarefa humanista e histórica dos oprimidos – libertar-se a si e aos opressores. Estes, que oprimem, exploram e violentam, em razão de seu poder, não podem ter, neste poder, a força de libertação dos oprimidos nem de si mesmos. Só o poder que nasça da debilidade dos oprimidos será suficientemente forte para libertar a ambos. Por isto é que o poder dos opressores, quando se pretende amenizar ante a debilidade dos oprimidos, não apenas quase sempre se expressa em falsa generosidade, como jamais a ultrapassa. Os opressores, falsamente generosos, têm necessidade, para que a sua "generosidade" continue tendo oportunidade de realizar-se, da permanência da injustiça. A "ordem" social injusta é a fonte geradora, permanente, desta "generosidade" que se nutre da morte, do desalento e da miséria.[2]

2   "Talvez dês esmolas. Mas, de onde as tiras, senão de tuas rapinas cruéis, do sofrimento, das lágrimas, dos suspiros? Se o pobre soubesse de onde vem o teu óbolo, ele o recusaria porque teria a impressão de morder a carne de seus irmãos e de sugar o sangue de seu próximo. Ele te diria estas palavras corajosas: não sacies a minha sede com as lágrimas de meus irmãos. Não dês ao pobre o pão endurecido com os soluços de meus companheiros de miséria. Devolve a teu semelhante aquilo que reclamaste e eu te serei muito grato. De que vale consolar um pobre, se tu fazes outros cem?" São Gregório de Nissa (330-395), "Sermão contra os usurários".

Daí o desespero desta "generosidade" diante de qualquer ameaça, embora tênue, à sua fonte. Não pode jamais entender esta "generosidade" que a verdadeira generosidade está em lutar para que desapareçam as razões que alimentam o falso amor. A falsa caridade, da qual decorre a mão estendida do "demitido da vida", medroso e inseguro, esmagado e vencido. Mão estendida e trêmula dos esfarrapados do mundo, dos "condenados da terra". A grande generosidade está em lutar para que, cada vez mais, estas mãos, sejam de homens ou de povos, se estendam menos em gestos de súplica. Súplica de humildes a poderosos. E se vão fazendo, cada vez mais, mãos humanas, que trabalhem e transformem o mundo. Este ensinamento e este aprendizado têm de partir, porém, dos "condenados da terra", dos oprimidos, dos esfarrapados do mundo e dos que com eles realmente se solidarizem. Lutando pela restauração de sua humanidade estarão, sejam homens ou povos, tentando a restauração da generosidade verdadeira.

Quem, melhor que os oprimidos, se encontrará preparado para entender o significado terrível de uma sociedade opressora? Quem sentirá, melhor que eles, os efeitos da opressão? Quem, mais que eles, para ir compreendendo a necessidade da libertação? Libertação a que não chegarão pelo acaso, mas pela práxis de sua busca; pelo conhecimento e reconhecimento da necessidade de lutar por ela.

Luta que, pela finalidade que lhe derem os oprimidos, será um ato de amor, com o qual se oporão ao desamor contido na violência dos opressores, até mesmo quando esta se revista da falsa generosidade referida.

A nossa preocupação, neste trabalho, é apenas apresentar alguns aspectos do que nos parece constituir o que vimos chamando de "pedagogia do oprimido": aquela que tem de ser forjada *com* ele e não *para* ele, enquanto homens ou povos, na luta incessante de recuperação de sua humanidade. Pedagogia que faça da opressão e de suas causas objeto da reflexão dos oprimidos, de que resultará o seu engajamento necessário na luta por sua libertação, em que esta pedagogia se fará e refará.

O grande problema está em como poderão os oprimidos, que "hospedam" o opressor em si, participar da elaboração, como seres duplos, inautênticos, da pedagogia de sua libertação. Somente na medida em que se descubram "hospedeiros" do opressor poderão contribuir para o partejamento de sua pedagogia libertadora. Enquanto vivam a dualidade na qual ser é parecer e parecer é parecer com o opressor, é impossível fazê-lo. A pedagogia do oprimido, que não pode ser elaborada pelos opressores, é um dos instrumentos para esta descoberta crítica – a dos oprimidos por si mesmos e a dos opressores pelos oprimidos, como manifestações da desumanização.

Há algo, porém, a considerar nesta descoberta, que está diretamente ligado à pedagogia libertadora. E que, quase sempre, num primeiro momento deste descobrimento, os oprimidos, em vez de buscar a libertação na luta e por ela, tendem a ser opressores também, ou subopressores. A estrutura de seu pensar se encontra condicionada pela contradição vivida na situação concreta, existencial, em que se "formam". O seu ideal é, realmente, ser homens, mas, para eles, ser homens, na contradição em que sempre estiveram e cuja superação não lhes está clara, é ser opressores. Estes são o seu testemunho de humanidade.

Isto decorre, como analisaremos mais adiante, com mais vagar, do fato de que, em certo momento de sua experiência existencial, os oprimidos assumem uma postura que chamamos de "aderência" ao opressor. Nestas circunstâncias, não chegam a "admirá-lo", o que os levaria a objetivá-lo, a descobri-lo fora de si.

Ao fazermos esta afirmação, não queremos dizer que os oprimidos, neste caso, não se saibam oprimidos. O seu conhecimento de si mesmos, como oprimidos, se encontra, contudo, prejudicado pela "imersão" em que se acham na realidade opressora. "Reconhecerem-se", a este nível, contrários ao outro não significa ainda lutar pela superação da contradição. Daí esta quase aberração: um dos polos da contradição pretendendo não a libertação, mas a identificação com o seu contrário.

O "homem novo", em tal caso, para os oprimidos, não é o homem a nascer da superação da contradição, com a transformação da velha situação concreta opressora, que cede seu lugar a uma nova, de libertação. Para eles, o novo homem são eles mesmos, tornando-se opressores de outros. A sua visão do homem novo é uma visão individualista. A sua aderência ao opressor não lhes possibilita a consciência de si como pessoa nem a consciência de classe oprimida.

Desta forma, por exemplo, querem a reforma agrária, não para se libertarem, mas para passarem a ter terra e, com esta, tornar-se proprietários ou, mais precisamente, patrões de novos empregados.

Raros são os camponeses que, ao serem "promovidos" a capatazes, não se tornam mais duros opressores de seus antigos companheiros do que o patrão mesmo. Poder-se-á dizer – e com razão – que isto se deve ao fato de que a situação concreta, vigente, de opressão, não foi transformada. E que, nesta hipótese, o capataz, para assegurar seu posto, tem de encarnar, com mais dureza ainda, a dureza do patrão. Tal afirmação não nega a nossa – a de que, nestas circunstâncias, os oprimidos têm no opressor o seu testemunho de "homem".

Até as revoluções, que transformam a situação concreta de opressão em uma nova, em que a libertação se instaura como processo, enfrentam esta manifestação da consciência oprimida. Muitos dos oprimidos que, direta ou indiretamente, participaram da revolução, marcados pelos velhos mitos da estrutura anterior, pretendem fazer da revolução a sua revolução privada. Perdura neles, de certo modo, a sombra testemunhal do opressor antigo. Este continua a ser o seu testemunho de "humanidade".

O "medo da liberdade",[3] de que se fazem objeto os oprimidos, medo da liberdade que tanto pode conduzi-los a pretender ser opressores também quanto pode mantê-los atados ao *status* de oprimidos, é outro aspecto que merece igualmente nossa reflexão.

Um dos elementos básicos na mediação opressores-oprimidos é a *prescrição*. Toda prescrição é a imposição da opção de uma consciência a outra. Daí o sentido alienador das prescrições que transformam a consciência recebedora no que vimos chamando de consciência "hospedeira" da consciência opressora. Por isto, o comportamento dos oprimidos é um comportamento prescrito. Faz-se à base de pautas estranhas a eles – as pautas dos opressores.

Os oprimidos, que introjetam a "sombra" dos opressores e seguem suas pautas, temem a liberdade, na medida em que esta, implicando a expulsão desta sombra, exigiria deles que "preen-chessem" o "vazio" deixado pela expulsão com outro "conteúdo" – o de sua autonomia. O de sua responsabilidade, sem o que não seriam livres. A liberdade, que é uma conquista, e não uma doação, exige uma permanente busca. Busca permanente que só existe no ato responsável de quem a faz. Ninguém tem liberdade para ser livre: pelo contrário, luta por ela precisamente porque não a tem. Não é também a liberdade um ponto ideal, fora dos homens, ao qual inclusive eles se alienam. Não é ideia que se faça mito. É condição indispensável ao movimento de busca em que estão inscritos os homens como seres inconclusos.

3   Este medo da liberdade também se instala nos opressores, mas, obviamente, de maneira diferente. Nos oprimidos, o medo da liberdade é o medo de assumi-la. Nos opressores, é o medo de perder a "liberdade" de oprimir.

Daí a necessidade que se impõe de superar a situação opressora. Isto implica o reconhecimento crítico, a "razão" desta situação, para que, através de uma ação transformadora que incida sobre ela, se instaure uma outra, que possibilite aquela busca do ser mais.

No momento, porém, em que se comece a autêntica luta para criar a situação que nascerá da superação da velha, já se está lutando pelo *ser mais*. E, se a situação opressora gera uma totalidade desumanizada e desumanizante, que atinge os que oprimem e os oprimidos, não vai caber, como já afirmamos, aos primeiros, que se encontram desumanizados só pelo motivo de oprimir, mas aos segundos, gerar de seu *ser menos* a busca do *ser mais* de todos.

Os oprimidos, contudo, acomodados e adaptados, "imersos" na própria engrenagem da estrutura dominadora, temem a liberdade, enquanto não se sentem capazes de correr o risco de assumi-la. E a temem, também, na medida em que lutar por ela significa uma ameaça, não só aos que a usam para oprimir, como seus "proprietários" exclusivos, mas aos companheiros oprimidos, que se assustam com maiores repressões.

Quando descobrem em si o anseio por libertar-se, percebem que este anseio somente se faz concretude na concretude de outros anseios.

Enquanto tocados pelo medo da liberdade, se negam a apelar a outros e a escutar o apelo que se lhes faça ou que se tenham feito a si mesmos, preferindo a gregarização à convivência autêntica. Preferindo a adaptação em que sua não liberdade os mantém à comunhão criadora a que a liberdade leva, até mesmo quando ainda somente buscada.

Sofrem uma dualidade que se instala na "interioridade" do seu ser. Descobrem que, não sendo livres, não chegam a ser autenticamente. Querem ser, mas temem ser. São eles e ao mesmo tempo são o outro introjetado neles, como consciência opressora. Sua luta se trava entre serem eles mesmos ou serem duplos. Entre expulsarem ou não o opressor de "dentro" de si. Entre se desalienarem ou se manterem alienados. Entre seguirem prescrições ou terem opções. Entre serem espectadores ou atores. Entre atuarem ou terem a ilusão de que atuam na atuação dos opressores. Entre dizerem a palavra ou não terem voz, castrados no seu poder de criar e recriar, no seu poder de transformar o mundo.

Este é o trágico dilema dos oprimidos, que a sua pedagogia tem de enfrentar.

A libertação, por isto, é um parto. E um parto doloroso. O homem que nasce deste parto é um homem novo que só é viável na e pela superação da contradição opressores-oprimidos, que é a libertação de todos.

A superação da contradição é o parto que traz ao mundo este homem novo não mais opressor; não mais oprimido, mas homem libertando-se.

Esta superação não pode dar-se, porém, em termos puramente idealistas. Se se faz indispensável aos oprimidos, para a luta por sua libertação, que a realidade concreta de opressão já não seja para eles uma espécie de "mundo fechado" (em que se gera o seu medo da liberdade) do qual não pudessem sair, mas uma situação que apenas os limita e que eles podem transformar, é fundamental, então, que, ao reconhecerem o limite que a realidade opressora lhes impõe, tenham, neste reconhecimento, o motor de sua ação libertadora.

Vale dizer, pois, que reconhecerem-se limitados pela situação concreta de opressão, de que o falso sujeito, o falso "ser para si", é o opressor, não significa ainda a sua libertação. Como contradição do opressor, que tem neles a sua verdade, como disse Hegel,[4]

4   *"The truth of the independent consciousness is (accordingly) the consciousness of the bondsman."* [A verdade da consciência independente é (por conseguinte) a consciência escrava.] Georg W. F. Hegel, op. cit., p. 237.

somente superam a contradição em que se acham quando o reconhecerem-se oprimidos os engaja na luta por libertar-se.

Não basta saberem-se numa relação dialética com o opressor – seu contrário antagônico –, descobrindo, por exemplo, que sem eles o opressor não existiria (Hegel), para estarem de fato libertados. É preciso, enfatizemos, que se entreguem à práxis libertadora.

O mesmo se pode dizer ou afirmar com relação ao opressor, tomado individualmente, como pessoa. Descobrir-se na posição de opressor, mesmo que sofra por este fato, não é ainda solidarizar-se com os oprimidos. Solidarizar-se com estes é algo mais que prestar assistência a trinta ou a cem, mantendo-os atados, contudo, à mesma posição de dependência. Solidarizar-se não é ter a consciência de que explora e "racionalizar" sua culpa paternalistamente. A solidariedade, exigindo de quem se solidariza que "assuma" a situação de com quem se solidarizou, é uma atitude radical.

Se o que caracteriza os oprimidos, como "consciência servil" em relação à consciência do senhor, é fazer-se quase "coisa" e transformar-se, como salienta Hegel,[5] em "consciência para outro", a solidariedade verdadeira com eles está em *com* eles lutar para a transformação da realidade objetiva que os faz ser este "ser para outro".

O opressor só se solidariza com os oprimidos quando o seu gesto deixa de ser um gesto piegas e sentimental, de caráter individual, e passa a ser um ato de amor àqueles. Quando, para ele, os oprimidos deixam de ser uma designação abstrata e passam a ser os homens

---

5 Referindo-se à consciência senhorial e à consciência servil, diz Hegel: *"the one is independent, and its essential nature is to be for itself; the other is dependent and its essence is life or existence for another. The former is the Master, or Lord, the latter the Bondsman."* [uma, a consciência independente para a qual o ser-para-si é a essência; outra, a consciência dependente para a qual a essência é a vida, ou o ser para um Outro. Uma é o senhor, outra é o escravo.] Op. cit., p. 234.

concretos, injustiçados e roubados. Roubados na sua palavra, por isto no seu trabalho comprado, que significa a sua pessoa vendida. Só na plenitude deste ato de amar, na sua existenciação, na sua práxis, se constitui a solidariedade verdadeira. Dizer que os homens são pessoas e, como pessoas, são livres, e nada concretamente fazer para que esta afirmação se objetive, é uma farsa.

Da mesma forma como é em uma situação concreta – a da opressão – que se instaura a contradição opressores-oprimidos, a superação desta contradição só se pode verificar *objetivamente* também.

Daí esta exigência radical, tanto para o opressor que se descobre opressor quanto para os oprimidos que, reconhecendo-se contradição daquele, desvelam o mundo da opressão e percebem os mitos que o alimentam – a radical exigência da transformação da situação concreta que gera a opressão.

Parece-nos muito claro, não apenas neste, mas noutros momentos do ensaio, que, ao apresentarmos esta radical exigência – a da transformação objetiva da situação opressora –, combatendo um imobilismo subjetivista que transformasse o ter consciência da opressão numa espécie de espera paciente de que um dia a opressão desapareceria por si mesma, não estamos negando o papel da subjetividade na luta pela modificação das estruturas.

Não se pode pensar em objetividade sem subjetividade. Não há uma sem a outra, que não podem ser dicotomizadas.

A objetividade dicotomizada da subjetividade, a negação desta na análise da realidade ou na ação sobre ela, é *objetivismo*. Da mesma forma, a negação da objetividade, na análise como na ação, conduzindo ao subjetivismo que se alonga em posições solipsistas, nega a ação mesma, por negar a realidade objetiva, desde que esta passa a ser criação da consciência. Nem objetivismo nem subjetivismo ou psicologismo, mas subjetividade e objetividade em permanente dialeticidade.

Confundir subjetividade com subjetivismo, com psicologismo, e negar-lhe a importância que tem no processo de transformação do mundo, da história, é cair num simplismo ingênuo. É admitir o impossível: um mundo sem homens, tal qual a outra ingenuidade, a do subjetivismo, que implica homens sem mundo.

Não há um sem os outros, mas ambos em permanente integração.

Em Marx, como em nenhum pensador crítico, realista, jamais se encontrará esta dicotomia. O que Marx criticou, e cientificamente destruiu, não foi a subjetividade, mas o subjetivismo, o psicologismo.

A realidade social, objetiva, que não existe por acaso, mas como produto da ação dos homens, também não se transforma por acaso. Se os homens são os produtores desta realidade e se esta, na "inversão da práxis", se volta sobre eles e os condiciona, transformar a realidade opressora é tarefa histórica, é tarefa dos homens.

Ao fazer-se opressora, a realidade implica a existência dos que oprimem e dos que são oprimidos. Estes, a quem cabe realmente lutar por sua libertação juntamente com os que com eles em verdade se solidarizam, precisam ganhar a consciência crítica da opressão, na práxis desta busca.

Este é um dos problemas mais graves que se põem à libertação. É que a realidade opressora, ao constituir-se como um quase mecanismo de absorção dos que nela se encontram, funciona como uma força de imersão das consciências.[6]

6   "A ação Libertadora implica um momento necessariamente consciente e volitivo, configurando-se como a prolongação e a inserção continuadas deste na história. A ação dominadora, entretanto, não supõe esta dimensão com a mesma necessariedade, pois a própria funcionalidade mecânica e inconsciente da estrutura é mantenedora de si mesma e, portanto, da dominação." De um trabalho de José Luiz Fiori, a quem o autor agradece a possibilidade da citação.

Neste sentido, em si mesma, esta realidade é funcionalmente domesticadora. Libertar-se de sua força exige, indiscutivelmente, a emersão dela, a volta sobre ela. É por isso que só através da práxis autêntica que, não sendo "blá-blá-blá" nem ativismo, mas ação e reflexão, é possível fazê-lo.

"Hay que hacer la opresión real todavia más opresiva añadiendo a aquella la consciencia *de la opresión, haciendo la infamia todavia más infamante, al pregonarla."*[7]

Este fazer "a opressão real ainda mais opressora, acrescentando-lhe a consciência da opressão", a que Marx se refere, corresponde à relação dialética subjetividade-objetividade. Somente na sua solidariedade, em que o subjetivo constitui com o objetivo uma unidade dialética, é possível a práxis autêntica.

A práxis, porém, é reflexão e ação dos homens sobre o mundo para transformá-lo. Sem ela, é impossível a superação da contradição opressor-oprimidos.

Desta forma, esta superação exige a inserção crítica dos oprimidos na realidade opressora, com que, objetivando-a, simultaneamente atuam sobre ela.

Por isto, inserção crítica e ação já são a mesma coisa. Por isto também é que o mero reconhecimento de uma realidade que não leve a esta inserção crítica (ação já) não conduz a nenhuma transformação da realidade objetiva, precisamente porque não é reconhecimento verdadeiro.

Este é o caso de um "reconhecimento" de caráter puramente subjetivista, que é antes o resultado da arbitrariedade do subjetivista,

---

7   Tradução livre: "É preciso tornar a opressão real ainda mais opressiva, somando-se a essa a *consciência* da opressão, fazendo com que a infâmia seja ainda mais infamante." Karl Marx e Friedrich Engels, *La sagrada familia y otros escritos*. México: Grijalbo, 1962, p. 6. [*Grifo nosso.*]

o qual, fugindo da realidade objetiva, cria uma falsa realidade "em si mesmo". E não é possível transformar a realidade concreta na realidade imaginária.

É o que ocorre, igualmente, quando a modificação da realidade objetiva fere os interesses individuais ou de classe de quem faz o reconhecimento.

No primeiro caso, não há inserção crítica na realidade, porque esta é fictícia; no segundo, porque a inserção contradiria os interesses de classe do reconhecedor.

A tendência deste é, então, comportar-se "neuroticamente". O fato existe, mas tanto ele quanto o que dele talvez resulte lhe podem ser adversos. Daí que seja necessário, numa indiscutível "racionalização", não propriamente negá-lo, mas vê-lo de forma diferente. A "racionalização", como mecanismo de defesa, termina por identificar-se com o subjetivismo. Ao não negar o fato, mas distorcer suas verdades, a "racionalização" "retira" as bases objetivas do mesmo. O fato deixa de ser ele concretamente e passa a ser um mito criado para a defesa da classe do que fez o reconhecimento, que, assim, se torna falso. Desta forma, mais uma vez, é impossível a "inserção crítica", que só existe na dialeticidade objetividade-subjetividade.

Aí está uma das razões para a proibição, para as dificuldades – como veremos no último capítulo deste ensaio –, no sentido de que as massas populares cheguem a "inserir-se", criticamente, na realidade. É que o opressor sabe muito bem que esta "inserção crítica" das massas oprimidas, na realidade opressora, em nada pode a ele interessar. O que lhe interessa, pelo contrário, é a permanência delas em seu estado de "imersão", em que, de modo geral, se encontram impotentes em face da realidade opressora, como "situação-limite" que lhes parece intransponível.

É interessante observar a advertência que faz Lukács[8] ao partido revolucionário de que "[...] *il doit, pour employer les mots de Marx, expliquer aux masses leur propre action non seulement afin d'assurer la continuité des expériences revolutionnaires du prolétariat, mais aussi d'activer consciemment le développement ultérieur de ces expériences.*"[9]

Ao afirmar esta necessidade, Lukács coloca, indiscutivelmente, *a* questão da "inserção crítica" a que nos referimos.

"*Expliquer aux masses leur propre action*" é esclarecer e iluminar a ação, de um lado, quanto à sua relação com os dados objetivos que a provocam; de outro, no que diz respeito às finalidades da própria ação.

Quanto mais as massas populares desvelam a realidade objetiva e desafiadora sobre a qual elas devem incidir sua ação transformadora, tanto mais se "inserem" nela criticamente.

Desta forma, estarão ativando "*consciemment le développement ultérieur*" de suas experiências.

É que não haveria ação humana se não houvesse uma realidade objetiva, um mundo como "não eu" do homem, capaz de desafiá-lo; como também não haveria ação humana se o homem não fosse um "projeto", um mais além de si, capaz de captar a sua realidade, de conhecê-la para transformá-la.

Num pensar dialético, ação e mundo, mundo e ação estão intimamente solidários. Mas a ação só é humana quando, mais que um

8 György Lukács, *Lenine*. Paris: Études et Documentation Internationales, 1965, p. 62.

9 Tradução livre: "[...] ele deve, nas palavras de Marx, explicar às massas a sua própria ação, não só para assegurar a continuidade das experiências revolucionárias do proletariado, mas também para ativar conscientemente o desenvolvimento posterior dessas experiências."

puro fazer, é quefazer, isto é, quando também não se dicotomiza da reflexão. Esta, necessária à ação, está implícita na exigência que faz Lukács da "explicação às massas de sua própria ação" – como está implícita na finalidade que ele dá a essa explicação, a de "ativar conscientemente o desenvolvimento ulterior da experiência".

Para nós, contudo, a questão não está propriamente em explicar às massas, mas em dialogar com elas sobre a sua ação. De qualquer forma, o dever que Lukács reconhece ao partido revolucionário de "explicar às massas a sua ação" coincide com a exigência que fazemos da inserção crítica das massas na sua realidade através da práxis, pelo fato de nenhuma realidade se transformar a si mesma.[10]

A pedagogia do oprimido que, no fundo, é a pedagogia dos homens empenhando-se na luta por sua libertação, tem suas raízes aí. E tem que ter nos próprios oprimidos, que se saibam ou comecem criticamente a saber-se oprimidos, um dos seus sujeitos.

Nenhuma pedagogia realmente libertadora pode ficar distante dos oprimidos, quer dizer, pode fazer deles seres desditados, objetos de um "tratamento" humanitarista, para tentar, através de exemplos retirados de entre os opressores, modelos para a sua

10 *"La teoria materialista de que los hombres son producto de las circunstancias y de la educación, y de que, por tanto, los hombres modificados son producto de circunstancias distintas y de una educación distinta, olvida que las circunstancias se hacen cambiar precisamente por los hombres y que el proprio educador necesita ser educado."* [A teoria materialista de que os homens são produto das circunstâncias e da educação e de que, portanto, os homens transformados são produto de circunstâncias diferentes e de educação diferente esquece que as circunstâncias são transformadas precisamente pelos homens e que o próprio educador precisa ser educado.] Karl Marx, "Tercera Tesis sobre Feuerbach", in Karl Marx e Friedrich Engels, *Obras escogidas*. Moscou: Editorial Progresso, 1966, v. II, p. 404.

"promoção". Os oprimidos hão de ser o exemplo para si mesmos, na luta por sua redenção.

A pedagogia do oprimido, que busca a restauração da intersubjetividade, se apresenta como pedagogia do Homem. Somente ela, que se anima de generosidade autêntica, humanista e não "humanitarista", pode alcançar este objetivo. Pelo contrário, a pedagogia que, partindo dos interesses egoístas dos opressores, egoísmo camuflado de falsa generosidade, faz dos oprimidos objetos de seu humanitarismo, mantém e encarna a própria opressão. É instrumento de desumanização.

Esta é a razão pela qual, como já afirmamos, esta pedagogia não pode ser elaborada nem praticada pelos opressores.

Seria uma contradição se os opressores não só defendessem, mas praticassem uma educação libertadora.

Se, porém, a prática desta educação implica o poder político, e se os oprimidos não o têm, como então realizar a pedagogia do oprimido antes da revolução?

Esta é, sem dúvida, uma indagação da mais alta importância, cuja resposta nos parece encontrar-se mais ou menos clara no último capítulo deste ensaio.

Ainda que não queiramos antecipar-nos, poderemos, contudo, afirmar que um primeiro aspecto desta indagação se encontra na distinção entre *educação sistemática*, a que só pode ser mudada com o poder, e os *trabalhos educativos*, que devem ser realizados *com* os oprimidos, no processo de sua organização.

A pedagogia do oprimido, como pedagogia humanista e libertadora, terá dois momentos distintos. O primeiro, em que os oprimidos vão desvelando o mundo da opressão e vão comprometendo-se, na práxis, com a sua transformação; o segundo, em que, transformada a realidade opressora, esta pedagogia deixa de ser do oprimido e passa a ser a pedagogia dos homens em processo de permanente libertação.

Em qualquer destes momentos, será sempre a ação profunda, através da qual se enfrentará, culturalmente, a cultura da dominação.[11] No primeiro momento, por meio da mudança da percepção do mundo opressor por parte dos oprimidos; no segundo, pela expulsão dos mitos criados e desenvolvidos na estrutura opressora e que se preservam como espectros míticos, na estrutura nova que surge da transformação revolucionária.

No primeiro momento, o da pedagogia do oprimido, objeto da análise deste capítulo, estamos em face do problema da consciência oprimida e da consciência opressora; dos homens opressores e dos homens oprimidos, em uma situação concreta de opressão. Em face do problema de seu comportamento, de sua visão do mundo, de sua ética. Da dualidade dos oprimidos. E é como seres duais, contraditórios, divididos, que temos de encará-los. A situação de opressão em que se "formam", em que "realizam" sua existência, os constitui nesta dualidade, na qual se encontram proibidos de ser. Basta, porém, que homens estejam sendo proibidos de ser mais para que a situação objetiva em que tal proibição se verifica seja, em si mesma, uma violência. Violência real, não importa que, muitas vezes, adocicada pela falsa generosidade a que nos referimos, porque fere a ontológica e histórica vocação dos homens – a do *ser mais*.

Daí que, estabelecida a relação opressora, esteja inaugurada a violência, que jamais foi até·hoje, na história, deflagrada pelos oprimidos.

Como poderiam os oprimidos dar início à violência, se eles são o resultado de uma violência?

Como poderiam ser os promotores de algo que, ao instaurar-se objetivamente, os constitui?

---

11 Este nos parece ser o aspecto fundamental da "revolução cultural".

Não haveria oprimidos, se não houvesse uma relação de violência que os conforma como violentados, numa situação objetiva de opressão.

Inauguram a violência os que oprimem, os que exploram, os que não se reconhecem nos outros; não os oprimidos, os explorados, os que não são reconhecidos pelos que os oprimem como *outro*.

Inauguram o desamor não os desamados, mas os que não amam, porque apenas *se* amam.

Os que inauguram o terror não são os débeis, que a ele são submetidos, mas os violentos que, com seu poder, criam a situação concreta em que se geram os "demitidos da vida", os esfarrapados do mundo.

Quem inaugura a tirania não são os tiranizados, mas os tiranos.

Quem inaugura o ódio não são os odiados, mas os que primeiro odiaram.

Quem inaugura a negação dos homens não são os que tiveram a sua humanidade negada, mas os que a negaram, negando também a sua.

Quem inaugura a força não são os que se tornaram fracos sob a robustez dos fortes, mas os fortes que os debilitaram.

Para os opressores, porém, na hipocrisia de sua "generosidade", são sempre os oprimidos, que eles jamais obviamente chamam de oprimidos, mas, conforme se situem, interna ou externamente, de "essa gente" ou de "essa massa cega e invejosa", ou de "selvagens", ou de "nativos", ou de "subversivos", são sempre os oprimidos os que desamam. São sempre eles os "violentos", os "bárbaros", os "malvados", os "ferozes", quando reagem à violência dos opressores.

Na verdade, porém, por paradoxal que possa parecer, na resposta dos oprimidos à violência dos opressores é que vamos encontrar o gesto de amor. Consciente ou inconscientemente, o ato de rebelião dos oprimidos, que é sempre tão ou quase tão violento quanto a violência que os cria, este ato dos oprimidos, sim, pode inaugurar o amor.

Enquanto a violência dos opressores faz dos oprimidos homens proibidos de *ser*, a resposta destes à violência daqueles se encontra infundida do anseio de busca do direito de ser.

Os opressores, violentando e proibindo que os outros sejam, não podem igualmente ser; os oprimidos, lutando por ser, ao retirar-lhes o poder de oprimir e de esmagar, lhes restauram a humanidade que haviam perdido no uso da opressão.

Por isto é que somente os oprimidos, libertando-se, podem libertar os opressores. Estes, enquanto classe que oprime, nem libertam nem se libertam.

O importante, por isto mesmo, é que a luta dos oprimidos se faça para superar a contradição em que se acham. Que esta superação seja o surgimento do homem novo – não mais opressor, não mais oprimido, mas homem libertando-se. Precisamente porque, se sua luta é no sentido de fazer-se Homem, que estavam sendo proibidos de ser, não o conseguirão se apenas invertem os termos da contra-dição. Isto é, se apenas mudam de lugar nos polos da contradição.

Esta afirmação pode parecer ingênua. Na verdade, não o é.

Reconhecemos que, na superação da contradição opressores--oprimidos, que somente pode ser tentada e realizada por estes, está implícito o desaparecimento dos primeiros, enquanto classe que oprime. Os freios que os antigos oprimidos devem impor aos antigos opressores para que não voltem a oprimir não são *opressão* daqueles a estes. A opressão só existe quando se constitui em um ato proibitivo do *ser mais* dos homens. Por esta razão, estes freios, que são necessários, não significam, em si mesmos, que os oprimidos de ontem se tenham transformado nos opressores de hoje.

Os oprimidos de ontem, que detêm os antigos opressores na sua ânsia de oprimir, estarão gerando, com seu ato, liberdade, na medida em que, com ele, evitam a volta do regime opressor. Um ato que proíbe a restauração deste regime não pode ser comparado com o que o cria e o mantém; não pode ser comparado com aquele através do qual alguns homens negam às maiorias o direito de ser.

No momento, porém, em que o novo poder se enrijece em "burocracia"[12] dominadora, se perde a dimensão humanista da luta e já não se pode falar em libertação.

Daí a afirmação anteriormente feita, de que a superação autêntica da contradição opressores-oprimidos não está na pura troca de lugar, na passagem de um polo a outro. Mais ainda: não está em que os oprimidos de hoje, em nome de sua libertação, passem a ter novos opressores.

A SITUAÇÃO CONCRETA DE OPRESSÃO E OS OPRESSORES

Mas o que ocorre, ainda quando a superação da contradição se faça em termos autênticos, com a instalação de uma nova situação concreta, de uma nova realidade inaugurada pelos oprimidos que se libertam, é que os opressores de ontem não se reconheçam em libertação. Pelo contrário, vão sentir-se como se realmente estivessem sendo

12 Este enrijecimento não se confunde, pois, com os freios referidos anteriormente e que têm de ser impostos aos antigos opressores, para que não restaurem a ordem dominadora. É de outra natureza. Implica a revolução que, estagnando-se, volta-se contra o povo, usando o mesmo aparato burocrático repressivo do Estado, que devia ter sido radicalmente suprimido, como tantas vezes salientou Marx.

oprimidos. É que, para eles, "formados" na experiência de opressores, tudo o que não seja o seu direito antigo de oprimir significa opressão a eles. Vão sentir-se, agora, na nova situação, como oprimidos porque, se antes podiam comer, vestir, calçar, educar-se, passear, ouvir Beethoven, enquanto milhões não comiam, não calçavam, não vestiam, não estudavam nem tampouco passeavam, quanto mais podiam ouvir Beethoven, qualquer restrição a tudo isto, em nome do direito de todos, lhes parece uma profunda violência a seu direito de pessoa. Direito de pessoa que, na situação anterior, não respeitava os milhões de pessoas que sofriam e morriam de fome, de dor, de tristeza, de desesperança.

É que, para eles, pessoa humana são apenas eles. Os outros, estes são "coisas". Para eles, há um só direito – o seu direito de viverem em paz, ante o direito de sobreviverem, que talvez nem sequer reconheçam, mas somente admitam aos oprimidos. E isto ainda porque, afinal, é preciso que os oprimidos existam, para que eles existam e sejam "generosos"...

Esta maneira de proceder, de compreender o mundo e os homens (que necessariamente os faz reagir à instalação de um novo poder), explica-se, como já dissemos, na experiência em que se constituem como classe dominadora.

Em verdade, instaurada uma situação de violência, de opressão, ela gera toda uma forma de ser e comportar-se nos que estão envolvidos nela. Nos opressores e nos oprimidos. Uns e outros, porque concretamente banhados nesta situação, refletem a opressão que os marca.

Na análise da situação concreta, existencial, de opressão, não podemos deixar de surpreender o seu nascimento num ato de violência que é inaugurado, repetimos, pelos que têm poder.

Esta violência, como um processo, passa de geração a geração de opressores, que se vão fazendo legatários dela e formando-se no seu clima geral. Este clima cria nos opressores uma consciência fortemente possessiva. Possessiva do mundo e dos homens. Fora da posse direta, concreta, material, do mundo e dos homens, os opressores não se podem entender a si mesmos. Não podem ser. Deles como consciências necrófilas, diria Fromm que, sem esta posse, *"perderian el contacto con el mundo"*.[13] Daí que tendam a transformar tudo o que os cerca em objetos de seu domínio. A terra, os bens, a produção, a criação dos homens, os homens mesmos, o tempo em que estão os homens, tudo se reduz a objeto de seu comando.

Nesta ânsia irrefreada de posse, desenvolvem em si a convicção de que lhes é possível transformar tudo a seu poder de compra. Daí a sua concepção estritamente materialista da existência. O dinheiro é a medida de todas as coisas. E o lucro, seu objetivo principal.

Por isto é que, para os opressores, o que vale é *ter mais* e cada vez *mais*, à custa, inclusive, do *ter menos* ou do *nada ter* dos oprimidos. *Ser*, para eles, é *ter*, e ter como classe que tem.

Não podem perceber, na situação opressora em que estão, como usufrutuários, que, se *ter* é condição para *ser*, esta é uma condição necessária a todos os homens. Não podem perceber que, na busca egoísta do *ter* como classe que tem, se afogam na posse e já não são. Já não podem ser.

Por isto tudo é que a sua generosidade, como salientamos, é falsa.

Por isto tudo é que a humanização é uma "coisa" que possuem como direito exclusivo, como atributo herdado. A humanização é apenas sua. A dos outros, dos seus contrários, se apresenta como subversão. Humanizar é, naturalmente, segundo seu ponto de vista, subverter, e não *ser mais*.

13 Tradução livre: "perderiam o contato com o mundo". Erich Fromm, *El corazón del hombre, breviario.* México: Fondo de Cultura Económica, 1967, p. 41.

Ter mais, na exclusividade, não é um privilégio desumanizante e inautêntico dos demais e de si mesmos, mas um direito intocável. Direito que "conquistaram com seu esforço, com sua coragem de correr risco". Se os outros – "esses invejosos" – não têm, é porque são incapazes e preguiçosos, a que juntam ainda um injustificável mau agradecimento a seus "gestos generosos". E, porque "mal-agradecidos e invejosos", são sempre vistos os oprimidos como seus inimigos potenciais a quem têm de observar e vigiar.

Não poderia deixar de ser assim. Se a humanização dos oprimidos é subversão, sua liberdade também o é. Daí a necessidade de seu constante controle. E, quanto mais controlam os oprimidos, mais os transformam em "coisa", em algo que é como se fosse inanimado.

Esta tendência dos opressores de inanimar tudo e todos, que se encontra em sua ânsia de posse, se identifica, indiscutivelmente, com a tendência sadista. "*El placer del dominio completo sobre otra persona (o sobre otra creatura animada)*", diz Fromm, "*es la esencia misma del impulso sádico. Otra manera de formular la misma idea es decir que el fin del sadismo es convertir un* hombre en cosa, *algo animado en algo inanimado, ya que mediante el control completo y absoluto el vivir pierde una cualidad esencial de la vida: la libertad.*"[14]

O sadismo aparece, assim, como uma das características da consciência opressora, na sua visão necrófila do mundo. Por isto é que o seu amor é um amor às avessas – um amor à morte e não à vida.

14 Tradução livre: "O prazer do domínio completo sobre outra pessoa (ou sobre outra criatura animada) é a essência mesma do impulso sádico. Outra maneira de formular a mesma ideia é dizer que o fim do sadismo é converter um *homem em coisa*, algo animado em algo inanimado, já que mediante o controle completo e absoluto o viver perde uma qualidade essencial da vida: a liberdade." Erich Fromm, op. cit., p. 30. [*Grifos nossos.*]

Na medida em que, para dominar, se esforçam por deter a ânsia de busca, a inquietação, o poder de criar, que caracterizam a vida, os opressores matam a vida.

Daí que vão se apropriando, cada vez mais, da ciência também, como instrumento para suas finalidades. Da tecnologia, que usam como força indiscutível de manutenção da "ordem" opressora, com a qual manipulam e esmagam.[15]

Os oprimidos, como objetos, como quase "coisas", não têm finalidades. As suas são as finalidades que lhes prescrevem os opressores.

Em face de tudo isto é que se coloca a nós mais um problema de importância inegável, a ser observado no corpo destas considerações, que é o da adesão e consequente passagem que fazem representantes do polo opressor ao polo dos oprimidos. De sua adesão à luta destes por libertar-se.

Cabe a eles um papel fundamental, como sempre tem cabido na história desta luta.

Acontece, porém, que, ao passarem de exploradores ou de espectadores indiferentes ou de herdeiros da exploração – o que é uma conivência com ela – ao polo dos explorados, quase sempre levam consigo, condicionados pela "cultura do silêncio",[16] toda a marca de sua origem. Seus preconceitos. Suas deformações, entre estas, a desconfiança do povo. Desconfiança de que o povo seja capaz de pensar certo. De querer. De saber.

15 A propósito das "formas dominantes de controle social", cf. Herbert Marcuse, *L'Homme Undimensionel* e *Eros et Civilisation.* Paris: Éditions de Minuit, 1968, 1961, obras já traduzidas para o português.

16 A propósito de "cultura do silêncio", cf. "Paulo Freire: ação cultural para libertação", Cambridge, Massachusetts, Center for the Study of Development and Social Change, 1970. Esse ensaio apareceu primeiramente em *Harvard Educational Review*, nos seus números de maio e agosto de 1970; foi publicado no Brasil em 1976, pela Paz e Terra, no livro *Ação cultural para a liberdade e outros escritos.*

Deste modo, estão sempre correndo o risco de cair num outro tipo de generosidade, tão funesto quanto o que criticamos nos dominadores.

Se esta generosidade não se nutre, como no caso dos opressores, da ordem injusta que precisa ser mantida para justificá-la; se querem realmente transformá-la, na sua deformação, contudo, acreditam que devem ser os fazedores da transformação.

Comportam-se, assim, como quem não crê no povo, ainda que nele falem. E crer no povo é a condição prévia, indispensável, à mudança revolucionária. Um revolucionário se reconhece mais por esta crença no povo, que o engaja, do que por mil ações sem ela.

Àqueles que se comprometem autenticamente com o povo é indispensável que se revejam constantemente. Esta adesão é de tal forma radical que não permite a quem a faz comportamentos ambíguos.

Fazer esta adesão e considerar-se proprietário do saber revolucionário, que deve, desta maneira, ser doado ou imposto ao povo, é manter-se como era antes.

Dizer-se comprometido com a libertação e não ser capaz de *comungar* com o povo, a quem continua considerando absolutamente ignorante, é um doloroso equívoco.

Aproximar-se dele, mas sentir, a cada passo, a cada dúvida, a cada expressão sua, uma espécie de susto, e pretender impor o seu *status*, é manter-se nostálgico de sua origem.

Daí que esta passagem deva ter o sentido profundo do renascer. Os que passam têm de assumir uma forma nova de *estar sendo*; já não podem atuar como atuavam; já não podem permanecer como *estavam sendo*.

A SITUAÇÃO CONCRETA DE OPRESSÃO
E OS OPRIMIDOS

Será na sua convivência com os oprimidos, sabendo-se também um deles – somente em um nível diferente de percepção da realidade –, que poderá compreender as formas de ser e comportar-se dos oprimidos, que refletem, em momentos diversos, a estrutura da dominação.

Uma destas, de que já falamos rapidamente, é a dualidade existencial dos oprimidos, que, "hospedando" o opressor, cuja "sombra" eles "introjetam", são eles e ao mesmo tempo são o outro. Daí que, quase sempre, enquanto não chegam a localizar o opressor concretamente, como também enquanto não cheguem a ser "consciência para si", assumam atitudes fatalistas em face da situação concreta de opressão em que estão.[17]

Este fatalismo, às vezes, dá a impressão, em análises superficiais, de docilidade, como caráter nacional, o que é um engano. Este fatalismo, alongado em docilidade, é fruto de uma situação histórica e sociológica, e não um traço essencial da forma de ser do povo.

Quase sempre este fatalismo está referido ao poder do destino ou da sina, ou do fado – potências irremovíveis –, ou a uma distorcida visão de Deus. Dentro do mundo mágico ou místico em que se encontra, a consciência oprimida, sobretudo camponesa, quase imersa na natureza,[18] encontra no sofrimento, produto da

17 "O camponês, que é um dependente, começa a ter ânimo para superar sua dependência quando se dá conta de sua dependência. Antes disso, segue o patrão e diz quase sempre: 'Que posso fazer, se sou um camponês?'" Palavras de um camponês durante entrevista com o autor, no Chile.

18 Cf. Cândido Mendes, *Memento dos vivos: a esquerda católica no Brasil.* Rio de Janeiro: Tempo Brasileiro, 1966.

exploração em que está, a vontade de Deus, como se Ele fosse o fazedor desta "desordem organizada".

Na "imersão" em que se encontram, não podem os oprimidos divisar, claramente, a "ordem" que serve aos opressores que, de certa forma, "vivem" neles. "Ordem" que, frustrando-os no seu atuar, muitas vezes os leva a exercer um tipo de violência horizontal com que agridem os próprios companheiros.[19] É possível que, ao agirem assim, mais uma vez explicitem sua dualidade. Ao agredirem seus companheiros oprimidos estarão agredindo neles, indiretamente, o opressor também "hospedado" neles e nos outros. Agridem, como opressores, o opressor nos oprimidos.

Há, por outro lado, em certo momento da experiência existencial dos oprimidos, uma irresistível atração pelo opressor. Pelos seus padrões de vida. Participar destes padrões constitui uma incontida aspiração. Na sua alienação querem, a todo custo, parecer com o opressor. Imitá-lo. Segui-lo. Isto se verifica, sobretudo, nos oprimidos de "classe média", cujo anseio é serem iguais ao "homem ilustre" da chamada classe "superior".

É interessante observar como Memmi,[20] em uma excepcional

19 Frantz Fanon, *Los condenados de la tierra.* México: Fondo de Cultura Económica, 1965, p. 46: "[...] *el colonizado no deja de liberarse entre las nueve de la noche y las seis de la mañana. Esa agresividad sedimentada en sus músculos va a manifestarla al colonizado primero contra los suyos.*" [[...] o colonizado não deixa de liberta-se entre as nove da noite e as seis da manhã. Essa agressividade sedimentada em seus músculos, o colonizado a manifesta primeira contra os seus.]

20 *"How could the colonizer look after his workers while periodically gunning down a crowd of the colonized? How could the colonized deny himself so cruelly yet make such excessive demands? How could he hate the colonizers and yet admire them so passionately? (I too felt this admiration",* diz Memmi, *"in spite of myself)."* [Como poderia o colonizador olhar por seus trabalhadores enquanto, periodicamente,

análise da "consciência colonizada", se refere à sua repulsa de colonizado ao colonizador mesclada, contudo, de "apaixonada" atração por ele.

A autodesvalia é outra característica dos oprimidos. Resulta da introjeção que fazem eles da visão que deles têm os opressores.[21]

De tanto ouvirem de si mesmos que são incapazes, que não sabem nada, que não podem saber, que são enfermos, indolentes, que não produzem em virtude de tudo isto, terminam por se convencer de sua "incapacidade".[22] Falam de si como os que não sabem e do "doutor" como o que sabe e a quem devem escutar. Os critérios de saber que lhe são impostos são os convencionais.

Não se percebem, quase sempre, conhecendo, nas relações que estabelecem com o mundo e com os outros homens, ainda que um conhecimento ao nível da pura *doxa*.

Dentro dos marcos concretos em que se fazem duais é natural que descreiam de si mesmos.[23]

metralhava uma multidão de colonizados? Como poderia o colonizado negar a si mesmo tão cruelmente e, ainda assim, ter tantas demandas excessivas? Como ele poderia odiar e admirar o colonizador tão passionalmente? (Essa admiração, apesar de mim mesmo, eu também senti.)] Albert Memmi, *The Colonizer and the Colonized.* Boston: Beacon Press, 1967, p. X. Em português, *Retrato do colonizado precedido pelo retrato do colonizador,* 2ª ed. Rio de Janeiro: Paz e Terra, 1977.

21 "O camponês se sente inferior ao patrão porque este lhe parece como o que tem o mérito de saber e dirigir." Entrevista do autor com um camponês.

22 Cf. Albert Memmi, op. cit.

23 "Por que o senhor", disse certa vez um camponês participante de um "círculo de cultura" ao educador, "não explica primeiramente os quadros?" Referia-se às codificações. "Assim," concluiu, "nos custará menos e não nos dói a cabeça."

Não são poucos os camponeses que conhecemos em nossa experiência educativa que, após alguns momentos de discussão viva em torno de um tema que lhes é problemático, param de repente e dizem ao educador: "Desculpe, nós devíamos estar calados e o senhor falando. O senhor é o que sabe; nós, os que não sabemos."

Muitas vezes insistem em que nenhuma diferença existe entre eles e o animal e, quando reconhecem alguma, é em vantagem do animal. "É mais livre do que nós", dizem.

É impressionante, contudo, observar como, com as primeiras alterações numa situação opressora, se verifica uma transformação nesta autodesvalia. Escutamos, certa vez, um líder camponês dizer, em reunião, numa das unidades de produção (*asentamiento*) da experiência chilena de reforma agrária: "Diziam de nós que não produzíamos porque éramos *borrachos*, preguiçosos. Tudo mentira. Agora, que estamos sendo respeitados como homens, vamos mostrar a todos que nunca fomos *borrachos*, nem preguiçosos. Éramos explorados, isto sim", concluiu enfático.

Enquanto se encontra nítida sua ambiguidade, os oprimidos dificilmente lutam, nem sequer confiam em si mesmos. Têm uma crença difusa, mágica, na invulnerabilidade do opressor.[24] No seu poder de que sempre dá testemunho. Nos campos, sobretudo, se observa a força mágica do poder do senhor.[25] É

---

24 "O camponês tem um medo quase instintivo do patrão." Entrevista com um camponês.

25 Recentemente, num país latino-americano, segundo depoimento que nos foi dado por sociólogo amigo, um grupo de camponeses, armados, se apoderou do latifúndio. Por motivos de ordem tática, se pensou em manter o proprietário como refém. Nenhum camponês, contudo, conseguiu dar guarda a ele. Só sua presença já os assustava. Possivelmente também a ação mesma de lutar contra o patrão lhes provocasse sentimento de culpa. O patrão, na verdade, estava "dentro" deles...

preciso que comecem a ver exemplos da vulnerabilidade do opressor para que, em si, vá operando-se convicção oposta à anterior. Enquanto isto não se verifica, continuarão abatidos, medrosos, esmagados.[26]

Até o momento em que os oprimidos não tomem consciência das razões de seu estado de opressão, "aceitam" fatalistamente a sua exploração. Mais ainda, provavelmente assumam posições passivas, alheadas, com relação à necessidade de sua própria luta pela conquista da liberdade e de sua afirmação no mundo. Nisto reside sua "convivência" com o regime opressor.

Pouco a pouco, porém, a tendência é assumir formas de ação rebelde. Num quefazer libertador, não se pode perder de vista esta maneira de ser dos oprimidos nem esquecer este momento de despertar.

Dentro desta visão inautêntica de si e do mundo, os oprimidos se sentem como se fossem uma quase "coisa" possuída pelo opressor. Enquanto, no seu afã de possuir, para este, como afirmamos, *ser* é *ter* à custa quase sempre dos que não têm, para os oprimidos, num momento de sua experiência existencial, ser nem sequer é ainda *parecer* com o opressor, mas é estar *sob* ele. É depender. Daí que os oprimidos sejam dependentes emocionais.[27]

26 Nesse sentido, cf. Regis Debray, *Revolução na revolução*. São Paulo: Centro Editorial Latino-Americano, 1967.

27 "O camponês é um dependente. Não pode expressar o seu querer. Antes de descobrir sua dependência, sofre. Desabafa sua 'pena' em casa, onde grita com os filhos, bate, desespera-se. Reclama da mulher. Acha tudo mal. Não desabafa sua 'pena' com o patrão porque o considera um ser superior. Em muitos casos, o camponês desabafa sua 'pena' bebendo." Entrevista.

NINGUÉM LIBERTA NINGUÉM, NINGUÉM SE LIBERTA SOZINHO: OS HOMENS SE LIBERTAM EM COMUNHÃO

É este caráter de dependência emocional e total dos oprimidos, que os pode levar às manifestações que Fromm chama de "necrófilas". De destruição da vida. Da sua ou da do outro, oprimido também.

Somente quando os oprimidos descobrem, nitidamente, o opressor, e se engajam na luta organizada por sua libertação, começam a crer em si mesmos, superando, assim, sua "convivência" com o regime opressor. Se esta descoberta não pode ser feita em nível puramente intelectual, mas da ação, o que nos parece fundamental é que esta não se cinja a mero ativismo, mas esteja associada a sério empenho de reflexão, para que seja práxis.

O diálogo crítico e libertador, por isto mesmo que supõe a ação, tem de ser feito com os oprimidos, qualquer que seja o grau em que esteja a luta por sua libertação. Não um diálogo às escâncaras, que provoca a fúria e a repressão maior do opressor.

O que pode e deve variar, em função das condições históricas, em função do nível de percepção da realidade que tenham os oprimidos, é o conteúdo do diálogo. Substituí-lo pelo antidiálogo, pela sloganização, pela verticalidade, pelos comunicados é pretender a libertação dos oprimidos com instrumentos da "domesticação". Pretender a libertação deles sem a sua reflexão no ato desta libertação é transformá-los em objeto que se devesse salvar de um incêndio. É fazê-los cair no engodo populista e transformá-los em massa de manobra.

Os oprimidos, nos vários momentos de sua libertação, precisam reconhecer-se como homens, na sua vocação ontológica e histórica de *ser mais*. A reflexão e a ação se impõem, quando não se pretende, erroneamente, dicotomizar o conteúdo da forma histórica de ser do homem.

Ao defendermos um permanente esforço de reflexão dos oprimidos sobre suas condições concretas, não estamos pretendendo um jogo divertido em nível puramente intelectual. Estamos convencidos, pelo contrário, de que a reflexão, se realmente reflexão, conduz à prática.

Por outro lado, se o momento já é o da ação, esta se fará autêntica práxis se o saber dela resultante se faz objeto da reflexão crítica. É neste sentido que a práxis constitui a razão nova da consciência oprimida e que a revolução, que inaugura o momento histórico desta razão, não pode encontrar viabilidade fora dos níveis da consciência oprimida.

A não ser assim, a ação é puro ativismo.

Desta forma, nem um diletante jogo de palavras vazias – quebra-cabeça intelectual – que, por não ser reflexão verdadeira, não conduz à ação, nem ação pela ação. Mas ambas, ação e reflexão, como unidade que não deve ser dicotomizada.

Para isto, contudo, é preciso que creiamos nos homens oprimidos. Que os vejamos como capazes de pensar certo também.

Se esta crença nos falha, abandonamos a ideia, ou não a temos, do diálogo, da reflexão, da comunicação e caímos nos *slogans*, nos comunicados, nos depósitos, no dirigismo. Esta é uma ameaça contida nas inautênticas adesões à causa da libertação dos homens.

A ação política junto aos oprimidos tem de ser, no fundo, "ação cultural" para a liberdade, por isto mesmo, ação com eles. A sua dependência emocional, fruto da situação concreta de dominação em que se acham e que gera também a sua visão inautêntica do mundo, não pode ser aproveitada a não ser pelo opressor. Este é que se serve desta dependência para criar mais dependência.

A ação libertadora, pelo contrário, reconhecendo esta dependência dos oprimidos como ponto vulnerável, deve tentar, através da reflexão e da ação, transformá-la em independência. Esta, porém, não é doação que uma liderança, por mais bem-intencionada que seja, lhes faça. Não podemos esquecer que a libertação dos oprimidos é libertação de homens e não de "coisas". Por isto, se não é autolibertação – ninguém se liberta sozinho –, também não é libertação de uns feita por outros.

Não se pode realizar com os homens pela "metade".[28] E, quando o tentamos, realizamos a sua deformação. Mas, deformados já estando, enquanto oprimidos, não pode a ação de sua libertação usar o mesmo procedimento empregado para sua deformação.

O caminho, por isto mesmo, para um trabalho de libertação a ser realizado pela liderança revolucionária, não é a "propaganda libertadora". Não está no mero ato de "depositar" a crença da liberdade nos oprimidos, pensando conquistar a sua confiança, mas no dialogar com eles.

Precisamos estar convencidos de que o convencimento dos oprimidos de que devem lutar por sua libertação não é doação que lhes faça a liderança revolucionária, mas resultado de sua conscientização.

É necessário que a liderança revolucionária descubra esta obviedade: que seu convencimento da necessidade de lutar, que constitui uma dimensão indispensável do saber revolucionário, não lhe foi doado por ninguém, se é autêntico. Chegou a este saber, que não é algo parado ou possível de ser transformado em conteúdo a ser depositado nos outros, por um ato total, de reflexão e de ação.

Foi a sua inserção lúcida na realidade, na situação histórica, que a levou à crítica desta mesma situação e ao ímpeto de transformá-la.

Assim também é necessário que os oprimidos, que não se engajam na luta sem estar convencidos e, se não se engajam, retiram as

28 Referimo-nos à redução dos oprimidos à condição de meros objetos da ação libertadora, que, assim, é realizada mais *sobre* e *para* eles do que *com* eles, como deve ser.

condições para ela, cheguem, como sujeitos, e não como objetos, a este convencimento. É preciso que também se insiram criticamente na situação em que se encontram e de que se acham marcados. E isto a propaganda não faz. Se este convencimento, sem o qual, repitamos, não é possível a luta, é indispensável à liderança revolucionária, que se constitui a partir dele, o é também aos oprimidos. A não ser que se pretenda fazer *para* eles a transformação, e não *com* eles – somente como nos parece verdadeira esta transformação.[29]

Ao fazermos estas considerações, outra coisa não estamos tentando senão defender o caráter eminentemente pedagógico da revolução.

Se os líderes revolucionários de todos os tempos afirmam a necessidade do convencimento das massas oprimidas para que aceitem a luta pela libertação – o que de resto é óbvio –, reconhecem implicitamente o sentido pedagógico desta luta. Muitos, porém, talvez por preconceitos naturais e explicáveis contra a pedagogia, terminam usando, na sua ação, métodos que são empregados na "educação" que serve ao opressor. Negam a ação pedagógica no processo de libertação, mas usam a propaganda para convencer...

Desde o começo mesmo da luta pela humanização, pela superação da contradição opressor-oprimidos, é preciso que eles se convençam de que esta luta exige deles, a partir do momento em que a aceitam, a sua responsabilidade total. É que esta luta não se justifica apenas em que passem a ter liberdade para comer, mas "liberdade para criar e construir, para admirar e aventurar-se". Tal liberdade requer que o indivíduo seja ativo e responsável, não um escravo nem uma peça bem-alimentada da máquina. Não basta que os homens não sejam escravos; se as condições sociais fomentam

---

29 No capítulo 4 voltaremos detidamente a esses pontos.

a existência de autômatos, o resultado não é o amor à vida, mas o amor à morte.[30] Os oprimidos que se "formam" no amor à morte, que caracteriza o clima da opressão, devem encontrar, na sua luta, o caminho do amor à vida, que não está apenas no comer mais, se bem que o implique também e dele não possa prescindir.

É como homens que os oprimidos têm de lutar, e não como "coisas". É precisamente porque reduzidos a quase "coisas", na relação de opressão em que estão, que se encontram destruídos. Para reconstruir-se é importante que ultrapassem o estado de quase "coisas". Não podem comparecer à luta como quase "coisas" para depois serem homens. É radical esta exigência. A ultrapassagem deste estado, em que se destroem, para o de homens, em que se reconstroem, não é *a posteriori*. A luta por esta reconstrução começa no autorreconhecimento de homens destruídos.

A propaganda, o dirigismo, a manipulação, como armas da dominação, não podem ser instrumentos para esta reconstrução.[31]

Não há outro caminho senão o da prática de uma pedagogia humanizadora, em que a liderança revolucionária, em lugar de se sobrepor aos oprimidos e continuar mantendo-os como quase "coisas", com eles estabelece uma relação dialógica permanente.

Prática pedagógica em que o método deixa de ser, como salientamos no nosso trabalho anterior, instrumento do educador (no caso, a liderança revolucionária), com o qual manipula os educandos (no caso os oprimidos), porque é já a própria consciência.

"O método é, na verdade", diz o professor Álvaro Vieira Pinto, "a forma exterior e materializada em atos, que assume a propriedade fundamental da consciência: a sua intencionalidade. O próprio da

30 Erich Fromm, op. cit., pp. 54-5.

31 No capítulo 4 voltaremos pormenorizadamente a este tema.

consciência é estar com o mundo, e este procedimento é permanente e irrecusável. Portanto, a consciência é, em sua essência, um 'caminho para' algo que não é ela, que está fora dela, que a circunda e que ela apreende por sua capacidade ideativa. Por definição, a consciência é, pois, método, entendido este no seu sentido de máxima generalidade. Tal é a raiz do método, assim como tal é a essência da consciência, que só existe enquanto faculdade abstrata e metódica."[32]

Porque assim é, a educação a ser praticada pela liderança revolucionária se faz cointencionalidade.

Educador e educandos (liderança e massas), cointencionados à realidade, se encontram numa tarefa em que ambos são sujeitos no ato, não só de desvelá-la e, assim, criticamente conhecê-la, mas também no de recriar este conhecimento.

Ao alcançarem, na reflexão e na ação em comum, este saber da realidade, se descobrem como seus refazedores permanentes.

Deste modo, a presença dos oprimidos na busca de sua libertação, mais que pseudoparticipação, é o que deve ser: engajamento.

32 Álvaro Vieira Pinto, *Ciência e existência*, 2ª ed. Rio de Janeiro: Paz e Terra, 1986. Deixamos aqui o nosso agradecimento ao mestre brasileiro por nos haver permitido citá-lo antes da publicação de sua obra. Consideramos o trecho citado de grande importância para a compreensão de uma pedagogia da problematização, que estudaremos no capítulo seguinte.

2

A CONCEPÇÃO "BANCÁRIA" DA EDUCAÇÃO COMO INSTRUMENTO DA OPRESSÃO. SEUS PRESSUPOSTOS, SUA CRÍTICA

QUANTO MAIS ANALISAMOS as relações educador-educandos, na escola, em qualquer de seus níveis (ou fora dela), parece que mais nos podemos convencer de que estas relações apresentam um caráter especial e marcante – o de serem relações fundamentalmente *narradoras, dissertadoras*.

Narração de conteúdos que, por isto mesmo, tendem a petrificar-se ou a fazer-se algo quase morto, sejam valores ou dimensões concretas da realidade. Narração ou dissertação que implica um sujeito – o narrador – e objetos pacientes, ouvintes – os educandos.

Há uma quase enfermidade da narração. A tônica da educação é preponderantemente esta – narrar, sempre narrar.

Falar da realidade como algo parado, estático, compartimentado e bem-comportado, quando não falar ou dissertar sobre algo completamente alheio à experiência existencial dos educandos, vem sendo, realmente, a suprema inquietação desta educação. A sua irrefreada ânsia. Nela, o educador aparece como seu indiscutível agente, como seu real sujeito, cuja tarefa indeclinável é "encher" os educandos dos conteúdos de sua narração. Conteúdos que são retalhos da realidade desconectados da totalidade em que se engendram e em cuja visão ganhariam significação. A palavra, nestas dissertações, se esvazia da dimensão concreta que devia ter ou se transforma em palavra oca, em verbosidade alienada e alienante. Daí que seja mais som que significação e, assim, melhor seria não dizê-la.

Por isto mesmo é que uma das características desta educação dissertadora é a "sonoridade" da palavra, e não sua força transformadora. Quatro vezes quatro, dezesseis; Pará, capital Belém, que o educando fixa, memoriza, repete, sem perceber o que realmente significa quatro vezes quatro. O que verdadeiramente significa capital, na afirmação, "Pará, capital Belém". Belém para o Pará e Pará para o Brasil.[1]

---

1 Poderá dizer-se que casos como esses já não sucedem nas escolas brasileiras. Se realmente eles não ocorrem, continua, contudo, preponderantemente, o caráter narrador que estamos criticando.

A narração, de que o educador é o sujeito, conduz os educandos à memorização mecânica do conteúdo narrado. Mais ainda, a narração os transforma em "vasilhas", em recipientes a serem "enchidos" pelo educador. Quanto mais vá "enchendo" os recipientes com seus "depósitos", tanto melhor educador será. Quanto mais se deixem docilmente "encher", tanto melhores educandos serão.

Desta maneira, a educação se torna um ato de depositar, em que os educandos são os depositários e o educador, o depositante.

Em lugar de comunicar-se, o educador faz "comunicados" e depósitos que os educandos, meras incidências, recebem pacientemente, memorizam e repetem. Eis aí a concepção "bancária" da educação, em que a única margem de ação que se oferece aos educandos é a de receberem os depósitos, guardá-los e arquivá-los. Margem para serem colecionadores ou fichadores das coisas que arquivam. No fundo, porém, os grandes arquivados são os homens, nesta (na melhor das hipóteses) equivocada concepção "bancária" da educação. Arquivados, porque, fora da busca, fora da práxis, os homens não podem ser. Educador e educandos se arquivam na medida em que, nesta distorcida visão da educação, não há criatividade, não há transformação, não há saber. Só existe saber na invenção, na reinvenção, na busca inquieta, impaciente, permanente, que os homens fazem no mundo, com o mundo e com os outros. Busca esperançosa também.

Na visão "bancária" da educação, o "saber" é uma doação dos que se julgam sábios aos que julgam nada saber. Doação que se funda numa das manifestações instrumentais da ideologia da opressão – a absolutização da ignorância, que constitui o que chamamos de "alienação da ignorância", segundo a qual esta se encontra sempre no outro.

O educador, que aliena a ignorância, se mantém em posições fixas, invariáveis. Será sempre o que sabe, enquanto os educandos serão sempre os que não sabem. A rigidez destas posições nega a educação e o conhecimento como processos de busca.

O educador se põe frente aos educandos como sua antinomia necessária. Reconhece na absolutização da ignorância daqueles a razão de sua existência. Os educandos, alienados, por sua vez, à maneira do escravo na dialética hegeliana, reconhecem em sua ignorância a razão da existência do educador, mas não chegam nem sequer ao modo do escravo naquela dialética, a descobrir-se educadores do educador.

Na verdade, como mais adiante discutiremos, a razão de ser da educação libertadora está no seu impulso inicial conciliador. Daí que tal forma de educação implique a superação da contradição educador-educandos, de tal maneira que se façam ambos, simultaneamente, educadores e educandos.

Na concepção "bancária" que estamos criticando, para a qual a educação é o ato de depositar, de transferir, de transmitir valores e conhecimentos, não se verifica nem pode verificar-se esta superação. Pelo contrário, refletindo a sociedade opressora, sendo dimensão da "cultura do silêncio", a "educação" "bancária" mantém e estimula a contradição.

Daí, então, que nela:

a) o educador é o que educa; os educandos, os que são educados;
b) o educador é o que sabe; os educandos, os que não sabem;
c) o educador é o que pensa; os educandos, os pensados;
d) o educador é o que diz a palavra; os educandos, os que a escutam docilmente;
e) o educador é o que disciplina; os educandos, os disciplinados;
f) o educador é o que opta e prescreve sua opção; os educandos, os que seguem a prescrição;

g) o educador é o que atua; os educandos, os que têm a ilusão de que atuam, na atuação do educador;

h) o educador escolhe o conteúdo programático; os educandos, jamais ouvidos nesta escolha, se acomodam a ele;

i) o educador identifica a autoridade do saber com sua autoridade funcional, que opõe antagonicamente à liberdade dos educandos; estes devem adaptar-se às determinações daquele;

j) o educador, finalmente, é o sujeito do processo; os educandos, meros objetos.

Se o educador é o que sabe, se os educandos são os que nada sabem, cabe àquele dar, entregar, levar, transmitir o seu saber aos segundos. Saber que deixa de ser de "experiência feito" para ser de experiência narrada ou transmitida.

Não é de estranhar, pois, que nesta visão "bancária" da educação, os homens sejam vistos como seres da adaptação, do ajustamento. Quanto mais se exercitem os educandos no arquivamento dos depósitos que lhes são feitos, tanto menos desenvolverão em si a consciência crítica de que resultaria a sua inserção no mundo, como transformadores dele. Como sujeitos.

Quanto mais se lhes imponha passividade, tanto mais ingenuamente, em lugar de transformar, tendem a adaptar-se ao mundo, à realidade parcializada nos depósitos recebidos.

Na medida em que esta visão "bancária" anula o poder criador dos educandos ou o minimiza, estimulando sua ingenuidade, e não sua criticidade, satisfaz aos interesses dos opressores: para estes, o fundamental não é o desnudamento do mundo, a sua transformação. O seu "humanitarismo", e não humanismo, está em preservar a situação de que são beneficiários e que lhes possibilita a manutenção de sua falsa generosidade, a que nos referimos no capítulo anterior. Por isto mesmo é que reagem, até instintivamente, contra qualquer tentativa de uma educação estimulante do pensar autêntico, que não se deixa emaranhar pelas visões parciais da realidade, buscando sempre os nexos que prendem um ponto a outro, ou um problema a outro.

Na verdade, o que pretendem os opressores "é transformar a mentalidade dos oprimidos e não a situação que os oprime",[2] e isto para que, melhor adaptando-os a esta situação, melhor os dominem.

Para isto se servem da concepção e da prática "bancárias" da educação, a que juntam toda uma ação social de caráter paternalista, em que os oprimidos recebem o nome simpático de "assistidos". São casos individuais, meros "marginalizados", que discrepam da fisionomia geral da sociedade. "Esta é boa, organizada e justa. Os oprimidos, como casos individuais, são patologia da sociedade sã, que precisa, por isto mesmo, ajustá-los a ela, mudando-lhes a mentalidade de homens ineptos e preguiçosos."

Como marginalizados, "seres fora de" ou "à margem de", a solução para eles estaria em que fossem "integrados", "incorporados" à sociedade sadia de onde um dia "partiram", renunciando, como trânsfugas, a uma vida feliz.

Sua solução estaria em deixarem a condição de ser "seres fora de" e assumirem a de "seres dentro de".

Na verdade, porém, os chamados marginalizados, que são os oprimidos, jamais estiveram *fora de*. Sempre estiveram *dentro de*. Dentro da estrutura que os transforma em "seres para outro". Sua solução, pois, não está em "integrar-se", em "incorporar-se" a esta estrutura que os oprime, mas em transformá-la para que possam fazer-se "seres para si".

2   Simone de Beauvoir, *El pensamiento político de la derecha*. Buenos Aires: Ediciones Siglo Veinte/S.R.L., 1963, p. 34.

Este não pode ser, obviamente, o objetivo dos opressores. Daí que a "educação bancária", que a eles serve, jamais possa orientar-se no sentido da conscientização dos educandos.

Na educação de adultos, por exemplo, não interessa a esta visão "bancária" propor aos educandos o desvelamento do mundo, mas, pelo contrário, perguntar-lhes se "Ada deu o dedo ao urubu", para depois dizer-lhes, enfaticamente, que não, que "Ada deu o dedo à arara".

A questão está em que pensar autenticamente é perigoso. O estranho humanismo desta concepção "bancária" se reduz à tentativa de fazer dos homens o seu contrário – o autômato, que é a negação de sua ontológica vocação de *ser mais*.

O que não percebem os que executam a educação "bancária", deliberadamente ou não (porque há um sem-número de educadores de boa vontade, que apenas não se sabem a serviço da desumanização ao praticarem o "bancarismo"), é que nos próprios "depósitos" se encontram as contradições, apenas revestidas por uma exterioridade que as oculta. E que, cedo ou tarde, os próprios "depósitos" podem provocar um confronto com a realidade em devenir e despertar os educandos, até então passivos, contra a sua "domesticação".

A sua "domesticação" e a da realidade, da qual se lhes fala como algo estático, pode despertá-los como contradição de si mesmos e da realidade. De si mesmos, ao se descobrirem, por experiência existencial, em um modo de ser inconciliável com a sua vocação de humanizar-se. Da realidade, ao perceberem-na em suas relações com ela, como devenir constante.

A CONCEPÇÃO PROBLEMATIZADORA
E LIBERTADORA DA EDUCAÇÃO.
SEUS PRESSUPOSTOS

É que, se os homens são estes seres da busca e se sua vocação ontológica é humanizar-se, podem, cedo ou tarde, perceber a contradição em que a "educação bancária" pretende mantê-los e engajar-se na luta por sua libertação.

Um educador humanista, revolucionário, não há de esperar esta possibilidade.[3] Sua ação, identificando-se, desde logo, com a dos educandos, deve orientar-se no sentido da humanização de ambos. Do pensar autêntico e não no sentido da doação, da entrega do saber. Sua ação deve estar infundida da profunda crença nos homens. Crença no seu poder criador.

Isto tudo exige dele que seja um companheiro dos educandos, em suas relações com estes.

A educação "bancária", em cuja prática se dá a inconciliação educador-educandos, rechaça este companheirismo. E é lógico que seja assim. No momento em que o educador "bancário" vivesse a superação da contradição já não seria "bancário". Já não faria depósitos. Já não tentaria domesticar. Já não prescreveria. Saber com os educandos, enquanto estes soubessem com ele, seria sua tarefa. Já não estaria a serviço da desumanização. A serviço da opressão, mas a serviço da libertação.

---

3   Não fazemos esta afirmação ingenuamente. Já temos afirmado que a educação reflete a estrutura do poder, daí a dificuldade que tem um educador dialógico de atuar coerentemente numa estrutura que nega o diálogo. Algo fundamental, porém, pode ser feito: dialogar sobre a negação do próprio diálogo.

A CONCEPÇÃO "BANCÁRIA"
E A CONTRADIÇÃO
EDUCADOR-EDUCANDO

Esta concepção "bancária" implica, além dos interesses já referidos, outros aspectos que envolvem sua falsa visão dos homens. Aspectos ora explicitados, ora não, em sua prática.

Sugere uma dicotomia inexistente homens-mundo. Homens simplesmente no mundo e não com o mundo e com os outros. Homens espectadores e não recriadores do mundo. Concebe a sua consciência como algo espacializado neles, e não aos homens como "corpos conscientes". A consciência como se fosse alguma seção "dentro" dos homens, mecanicistamente compartimentada, passivamente aberta ao mundo que a irá "enchendo" de realidade. Uma consciência continente a receber permanentemente os depósitos que o mundo lhe faz, e que se vão transformando em seus conteúdos. Como se os homens fossem uma presa do mundo e este, um eterno caçador daqueles, que tivesse por distração "enchê-los" de pedaços seus.

Para esta equivocada concepção dos homens, no momento mesmo em que escrevo, estariam "dentro" de mim, como pedaços do mundo que me circunda, a mesa em que escrevo, os livros, a xícara de café, os objetos todos que aqui estão, exatamente como dentro deste quarto estou agora.

Desta forma, não distingue presentificação à consciência de entrada na consciência. A mesa em que escrevo, os livros, a xícara de café, os objetos que me cercam estão simplesmente presentes à minha consciência, e não *dentro* dela. Tenho a consciência deles mas não os tenho dentro de mim.

Mas, se para a concepção "bancária" a consciência é, em sua relação com o mundo, esta "peça" passivamente escancarada a ele, à espera de que entre nela, coerentemente concluirá que ao educador não cabe nenhum outro papel que não o de disciplinar a entrada do mundo nos educandos. Seu trabalho será, também, o de imitar o mundo. O de ordenar o que já se faz espontaneamente. O de "encher" os educandos de conteúdos. É o de fazer depósitos de "comunicados" – falso saber – que ele considera como verdadeiro saber.[4]

E porque os homens, nesta visão, ao receberem o mundo que neles entra, já são seres passivos, cabe à educação apassivá-los mais ainda e adaptá-los ao mundo. Quanto mais adaptados, para a concepção "bancária", tanto mais "educados", porque adequados ao mundo.

Esta é uma concepção que, implicando uma prática, somente pode interessar aos opressores, que estarão tão mais em paz quanto mais adequados estejam os homens ao mundo. E tão mais preocupados, quanto mais questionando o mundo estejam os homens.

Quanto mais se adaptam as grandes maiorias às finalidades que lhes sejam prescritas pelas minorias dominadoras, de tal modo que careçam aquelas do direito de ter finalidades próprias, mais poderão estas minorias prescrever.

A concepção e a prática da educação que vimos criticando se instauram como eficientes instrumentos para este fim. Daí que um dos seus objetivos fundamentais, mesmo que dele não estejam advertidos muitos do que a realizam, seja dificultar, em tudo, o pensar autêntico. Nas aulas verbalistas, nos métodos de avaliação dos "conhecimentos", no chamado "controle de leitura", na distância entre o educador e os educandos, nos critérios de promoção,

---

4   A concepção do saber, da concepção "bancária", é, no fundo, o que Sartre chamaria de concepção "digestiva" ou "alimentícia" do saber (*El hombre y las cosas*. Buenos Aires: Losada, 1965, pp. 25-6). Esse é como se fosse o "alimento" que o educador vai introduzindo nos educandos, numa espécie de tratamento de engorda...

na indicação bibliográfica,[5] em tudo, há sempre a conotação "digestiva" e a proibição ao pensar verdadeiro.

Entre permanecer porque desaparece, numa espécie de morrer para viver, e desaparecer pela e na imposição de sua presença, o educador "bancário" escolhe a segunda hipótese. Não pode entender que permanecer é buscar *ser*, *com* os outros. É conviver, simpatizar. Nunca sobrepor-se, nem sequer justapor-se aos educandos, des-sim-patizar. Não há permanência na hipertrofia.

Mas em nada disto pode o educador "bancário" crer. Conviver, simpatizar implicam comunicar-se, o que a concepção que informa sua prática rechaça e teme.

Não pode perceber que somente na comunicação tem sentido a vida humana. Que o pensar do educador somente ganha autenticidade na autenticidade do pensar dos educandos, mediatizados ambos pela realidade, portanto, na intercomunicação. Por isto, o pensar daquele não pode ser um pensar para estes nem a estes imposto. Daí que não deva ser um pensar no isolamento, na torre de marfim, mas na e pela comunicação, em torno, repitamos, de uma realidade.

E, se o pensar só assim tem sentido, se tem sua fonte geradora na ação sobre o mundo, o qual mediatiza as consciências em comunicação, não será possível a superposição dos homens aos homens.

Esta superposição, que é uma das notas fundamentais da concepção "educativa" que estamos criticando, mais uma vez a situa como prática da dominação.

Dela, que parte de uma compreensão falsa dos homens – reduzidos a meras coisas –, não se pode esperar que provoque o desenvolvimento do que Fromm chama de "biofilia", mas o desenvolvimento de seu contrário, a "necrofilia".

5   Há professores que, ao indicar uma relação bibliográfica, determinam a leitura de um livro da página 10 à página 15, e fazem isso para ajudar os alunos.

"Mientras la vida", diz Fromm, *"se caracteriza por el crecimiento de una manera estructurada, funcional, el individuo necrófilo ama todo lo que no crece, todo lo que es mecánico. La persona necrófila es movida por un deseo de convertir lo orgánico en morgánico, de mirar la vida mecánicamente, como si todas las personas vivientes fuezen cosas. Todos los procesos, sentimientos y pensamientos de vida se transforman en cosas. La memoria y no la experiencia; tener y no ser es lo que cuenta. El individuo necrófilo puede realizarse con un objeto – una flor o una persona – únicamente si la posee; en consecuencia una amenaza a su posesión es una amenaza a él mismo, si pierde la posesión, pierde el contacto con el mundo."* E, mais adiante: *"Ama el control y en el acto de controlar, mata la vida."*[6]

A opressão, que é um controle esmagador, é necrófila. Nutre-se do amor à morte e não do amor à vida.

A concepção "bancária", que a ela serve, também o é. No momento mesmo em que se funda num conceito mecânico, estático, espacializado da consciência e em que transforma, por isto mesmo, os educandos em recipientes, em quase coisas, não pode esconder sua marca necrófila. Não se deixa mover pelo ânimo de libertar o pensamento

---

6 Tradução livre: "Ainda que a vida se caracterize pelo crescimento de um modo estruturado, funcional, o indivíduo necrófilo ama tudo aquilo que não cresce, tudo aquilo que é mecânico. A pessoa necrófila é movida pelo desejo de converter o orgânico em inorgânico, de olhar a vida mecanicamente, como se todas as pessoas viventes fossem coisas. Todos os processos, sentimentos e pensamento da vida se transformam em coisas. A memória, e não a experiência; ter e não ser é o que conta. O indivíduo necrófilo pode realizar-se com um objeto – uma flor ou uma pessoa – unicamente se o possui; em consequência, uma ameaça à sua possessão é uma ameaça a ela mesma, se perde a posse, perde o contato com o mundo." E mais adiante: "Ama o controle e o ato de controlar, mata a vida." Erich Fromm, op. cit., pp. 28-9.

pela ação dos homens uns com outros na tarefa comum de refazerem o mundo e de torná-lo mais e mais humano.

Seu ânimo é justamente o contrário – o de controlar o pensar e a ação, levando os homens ao ajustamento ao mundo. É inibir o poder de criar, de atuar. Mas, ao fazer isto, ao obstaculizar a atuação dos homens, como sujeitos de sua ação, como seres de opção, frustra-os.

Quando, porém, por um motivo qualquer, os homens se sentem proibidos de atuar, quando se descobrem incapazes de usar suas faculdades, sofrem.

Este sofrimento provém "do fato de se haver perturbado o equilíbrio humano" (Fromm). Mas, o não poder atuar, que provoca o sofrimento, provoca também nos homens o sentimento de recusa à sua impotência. Tentam, então, "restabelecer a sua capacidade de atuar" (Fromm).

"Pode, porém, fazê-lo? E como?", pergunta Fromm. "Um modo", responde, "é submeter-se a uma pessoa ou a um grupo que tenha poder e identificar-se com eles. Por esta participação simbólica na vida de outra pessoa, o homem tem a ilusão de que atua, quando, em realidade, não faz mais que submeter-se aos que atuam e converter-se em parte deles."[7]

Talvez possamos encontrar nos oprimidos este tipo de reação nas manifestações populistas. Sua identificação com líderes carismáticos, através de quem se possam sentir atuantes e, portanto, no uso de sua potência, bem como a sua rebeldia, quando de sua emersão no processo histórico, estão envolvidas por este ímpeto de busca de atuação de sua potência.

Para as elites dominadoras, esta rebeldia, que é ameaça a elas, tem o seu remédio em mais dominação – na repressão feita em nome, inclusive, da liberdade e no estabelecimento da ordem e

7   Ibidem, pp. 28-9.

da paz social. Paz social que, no fundo, não é outra senão a paz privada dos dominadores.

Por isto mesmo é que podem considerar – logicamente, do seu ponto de vista – um absurdo *"the violence of a strike by workers and [can] call upon the State in the same breath to use violence in putting down the strike"*.[8]

A educação como prática da dominação, que vem sendo objeto desta crítica, mantendo a ingenuidade dos educandos, o que pretende, em seu marco ideológico (nem sempre percebido por muitos dos que a realizam), é indoutriná-los no sentido de sua acomodação ao mundo da opressão.

Ao denunciá-la, não esperamos que as elites dominadoras renunciem à sua prática. Seria demasiado ingênuo esperá-lo.

Nosso objetivo é chamar a atenção dos verdadeiros humanistas para o fato de que eles não podem, na busca da libertação, servir-se da concepção "bancária", sob pena de se contradizerem em sua busca. Assim como também não pode esta concepção tornar-se legado da sociedade opressora à sociedade revolucionária.

A sociedade revolucionária que mantenha a prática da educação "bancária" ou se equivocou nesta manutenção, ou se deixou "morder" pela desconfiança e pela descrença nos homens. Em qualquer das hipóteses, estará ameaçada pelo espectro da reação.

Disto, infelizmente, parece que nem sempre estão convencidos os que se inquietam pela causa da libertação. É que, envolvidos pelo clima gerador da concepção "bancária" e sofrendo sua influência, não chegam a perceber o seu significado ou a sua força

---

8   Tradução livre: "a violência de uma greve de trabalhadores e (poderem) chamar o Estado para usar violência na mesma moeda, de modo a acabar com a greve". Reinhold Niebuhr, *Moral Man and Immoral Society*. Nova York: Charles Scribner's Sons, 1960, p. 130.

desumanizadora. Paradoxalmente, então, usam o mesmo instrumento alienador, num esforço que pretendem libertador. E há até os que, usando o mesmo instrumento alienador, chamam aos que divergem desta prática de ingênuos ou sonhadores, quando não de reacionários.

O que nos parece indiscutível é que, se pretendemos a libertação dos homens, não podemos começar por aliená-los ou mantê-los alienados. A libertação autêntica, que é a humanização em processo, não é uma *coisa* que se deposita nos homens. Não é uma palavra a mais, oca, mitificante. É práxis, que implica a ação e a reflexão dos homens sobre o mundo para transformá-lo.

Exatamente porque não podemos aceitar a concepção mecânica da consciência, que a vê como algo vazio a ser enchido, um dos fundamentos implícitos na visão "bancária" criticada é que não podemos aceitar, também, que a ação libertadora se sirva das mesmas armas da dominação, isto é, da propaganda dos *slogans*, dos "depósitos".

A educação que se impõe aos que verdadeiramente se comprometem com a libertação não pode fundar-se numa compreensão dos homens como seres vazios a quem o mundo "encha" de conteúdos; não pode basear-se numa consciência especializada, mecanicistamente compartimentada, mas nos homens como "corpos conscientes" e na consciência como consciência *intencionada* ao mundo. Não pode ser a do depósito de conteúdos, mas a da problematização dos homens em suas relações com o mundo.

Ao contrário da "bancária", a educação problematizadora, respondendo à essência do ser da consciência, que é sua *intencionalidade*, nega os comunicados e existencia a comunicação. Identifica-se com o próprio da consciência que é sempre ser *consciência de*, não apenas quando se intenciona a objetos, mas também quando se volta sobre si mesma, no que Jaspers[9] chama de "cisão". Cisão em que a consciência é consciência de consciência.

Neste sentido, a educação libertadora, problematizadora, já não pode ser o ato de depositar, ou de narrar, ou de transferir, ou de transmitir "conhecimentos" e valores aos educandos, meros pacientes, à maneira da educação "bancária", mas um ato cognoscente. Como situação gnosiológica, em que o objeto cognoscível, em lugar de ser o término do ato cognoscente de um sujeito, é o mediatizador de sujeitos cognoscentes, educador, de um lado, educandos, de outro, a educação problematizadora coloca, desde logo, a exigência da superação da contradição educador-educandos. Sem esta, não é possível a relação dialógica, indispensável à cognoscibilidade dos sujeitos cognoscentes, em torno do mesmo objeto cognoscível.

O antagonismo entre as duas concepções, uma, a "bancária", que serve à dominação; outra, a problematizadora, que serve à libertação, toma corpo exatamente aí. Enquanto a primeira, necessariamente, mantém a contradição educador-educandos, a segunda realiza a superação.

Para manter a contradição, a concepção "bancária" nega a dialogicidade como essência da educação e se faz antidialógica; para realizar a superação, a educação problematizadora – situação gnosiológica – afirma a dialogicidade e se faz dialógica.

---

9 *"The reflexion of consciousness upon itself is as self-evident and marvelous as is its intentionality. I am at myself; I am both one and twofold. I do not exist as a thing exists, but in an inner split, as my own object, and thus in motion and inner unrest."* [A reflexão da consciência sobre si mesma é tão autoevidente e maravilhosa como é sua intencionalidade. Estou em mim mesmo; eu sou um e dois. Não existo como uma coisa existe, mas em uma cisão interna, como meu próprio objeto e, portanto, em movimento e agitação interior.] Karl Jaspers, *Philosophy*. The University of Chicago Press, 1969, vol. 1, p. 50.

NINGUÉM EDUCA NINGUÉM, NINGUÉM EDUCA A SI MESMO, OS HOMENS SE EDUCAM ENTRE SI, MEDIATIZADOS PELO MUNDO

Em verdade, não seria possível à educação problematizadora, que rompe com os esquemas verticais característicos da educação bancária, realizar-se como prática da liberdade, sem superar a contradição entre o educador e os educandos. Como também não lhe seria possível fazê-lo fora do diálogo.

É através deste que se opera a superação de que resulta um termo novo: não mais educador do educando, não mais educando do educador, mas educador-educando com educando-educador.

Desta maneira, o educador já não é o que apenas educa, mas o que, enquanto educa, é educado, em diálogo com o educando, que, ao ser educado, também educa. Ambos, assim, se tornam sujeitos do processo em que crescem juntos e em que os "argumentos de autoridade" já não valem. Em que, para ser-se, funcionalmente, autoridade, se necessita de *estar sendo com* as liberdades e não *contra* elas.

Já agora ninguém educa ninguém, como tampouco ninguém se educa a si mesmo: os homens se educam em comunhão, mediatizados pelo mundo. Mediatizados pelos objetos cognoscíveis que, na prática "bancária", são possuídos pelo educador que os descreve ou os deposita nos educandos passivos.

Esta prática, que a tudo dicotomiza, distingue, na ação do educador, dois momentos. O primeiro, em que ele, na sua biblioteca ou no seu laboratório, exerce um ato cognoscente frente ao objeto cognoscível, enquanto se prepara para suas aulas. O segundo, em que, frente aos educandos, narra ou disserta a respeito do objeto sobre o qual exerceu o seu ato cognoscente.

O papel que cabe a estes, como salientamos nas páginas precedentes, é apenas o de arquivarem a narração ou os depósitos que lhes faz o educador. Desta forma, em nome da "preservação da cultura e do conhecimento", não há conhecimento nem cultura verdadeiros.

Não pode haver conhecimento, pois os educandos não são chamados a conhecer, mas a memorizar o conteúdo narrado pelo educador. Não realizam nenhum ato cognoscitivo, uma vez que o objeto que deveria ser posto como incidência de seu ato cognoscente é posse do educador e não mediatizador da reflexão crítica de ambos.

A prática problematizadora, pelo contrário, não distingue estes momentos no quefazer do educador-educando.

Não é sujeito cognoscente em um e sujeito *narrador* do conteúdo conhecido em outro.

É sempre um sujeito cognoscente, quer quando se prepara, quer quando se encontra dialogicamente com os educandos.

O objeto cognoscível, de que o educador bancário se apropria, deixa de ser, para ele, uma propriedade sua, para ser a incidência da reflexão sua e dos educandos.

Deste modo, o educador problematizador re-faz, constantemente, seu ato cognoscente, na cognoscitividade dos educandos. Estes, em lugar de serem recipientes dóceis de depósitos, são agora investigadores críticos, em diálogo com o educador, investigador crítico, também.

Na medida em que o educador apresenta aos educandos, como objeto de sua "ad-miração", o conteúdo, qualquer que ele seja, do estudo a ser feito, "re-ad-mira" a "ad-miração" que antes fez, na "ad-miração" que fazem os educandos.

Pelo fato mesmo de esta prática educativa constituir-se em uma situação gnosiológica, o papel do educador problematizador é proporcionar, com os educandos, as condições em que se dê a superação do conhecimento no nível da *doxa* pelo verdadeiro conhecimento, o que se dá no nível do *logos*.

Assim é que, enquanto a prática bancária, como enfatizamos, implica uma espécie de anestesia, inibindo o poder criador dos educandos, a educação problematizadora, de caráter autenticamente reflexivo, implica um constante ato de desvelamento da realidade. A primeira pretende manter a *imersão;* a segunda, pelo contrário, busca a *emersão* das consciências, de que resulte sua *inserção crítica* na realidade.

Quanto mais se problematizam os educandos, como seres no mundo e com o mundo, tanto mais se sentirão desafiados. Tão mais desafiados quanto mais obrigados a responder ao desafio. Desafiados, compreendem o desafio na própria ação de captá-lo. Mas, precisamente porque captam o desafio como um problema em suas conexões com outros, num plano de totalidade e não como algo petrificado, a compreensão resultante tende a tornar-se crescentemente crítica, por isto, cada vez mais desalienada.

Através dela, que provoca novas compreensões de novos desafios, que vão surgindo no processo da resposta, se vão reconhecendo, mais e mais, como compromisso. Assim é que se dá o reconhecimento que engaja.

A educação como prática da liberdade, ao contrário daquela que é prática da dominação, implica a negação do homem abstrato, isolado, solto, desligado do mundo, assim como também a negação do mundo como uma realidade ausente dos homens.

A reflexão que propõe, por ser autêntica, não é sobre este homem abstração nem sobre este mundo sem homens, mas sobre os homens em suas relações com o mundo. Relações em que consciência e mundo se dão simultaneamente. Não há uma consciência antes e um mundo depois e vice-versa.

"A consciência e o mundo", diz Sartre, "se dão ao mesmo tempo: exterior por essência à consciência, o mundo é, por essência, relativo a ela".[10]

Por isto é que, certa vez, num dos "círculos de cultura" do trabalho que se realiza no Chile, um camponês, a quem a concepção bancária classificaria de "ignorante absoluto", declarou, enquanto discutia, através de uma "codificação", o conceito antropológico de cultura: "Descubro agora que não há mundo sem homem." E quando o educador lhe disse: "Admitamos, absurdamente, que todos os homens do mundo morressem, mas ficasse a terra, ficassem as árvores, os pássaros, os animais, os rios, o mar, as estrelas, não seria tudo isto mundo?"

"Não!", respondeu enfático, "faltaria quem dissesse *Isto é mundo*". O camponês quis dizer, exatamente, que faltaria a consciência do mundo que, necessariamente, implica o mundo da consciência.

Na verdade, não há eu que se constitua sem um *não eu*. Por sua vez, o *não eu* constituinte do *eu* se constitui na constituição do *eu constituído*. Desta forma, o mundo constituinte da consciência, um percebido objetivo seu, ao qual se *intenciona*. Daí, a afirmação de Sartre, anteriormente citada: "Consciência e mundo se dão ao mesmo tempo."

Na medida em que os homens, simultaneamente refletindo sobre si e sobre o mundo, vão aumentando o campo de sua percepção, vão também dirigindo sua "mirada" a "percebidos" que, até então, ainda que presentes ao que Husserl chama de "visões de fundo",[11] não se destacavam, "não estavam postos por si".

---

10 Jean-Paul Sartre, op. cit., pp. 25-6.

11 Edmund Husserl, *Ideas Pertaining to A Pure Phenomenology and to A Phenomenological Philosophy: General Introduction to A Pure Phenomenology*, 3ª ed. Londres: Collier Books, 1969, pp. 103-6.

Desta forma, nas suas "visões de fundo", vão destacando percebidos e voltando sua reflexão sobre eles.

O que antes já existia como objetividade, mas não era percebido em suas implicações mais profundas e, às vezes, nem sequer era percebido, se "destaca" e assume o caráter de problemas, portanto, de desafio.

A partir deste momento, o "percebido destacado" já é objeto da "admiração" dos homens, e, como tal, de sua ação e de seu conhecimento.

Enquanto, na concepção "bancária" – permita-se-nos a repetição insistente –, o educador vai "enchendo" os educandos de falso saber, que são os conteúdos impostos, na prática problematizadora, vão os educandos desenvolvendo o seu poder de captação e de compreensão do mundo que lhes aparece, em suas relações com ele, não mais como uma realidade estática, mas como uma realidade em transformação, em processo.

A tendência, então, do educador-educando como dos educandos-educadores é estabelecerem uma forma autêntica de pensar e atuar. Pensar-se a si mesmos e ao mundo, simultaneamente, sem dicotomizar este pensar da ação.

A educação problematizadora se faz, assim, um esforço permanente através do qual os homens vão percebendo, criticamente, como *estão sendo* no mundo *com que* e *em que* se acham.

Se, de fato, não é possível entendê-los fora de suas relações dialéticas com o mundo, se estas existem independentemente de se eles as percebem ou não, e independentemente de como as percebem, é verdade também que a sua forma de atuar, sendo esta ou aquela, é função, em grande parte, de como se percebam no mundo.

Mais uma vez se antagonizam as duas concepções e as duas práticas que estamos analisando. A "bancária", por óbvios motivos, insiste em manter ocultas certas razões que explicam a maneira como *estão sendo* os homens no mundo e, para isto, mistifica a realidade. A problematizadora, comprometida com a libertação, se empenha na desmitificação. Por isto, a primeira nega o diálogo, enquanto a segunda tem nele o selo do ato cognoscente, desvelador da realidade.

A primeira "assistencializa"; a segunda, criticiza. A primeira, na medida em que, servindo à dominação, inibe a criatividade e, ainda que não podendo matar a *intencionalidade* da consciência como um desprender-se ao mundo, a "domestica", nega os homens na sua vocação ontológica e histórica de humanizar-se. A segunda, na medida em que, servindo à libertação, se funda na criatividade e estimula a reflexão e a ação verdadeiras dos homens sobre a realidade, responde à sua vocação, como seres que não podem autenticar-se fora da busca e da transformação criadora.

O HOMEM COMO UM SER INCONCLUSO, CONSCIENTE DE SUA INCONCLUSÃO, E SEU PERMANENTE MOVIMENTO DE BUSCA DO *SER MAIS*

A concepção e a prática "bancárias", imobilistas, "fixistas", terminam por desconhecer os homens como seres históricos, enquanto a problematizadora parte exatamente do caráter histórico e da historicidade dos homens. Por isto mesmo é que os reconhece como seres que *estão sendo*, como seres inacabados, inconclusos *em* e *com* uma realidade que, sendo histórica também, é igualmente inacabada. Na verdade, diferentemente dos outros animais, que são apenas inacabados, mas não são históricos, os homens se sabem inacabados. Têm a consciência de sua inconclusão. Aí se encontram as raízes da educação mesma, como manifestação exclusivamente humana. Isto é, na inconclusão dos homens e na consciência que dela têm. Daí que seja a educação um quefazer permanente. Permanentemente, na razão da inconclusão dos homens e do devenir da realidade.

Desta maneira, a educação se re-faz constantemente na práxis. Para *ser* tem que *estar sendo*.

Sua "duração" – no sentido bergsoniano do termo –, como processo, está no jogo dos contrários permanência-mudança.

Enquanto a concepção "bancária" dá ênfase à permanência, a concepção problematizadora reforça a mudança.

Deste modo, a prática "bancária", implicando o imobilismo a que fizemos referência, se faz reacionária, enquanto a concepção problematizadora, que, não aceitando um presente "bem-comportado", não aceita igualmente um futuro pré-dado, enraizando-se no presente dinâmico, se faz revolucionária.

A educação problematizadora, que não é fixismo reacionário, é futuridade revolucionária. Daí que seja profética e, como tal, esperançosa.[12] Daí que corresponda à condição dos homens como seres históricos e à sua historicidade. Daí que se identifique com eles como seres mais além de si mesmos – como "projetos" –, como seres que caminham para a frente, que olham para a frente; como seres a quem o imobilismo ameaça de morte; para quem o olhar para trás não deve ser uma forma

---

12 Em *Ação cultural para a liberdade e outros escritos*, discutimos mais amplamente esse sentido profético e esperançoso da educação (ou ação cultural) problematizadora. Profetismo e esperança que resultam do caráter utópico de tal forma de ação, tomando-se a utopia como a unidade inquebrantável entre a denúncia e o anúncio. Denúncia de uma realidade desumanizante e anúncio de uma realidade em que os homens possam ser mais. Anúncio e denúncia não são, porém, palavras vazias, mas compromisso histórico.

nostálgica de querer voltar, mas um modo de melhor conhecer o que está sendo, para melhor construir o futuro. Daí que se identifique com o movimento permanente em que se acham inscritos os homens, como seres que se sabem inconclusos; movimento que é histórico e que tem o seu ponto de partida, o seu sujeito, o seu objetivo.

O ponto de partida deste movimento está nos homens mesmos.

Mas, como não há homens sem mundo, sem realidade, o movimento parte das relações homens-mundo. Daí que este ponto de partida esteja sempre nos homens no seu *aqui* e no seu *agora*, que constituem a situação em que se encontram ora imersos, ora emersos, ora insertados.

Somente a partir desta situação, que lhes determina a própria percepção que dela estão tendo, é que podem mover-se.

E, para fazê-lo, autenticamente, é necessário, inclusive, que a situação em que estão não lhes apareça como algo fatal e intransponível, mas como uma situação desafiadora, que apenas os limita.

Enquanto a prática "bancária", por tudo o que dela dissemos, enfatiza, direta ou indiretamente, a percepção fatalista que estejam tendo os homens de sua situação, a prática problematizadora, ao contrário, propõe aos homens sua situação como problema. Propõe a eles sua situação como incidência de seu ato cognoscente, através do qual será possível a superação da percepção mágica ou ingênua que dela tenham. A percepção ingênua ou mágica da realidade da qual resultava a postura fatalista cede seu lugar a uma percepção que é capaz de perceber-se. E porque é capaz de perceber-se enquanto percebe a realidade que lhe parecia em si inexorável, é capaz de objetivá-la.

Desta forma, aprofundando a tomada de consciência da situação, os homens se "apropriam" dela como realidade histórica, por isto mesmo, capaz de ser transformada por eles.

O fatalismo cede, então, seu lugar ao ímpeto de transformação e de busca, de que os homens se sentem sujeitos.

Seria, realmente, uma violência, como de fato é, que os homens, seres históricos e necessariamente inseridos num movimento de busca, com outros homens, não fossem o sujeito de seu próprio movimento.

Por isto mesmo é que, qualquer que seja a situação em que alguns homens proíbam aos outros que sejam sujeitos de sua busca, se instaura como situação violenta. Não importam os meios usados para esta proibição. Fazê-los objetos é aliená-los de suas decisões, que são transferidas a outro ou a outros.

Este movimento de busca, porém, só se justifica na medida em que se dirige ao *ser mais*, à humanização dos homens. E esta, como afirmamos no primeiro capítulo, é sua vocação histórica, contra-ditada pela desumanização que, não sendo vocação, é viabilidade, constatável na história. E, enquanto viabilidade, deve aparecer aos homens como desafio, e não como freio ao ato de buscar.

Esta busca do *ser mais*, porém, não pode realizar-se no isola-mento, no individualismo, mas na comunhão, na solidariedade dos existires, daí que seja impossível dar-se nas relações antagô-nicas entre opressores e oprimidos.

Ninguém pode ser, autenticamente, proibindo que os outros sejam. Esta é uma exigência radical. O *ser mais* que se busque no individualismo conduz ao *ter mais egoísta*, forma de ser *menos*. De desumanização. Não que não seja fundamental – repitamos – ter para ser. Precisamente porque é, não pode o *ter* de alguns converter-se na obstaculização ao *ter* dos demais, robustecendo o poder dos primeiros, com o qual esmagam os segundos, na sua escassez de poder.

Para a prática "bancária", o fundamental é, no máximo, ameni-zar esta situação, mantendo, porém, as consciências imersas nela. Para a educação problematizadora, enquanto um quefazer humanista e libertador, o importante está em que os homens submetidos à dominação lutem por sua emancipação.

Por isto é que esta educação, em que educadores e educandos se fazem sujeitos do seu processo, superando o intelectualismo alienante, superando o autoritarismo do educador "bancário", supera também a falsa consciência do mundo.

O mundo, agora, já não é algo sobre que se fala com falsas palavras, mas o mediatizador dos sujeitos da educação, a incidência da ação transformadora dos homens, de que resulte a sua humanização.

Esta é a razão por que a concepção problematizadora da educação não pode servir ao opressor.

Nenhuma "ordem" opressora suportaria que os oprimidos todos passassem a dizer: "Por quê?"

Se esta educação somente pode ser realizada, em termos sistemáticos, pela sociedade que fez a revolução, isto não significa que a liderança revolucionária espere a chegada ao poder para aplicá-la.

No processo revolucionário, a liderança não pode ser "bancária", para depois deixar de sê-lo.[13]

13 No capítulo 4 analisamos detidamente esse aspecto, ao discutirmos as teorias antidialógica e dialógica da ação.

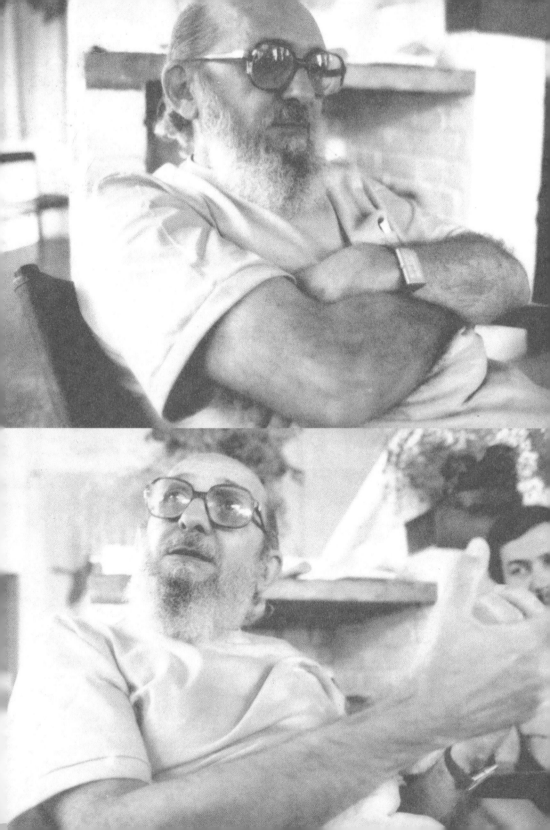

3

A DIALOGICIDADE: ESSÊNCIA DA EDUCAÇÃO COMO PRÁTICA DA LIBERDADE

AO INICIAR ESTE CAPÍTULO SOBRE a dialogicidade da educação, com o qual estaremos continuando as análises feitas nos anteriores, a propósito da educação problematizadora, parece-nos indispensável tentar algumas considerações em torno da essência do diálogo. Considerações com as quais aprofundemos afirmações que fizemos a respeito do mesmo tema em *Educação como prática da liberdade*.[1]

Quando tentamos um adentramento no diálogo como fenômeno humano, se nos revela algo que já poderemos dizer ser ele mesmo: a *palavra*. Mas, ao encontrarmos a palavra, na análise do diálogo, como algo mais que um meio para que ele se faça, se nos impõe buscar, também, seus elementos constitutivos.

Esta busca nos leva a surpreender, nela, duas dimensões: ação e reflexão, de tal forma solidárias, em uma interação tão radical que, sacrificada, ainda que em parte, uma delas, se ressente, imediatamente, a outra. Não há palavra verdadeira que não seja práxis.[2] Daí que dizer a palavra verdadeira seja transformar o mundo.[3]

A palavra inautêntica, por outro lado, com que não se pode transformar a realidade, resulta da dicotomia que se estabelece entre seus elementos constituintes. Assim é que, esgotada a palavra de sua dimensão de ação, sacrificada, automaticamente, a reflexão

---

1 Rio de Janeiro: Paz e Terra, 1967.

2 Palavra $\dfrac{\text{(ação)}}{\text{(reflexão)}}$ = Práxis.

   Sacrifício $\dfrac{\text{(da ação)} = \text{palavreria, verbalismo, blá-blá-blá}}{\text{(reflexão) (de reflexão)} = \text{ativismo}}$

3 Algumas destas reflexões nos foram motivadas em nossos diálogos com o professor Ernani Maria Fiori.

também, se transforma em palavreria, verbalismo, blá-blá-blá. Por tudo isto, alienada e alienante. É uma palavra oca, da qual não se pode esperar a denúncia do mundo, pois que não há denúncia verdadeira sem compromisso de transformação nem este sem ação.

Se, pelo contrário, se enfatiza ou exclusiviza a ação, com o sacrifício da reflexão, a palavra se converte em *ativismo*. Este, que é ação pela ação, ao minimizar a reflexão, nega também a práxis verdadeira e impossibilita o diálogo.

Qualquer destas dicotomias, ao gerar-se em formas inautênticas de existir, gera formas inautênticas de pensar, que reforçam a matriz em que se constituem.

A existência, porque humana, não pode ser muda, silenciosa, nem tampouco pode nutrir-se de falsas palavras, mas de palavras verdadeiras, com que os homens transformam o mundo. Existir, humanamente, é *pronunciar* o mundo, é modificá-lo. O mundo *pronunciado*, por sua vez, se volta problematizado aos sujeitos *pronunciantes*, a exigir deles novo *pronunciar*.

Não é no silêncio[4] que os homens se fazem, mas na palavra, no trabalho, na ação-reflexão.

Mas, se dizer a palavra verdadeira, que é trabalho, que é práxis, é transformar o mundo, dizer a palavra não é privilégio de alguns homens, mas direito de todos os homens. Precisamente por isto, ninguém pode dizer a palavra verdadeira sozinho, ou dizê-la *para* os outros, num ato de prescrição, com o qual rouba a palavra aos demais.

---

4   Não nos referimos, obviamente, ao silêncio das meditações profundas em que os homens, numa forma só aparente de sair do mundo, dele "afastando-se" para "admirá-lo" em sua globalidade, com ele, por isto, continuam. Daí que estas formas de recolhimento só sejam verdadeiras quando os homens nela se encontrem "molhados" de realidade e não quando, significando um desprezo ao mundo, sejam maneiras de fugir dele, numa espécie de "esquizofrenia histórica".

A DIALOGICIDADE

O diálogo é este encontro dos homens, mediatizados pelo mundo, para *pronunciá-lo*, não se esgotando, portanto, na relação eu-tu.

Esta é a razão por que não é possível o diálogo entre os que querem a *pronúncia* do mundo e os que não a querem; entre os que negam aos demais o direito de dizer a palavra e os que se acham negados deste direito. É preciso primeiro que os que assim se encontram negados no direito primordial de dizer a palavra reconquistem esse direito, proibindo que este assalto desumanizante continue.

Se é dizendo a palavra com que, *pronunciando* o mundo, os homens o transformam, o diálogo se impõe como caminho pelo qual os homens ganham significação enquanto homens.

Por isto, o diálogo é uma exigência existencial. E, se ele é o encontro em que se solidarizam o refletir e o agir de seus sujeitos endereçados ao mundo a ser transformado e humanizado, não pode reduzir-se a um ato de depositar ideias de um sujeito no outro, nem tampouco tornar-se simples troca de ideias a serem consumidas pelos permutantes.

Não é também discussão guerreira, polêmica, entre sujeitos que não aspiram a comprometer-se com a *pronúncia* do mundo nem a buscar a verdade, mas a impor a sua.

Porque é encontro de homens que *pronunciam* o mundo, não deve ser doação do *pronunciar* de uns a outros. É um ato de criação. Daí que não possa ser manhoso instrumento de que lance mão um sujeito para a conquista do outro. A conquista implícita no diálogo é a do mundo pelos sujeitos dialógicos, não a de um pelo outro. Conquista do mundo para a libertação dos homens.

EDUCAÇÃO DIALÓGICA E DIÁLOGO

Não há diálogo, porém, se não há um profundo amor ao mundo e aos homens. Não é possível a *pronúncia* do mundo, que é um ato de criação e recriação, se não há amor que a infunda.[5]

Sendo fundamento do diálogo, o amor é, também, diálogo. Daí que seja essencialmente tarefa de sujeitos e que não possa verificar-se na relação de dominação. Nesta, o que há é patologia de amor: sadismo em quem domina; masoquismo nos dominados. Amor, não. Porque é um ato de coragem, nunca de medo, o amor é compromisso com os homens. Onde quer que estejam estes, oprimidos, o ato de amor está em comprometer-se com sua causa. A causa de sua libertação. Mas, este compromisso, porque é amoroso, é dialógico.

5   Cada vez nos convencemos mais da necessidade de que os verdadeiros revolucionários reconheçam na revolução, porque um ato criador e libertador, um ato
de amor. Para nós, a revolução, que não se faz sem teoria da revolução, portanto,
sem ciência, não tem nesta uma inconciliação com o amor. Pelo contrário, a
revolução, que é feita pelos homens, o é em nome de sua humanização. Que
leva os revolucionários a aderirem aos oprimidos, senão a condição desumanizada em que se acham estes? Não é devido à deterioração a que se submete
a palavra amor no mundo capitalista que a revolução vá deixar de ser amorosa
nem os revolucionários fazer silêncio de seu caráter biófilo. Guevara, ainda que
tivesse salientado o "risco de parecer ridículo", não temeu afirmá-lo. "*Déjeme
decirle*", declarou dirigindo-se a Carlos Quijano, "*a riesgo de parecer ridículo que el
verdadero revolucionário es animado por fuertes sentimientos de amor. Es imposible
pensar un revolucionario autentico, sin esta cualidad.*" [Deixa eu te dizer, sob o
risco de parecer ridículo, que o verdadeiro revolucionário é movido por fortes
sentimentos de amor. É impossível pensar um revolucionário autêntico sem essa
qualidade.] Ernesto Guevara, *Obra revolucionaria*. Cidade do México: Ediciones
Era, 1967, pp. 637-8.

Como ato de valentia, não pode ser piegas; como ato de liberdade, não pode ser pretexto para a manipulação, senão gerador de outros atos de liberdade. A não ser assim, não é amor.

Somente com a supressão da situação opressora é possível restaurar o amor que nela estava proibido.

Se não amo o mundo, se não amo a vida, se não amo os homens, não me é possível o diálogo.

Não há, por outro lado, diálogo, se não há humildade. A *pronúncia* do mundo, com que os homens o recriam permanentemente, não pode ser um ato arrogante.

O diálogo, como encontro dos homens para a tarefa comum de saber agir, se rompe, se seus polos (ou um deles) perdem a humildade.

Como posso dialogar, se alieno a ignorância, isto é, se a vejo sempre no outro, nunca em mim?

Como posso dialogar, se me admito como um homem diferente, virtuoso por herança, diante dos outros, meros "isto", em quem não reconheço *outros eu*?

Como posso dialogar, se me sinto participante de um gueto de homens puros, donos da verdade e do saber, para quem todos os que estão fora são "essa gente", ou são "nativos inferiores"?

Como posso dialogar, se parto de que a *pronúncia* do mundo é tarefa de homens seletos e que a presença das massas na história é sinal de sua deterioração que devo evitar?

Como posso dialogar, se me fecho à contribuição dos outros, que jamais reconheço, e até me sinto ofendido com ela?

Como posso dialogar se temo a superação e se, só em pensar nela, sofro e definho?

A autossuficiência é incompatível com o diálogo. Os homens que não têm humildade ou a perdem não podem aproximar-se do povo. Não podem ser seus companheiros de *pronúncia* do mundo. Se alguém não é capaz de sentir-se e saber-se tão homem quanto os outros, é que lhe falta ainda muito que caminhar, para chegar ao lugar de encontro com eles. Neste lugar de encontro, não há ignorantes absolutos nem sábios absolutos: há homens que, em comunhão, buscam saber mais.

Não há também diálogo se não há uma intensa fé nos homens. Fé no seu poder de fazer e de refazer. De criar e recriar. Fé na sua vocação de *ser mais*, que não é privilégio de alguns eleitos, mas direito dos homens.

A fé nos homens é um dado *a priori* do diálogo. Por isto, existe antes mesmo de que ele se instale. O homem dialógico tem fé nos homens antes de encontrar-se frente a frente com eles. Esta, contudo, não é uma ingênua fé. O homem dialógico, que é crítico, sabe que, se o poder de fazer, de criar, de transformar, é um poder dos homens, sabe também que podem eles, em situação concreta, alienados, ter este poder prejudicado. Esta possibilidade, porém, em lugar de matar no homem dialógico a sua fé nos homens, aparece a ele, pelo contrário, como um desafio ao qual tem de responder. Está convencido de que este poder de fazer e transformar, mesmo que negado em situações concretas, tende a renascer. Pode renascer. Pode constituir-se. Não gratuitamente, mas na e pela luta por sua libertação. Com a instalação do trabalho não mais escravo, mas livre, que dá a alegria de viver.

Sem esta fé nos homens o diálogo é uma farsa. Transforma-se, na melhor das hipóteses, em manipulação adocicadamente paternalista.

Ao fundar-se no amor, na humildade, na fé nos homens, o diálogo se faz uma relação horizontal, em que a *confiança* de um polo no outro é consequência óbvia. Seria uma contradição se, amoroso, humilde e cheio de fé, o diálogo não provocasse este clima de confiança entre seus sujeitos. Por isto inexiste esta confiança na antidialogicidade da concepção "bancária" da educação.

Se a fé nos homens é um dado *a priori* do diálogo, a confiança se instaura com ele. A confiança vai fazendo os sujeitos dialógicos cada vez mais companheiros na *pronúncia* do mundo. Se falha esta confiança, é que falharam as condições discutidas anteriormente. Um falso amor, uma falsa humildade, uma debilitada fé nos homens não podem gerar confiança. A confiança implica o testemunho que um sujeito dá aos outros de suas reais e concretas intenções. Não pode existir, se a palavra, descaracterizada, não coincide com os atos. Dizer uma coisa e fazer outra, não levando a palavra a sério, não pode ser estímulo à confiança.

Falar, por exemplo, em democracia e silenciar o povo é uma farsa. Falar em humanismo e negar os homens é uma mentira.

Não existe, tampouco, diálogo sem esperança. A esperança está na própria essência da imperfeição dos homens, levando-os a uma eterna busca. Uma tal busca, como já vimos, não se faz no isolamento, mas na comunicação entre os homens – o que é impraticável numa situação de agressão.

O desespero é uma espécie de silêncio, de recusa do mundo, de fuga. No entanto a desumanização que resulta da "ordem" injusta não deveria ser uma razão da perda da esperança, mas, ao contrário, uma razão de desejar ainda mais, e de procurar sem descanso, restaurar a humanidade esmagada pela injustiça.

Não é, porém, a esperança um cruzar de braços e esperar. Movo-me na esperança enquanto luto e, se luto com esperança, espero.

Se o diálogo é o encontro dos homens para *ser mais*, não pode fazer-se na desesperança. Se os sujeitos do diálogo nada esperam do seu quefazer, já não pode haver diálogo. O seu encontro é vazio e estéril. É burocrático e fastidioso.

Finalmente, não há o diálogo verdadeiro se não há nos seus sujeitos um pensar verdadeiro. Pensar crítico. Pensar que, não aceitando a dicotomia mundo-homens, reconhece entre eles uma inquebrantável solidariedade.

Este é um pensar que percebe a realidade como processo, que a capta em constante devenir e não como algo estático. Não se dicotomiza a si mesmo na ação. "Banha-se" permanentemente de temporalidade cujos riscos não teme.

Opõe-se ao pensar ingênuo, que vê o "tempo histórico como um peso, como uma estratificação das aquisições e experiências do passado",[6] de que resulta dever ser o presente algo normalizado e bem-comportado.

Para o pensar ingênuo, o importante é a acomodação a este hoje normalizado. Para o crítico, a transformação permanente da realidade, para a permanente humanização dos homens. Para o pensar crítico, diria Pierre Furter, "a meta não será mais eliminar os riscos da temporalidade, agarrando-se ao espaço garantido, mas temporalizar o espaço. O universo não se revela a mim", diz ainda Furter, "no espaço, impondo-me uma presença maciça a que só posso me adaptar, mas como um campo, um domínio, que vai tomando forma na medida de minha ação".[7]

Para o pensar ingênuo, a meta é agarrar-se a este espaço garantido, ajustando-se a ele e, negando a temporalidade, negar-se a si mesmo.

Somente o diálogo, que implica um pensar crítico, é capaz, também, de gerá-lo.

Sem ele não há comunicação e sem esta não há verdadeira educação. A que, operando a superação da contradição educador--educandos, se instaura como situação gnosiológica, em que os sujeitos incidem seu ato cognoscente sobre o objeto cognoscível que os mediatiza.

6   Trecho de carta de um amigo do autor.

7   Pierre Furter, *Educação e vida*. Petrópolis: Vozes, 1966, pp. 26-7.

O DIÁLOGO COMEÇA NA BUSCA
DO CONTEÚDO PROGRAMÁTICO

Daí que, para esta concepção como prática da liberdade, a sua dialogicidade comece, não quando o educador-educando se encontra com os educando-educadores em uma situação pedagógica, mas antes, quando aquele se pergunta em torno do que vai dialogar com estes. Esta inquietação em torno do conteúdo do diálogo é a inquietação em torno do conteúdo programático da educação.

Para o "educador-bancário", na sua antidialogicidade, a pergunta, obviamente, não é a propósito do conteúdo do diálogo, que para ele não existe, mas a respeito do programa sobre o qual dissertará a seus alunos. E a esta pergunta responderá ele mesmo, organizando *seu* programa.

Para o educador-educando, dialógico, problematizador, o conteúdo programático da educação não é uma doação ou uma imposição – um conjunto de informes a ser depositado nos educandos –, mas a devolução organizada, sistematizada e acrescentada ao povo daqueles elementos que este lhe entregou de forma desestruturada.[8]

A educação autêntica, repitamos, não se faz de A para B ou de A sobre B, mas de A *com* B, mediatizados pelo mundo. Mundo que

---

8 Em uma longa conversação com Malraux, declarou Mao: "*Vous savez que je proclame depuis longtemps: nous devons enseigner aux masses avec précision ce que nous avons reçu d'elles avec confusion.*" [Você sabe o que eu digo há muito tempo: devemos ensinar às massas com precisão exatamente o que delas recebemos de maneira confusa.] André Malraux, *Antimémoires*. Paris: Gallimard, 1967, p. 531. Nessa afirmação de Mao está toda uma teoria dialógica de constituição do conteúdo programático da educação, que não pode ser elaborado a partir das finalidades do educador, do que lhe pareça ser o melhor para *seus* educandos.

impressiona e desafia a uns e a outros, originando visões ou pontos de vista sobre ele. Visões impregnadas de anseios, de dúvidas, de esperanças ou desesperanças que implicitam temas significativos, à base dos quais se constituirá o conteúdo programático da educação. Um dos equívocos de uma concepção ingênua do humanismo está em que, na ânsia de corporificar um modelo ideal de "bom homem", se esquece da situação concreta, existencial, presente, dos homens mesmos. "O humanismo consiste", diz Furter, "em permitir a tomada de consciência de nossa plena humanidade, como condição e obrigação: como situação e projeto."[9]

Simplesmente, não podemos chegar aos operários, urbanos ou camponeses – estes, de modo geral, imersos num contexto colonial quase umbilicalmente ligados ao mundo da natureza, de que se sentem mais partes que transformadores –, para, à maneira da concepção "bancária", entregar-lhes "conhecimento" ou impor-lhes um modelo de bom homem, contido no programa cujo conteúdo nós mesmos organizamos.

Não seriam poucos os exemplos que poderiam ser citados, de planos, de natureza política ou simplesmente docente, que falharam porque os seus realizadores partiram de uma visão pessoal da realidade. Porque não levaram em conta, num mínimo instante, os homens em *situação* a quem se dirigia seu programa, a não ser com puras incidências de sua ação.

Para o educador humanista ou o revolucionário autêntico, a incidência da ação é a realidade a ser transformada por eles *com* os outros homens e não estes.

Quem atua sobre os homens para, doutrinando-os, adaptá-los cada vez mais à realidade que deve permanecer intocada são os dominadores.

9   Pierre Furter, op. cit., p. 165.

Lamentavelmente, porém, neste "conto" da verticalidade da programação, "conto" da concepção "bancária", caem muitas vezes lideranças revolucionárias, no seu empenho de obter a adesão do povo à ação revolucionária.

Acercam-se das massas camponesas ou urbanas com projetos que podem corresponder à sua visão do mundo, mas não necessariamente à do povo.[10]

10 *"Pour établir une liaison avec les masses, nous devons conformer à leurs désirs. Dans tout travail pour les masses, nous devons partir de leurs besoins, et non de nos propres désirs, si louables soient-ils. Il arrive souvent que les masses aient objetivement besoin de telles ou telles transformations, mais que subjetivement, elles ne soient conscients de ce besoin, qu'elles n'aient ni la volonté ni le désir de les réaliser; dans ce cas, nous devons attendre avec patience; c'est seulement lorsque, à la suite de notre travail, les masses seront, dans leurs majorité conscientes de la nécessité de ces transformations, lorsqu'elles auront la volonté et le désir de les faire aboutir qu'on pourra les realiser; sinon, l'on risque de se couper des masses [...]. Deux principes doivent nous guider: premièrement, les besoins réels des masses et non les besoins nés de notre imagination; deuxièment, le désir librement exprimé par les masses, les resolutions qu'elles ont prises elles mêmes et non celles que nous prenons à leur place."* [Para estabelecer uma ligação com as massas, temos de nos conformar aos seus desejos. Em todo o trabalho para as massas, devemos partir das suas necessidades, e não de nossos próprios desejos, mesmo se eles forem louváveis. Acontece muitas vezes que as massas têm objetivamente necessidade de tais e tais transformações, mas que subjetivamente elas não estão conscientes dessas necessidades, elas não têm nem vontade nem desejo de realizá-las; neste caso, devemos esperar com paciência, é apenas quando, na sequência do desenvolvimento do trabalho, as massas estiverem em sua maioria conscientes da necessidade dessas transformações, quando elas tiverem a vontade e o desejo de fazê-las, que se poderá realizá-las; senão, corre-se o risco de separar-se das massas [...]. Dois princípios devem nos guiar: primeiro, as necessidades reais das massas, e não as necessidades nascidas da nossa imaginação; em segundo lugar,

Esquecem-se de que o seu objetivo fundamental é lutar com o povo pela recuperação da humanidade roubada e não *conquistar* o povo. Este verbo não deve caber na sua linguagem, mas na do dominador. Ao revolucionário cabe libertar e libertar-se com o povo, não conquistá-lo.

As elites dominadoras, na sua atuação política, são eficientes no uso da concepção "bancária" (em que a conquista é um dos instrumentos), porque, na medida em que esta desenvolve uma ação apassivadora, coincide com o estado de "imersão" da consciência oprimida. Aproveitando esta "imersão" da consciência oprimida, estas elites vão transformando-a naquela "vasilha" de que falamos e pondo nela *slogans* que a fazem mais temerosa ainda da liberdade.

Um trabalho verdadeiramente libertador é incompatível com esta prática. Através dele, o que se há de fazer é propor aos oprimidos os *slogans* dos opressores, como problema, proporcionando-se, assim, a sua expulsão de "dentro" dos oprimidos.

Afinal, o empenho dos humanistas não pode ser o de opor os seus *slogans* aos dos opressores, tendo como intermediários os oprimidos, como se fossem "hospedeiros" dos *slogans* de uns e de outros. O empenho dos humanistas, pelo contrário, está em que os oprimidos tomem consciência de que, pelo fato mesmo de que estão sendo "hospedeiros" dos opressores, como seres duais, não estão podendo ser.

Esta prática implica, por isto mesmo, que o acercamento às massas populares se faça, não para levar-lhes uma mensagem

o desejo livremente expresso pelas massas, as resoluções que são tomadas por elas mesmas, e não aquelas que nós tomamos em seu lugar.] Mao Tsé-tung, "Le Front uni dans le travail culturel", in *Œuvres Choisies de Mao Tse-toung*. Beijing: Éditions du Peuple, 1966.

"salvadora", em forma de conteúdo a ser depositado, mas, para, em diálogo com elas, conhecer, não só a objetividade em que estão, mas a consciência que tenham desta objetividade; os vários níveis de percepção de si mesmos e do mundo *em* que e *com* que estão.

Por isto é que não podemos, a não ser ingenuamente, esperar resultados positivos de um programa – seja educativo num sentido mais técnico ou de ação política – se, desrespeitando a particular visão do mundo que tenha ou esteja tendo o povo, se constitui numa espécie de "invasão cultural", ainda que feita com a melhor das intenções. Mas "invasão cultural" sempre.[11]

AS RELAÇÕES HOMENS-MUNDO,
OS TEMAS GERADORES E O CONTEÚDO
PROGRAMÁTICO DESTA EDUCAÇÃO

Será a partir da situação presente, existencial, concreta, refletindo o conjunto de aspirações do povo, que poderemos organizar o conteúdo programático da educação ou da ação política.

O que temos de fazer, na verdade, é propor ao povo, através de certas contradições básicas, sua situação existencial, concreta, presente, como problema que, por sua vez, o desafia e, assim, lhe exige resposta, não só no nível intelectual, mas no nível da ação.[12]

11 No capítulo seguinte, analisaremos detidamente essa questão.

12 Nesse sentido, é tão contraditório que homens verdadeiramente humanistas usem a prática "bancária" quanto que homens de direita se empenhem num esforço de educação problematizadora. Estes são sempre mais coerentes – jamais aceitam uma pedagogia da problematização.

Nunca apenas dissertar sobre ela e jamais doar-lhe conteúdos que pouco ou nada tenham a ver com seus anseios, com suas dúvidas, com suas esperanças, com seus temores. Conteúdos que, às vezes, aumentam estes temores. Temores de consciência oprimida.

Nosso papel não é falar ao povo sobre a nossa visão do mundo, ou tentar impô-la a ele, mas dialogar com ele sobre a sua e a nossa. Temos de estar convencidos de que a sua visão do mundo, que se manifesta nas várias formas de sua ação, reflete a sua *situação* no mundo, em que se constitui. A ação educativa e política não pode prescindir do conhecimento crítico dessa situação, sob pena de se fazer "bancária" ou de pregar no deserto.

Por isto mesmo é que, muitas vezes, educadores e políticos falam e não são entendidos. Sua linguagem não sintoniza com a situação concreta dos homens a quem falam. E sua fala é um discurso a mais, alienado e alienante.

É que a linguagem do educador ou do político (e cada vez nos convencemos mais de que este há de tornar-se também educador no sentido mais amplo da expressão), tanto quanto a linguagem do povo, não existe sem um pensar, e ambos, linguagem e pensar, sem uma realidade a que se encontrem referidos. Desta forma, para que haja comunicação eficiente entre eles, é preciso que educador e político sejam capazes de conhecer as condições estruturais em que o pensar e a linguagem do povo, dialeticamente, se constituem.

Daí também que o conteúdo programático para a ação, que é de ambos, não possa ser de exclusiva eleição daqueles, mas, deles e do povo.

É na realidade mediatizadora, na consciência que dela tenhamos, educadores e povo, que iremos buscar o conteúdo programático da educação.

O momento deste buscar é o que inaugura o diálogo da educação como prática da liberdade. É o momento em que se realiza a investigação do que chamamos de *universo temático*[13] do povo ou o conjunto de seus *temas geradores*.

Esta investigação implica, necessariamente, uma metodologia que não pode contradizer a dialogicidade da educação libertadora. Daí que seja igualmente dialógica. Daí que, conscientizadora também, proporcione, ao mesmo tempo, a apreensão dos "temas geradores" e a tomada de consciência dos indivíduos em torno destes.

Esta é a razão pela qual (em coerência ainda com a finalidade libertadora da educação dialógica) não se trata de ter nos homens o objeto da investigação, de que o investigador seria o sujeito.

O que se pretende investigar, realmente, não são os homens, como se fossem peças anatômicas, mas o seu pensamento-linguagem referido à realidade, os níveis de sua percepção desta realidade, a sua visão do mundo, em que se encontram envolvidos seus "temas geradores".

Antes de perguntar-nos o que é um "tema gerador", cuja resposta nos aclarará o que é o "universo mínimo temático", nos parece indispensável desenvolver algumas reflexões.

Em verdade, o conceito de "tema gerador" não é uma criação arbitrária, ou uma hipótese de trabalho que deva ser comprovada. Se o "tema gerador" fosse uma hipótese que devesse ser comprovada, a investigação, primeiramente, não seria em torno dele, mas de sua existência ou não.

Neste caso, antes de buscar apreendê-lo em sua riqueza, em sua significação, em sua pluralidade, em seu devenir, em sua constituição histórica, teríamos que constatar, primeiramente, sua objetividade. Só depois, então, poderíamos tentar sua captação.

Ainda que esta postura – a de uma dúvida crítica – seja legítima, nos parece que a constatação do tema gerador, como uma

---

13 Com a mesma conotação, usamos a expressão "temática significativa".

concretização, é algo a que chegamos através, não só da própria experiência existencial, mas também de uma reflexão crítica sobre as relações homens-mundo e homens-homens, implícitas nas primeiras.

Detenhamo-nos neste ponto. Mesmo que possa parecer um lugar-comum, nunca será demasiado falar acerca dos homens como os únicos seres, entre os "inconclusos", capazes de ter, não apenas sua própria atividade, mas a si mesmos, como objeto de sua consciência, o que os distingue do animal, incapaz de separar-se de sua atividade.

Nesta distinção, aparentemente superficial, vamos encontrar as linhas que demarcam os campos de uns e de outros, do ponto de vista da ação de ambos no espaço em que se encontram.

Ao não poder separar-se de sua atividade sobre a qual não pode exercer um ato reflexivo, o animal não consegue impregnar a transformação, que realiza no mundo, de uma significação que vá mais além de si mesmo.

Na medida em que sua atividade é uma aderência dele, os resultados da transformação operada através dela não o sobrepassam. Não se separam dele, tanto quanto sua atividade. Daí que ela careça de finalidades que sejam propostas por ele. De um lado, o animal não se separa de sua atividade, que a ele se encontra aderida; de outro, o ponto de decisão desta se acha fora dele: na espécie a que pertence. Pelo fato de que sua atividade seja ele e ele seja sua atividade, não podendo dela separar-se, enquanto seu ponto de decisão se acha em sua espécie e não nele, o animal se constitui, fundamentalmente, como um "ser fechado em si".

Ao não ter este ponto de decisão em si, ao não poder objetivar-se nem à sua atividade, ao carecer de finalidades que se proponha e que proponha, ao viver "imerso" no "mundo" a que não consegue dar sentido, ao não ter um amanhã nem um hoje, por viver num presente esmagador, o animal é a-histórico. Sua vida a-histórica se dá, não no mundo tomado em sentido rigoroso, pois que o mundo não se constitui em um "não eu" para ele, que seja capaz de constituí-lo como eu.

O mundo humano, que é histórico, se faz, para o "ser fechado em si", mero *suporte*. Seu contorno não lhe é *problemático*, mas *estimulante*. Sua vida não é um correr riscos, uma vez que não os sabe correndo. Estes, porque não são desafios perceptíveis reflexivamente, mas puramente "notados" pelos sinais que os apontam, não exigem respostas que impliquem ações decisórias. O animal, por isto mesmo, não pode comprometer-se. Sua condição de a-histórico não lhe permite *assumir* a vida, e, porque não a assume, não pode construí-la. E, se não constrói, não pode transformar o seu contorno. Não pode, tampouco, saber-se destruído em vida, pois não consegue alongar seu *suporte*, onde ela se dá, em um mundo significativo e simbólico, o mundo compreensivo da cultura e da história. Esta é a razão pela qual o animal não animaliza seu contorno para animalizar-se nem tampouco se desanimaliza. No bosque, como no zoológico, continua um "ser fechado em si" – tão animal aqui, como lá.

Os homens, pelo contrário, ao terem consciência de sua atividade e do mundo em que estão, ao atuarem em função de finalidades que propõem e se propõem, ao terem o ponto de decisão de sua busca em si e em suas relações com mundo, e com os outros, ao impregnarem o mundo de sua presença criadora através da transformação que realizam nele, na medida em que dele podem separar-se e, separando-se, podem com ele ficar, os homens, ao contrário do animal, não somente vivem, mas existem, e sua existência é histórica.

Se a vida do animal se dá em um *suporte* atemporal, plano, igual, a existência dos homens se dá no mundo que eles recriam e transformam incessantemente. Se, na vida do animal, o aqui não é mais que um *habitat* ao qual ele "contata", na existência dos homens o *aqui* não é somente um espaço físico, mas também um espaço histórico.

Para o animal, rigorosamente, não há um aqui, um agora, um ali, um amanhã, um ontem, porque, carecendo da consciência de si, seu viver é uma determinação total. Não é possível ao animal sobrepassar os limites impostos pelo *aqui*, pelo *agora* ou pelo *ali*.

Os homens, pelo contrário, porque são consciência de si e, assim, consciência do mundo, porque são um "corpo consciente", vivem uma relação dialética entre os condicionamentos e sua liberdade.

Ao se separarem do mundo, que objetivam, ao separarem sua atividade de si mesmos, ao terem o ponto de decisão de sua atividade em si, em suas relações com o mundo e com os outros, os homens ultrapassam as "situações-limite", que não devem ser tomadas como se fossem barreiras insuperáveis, mais além das quais nada existisse.[14] No momento mesmo em que os homens as apreendem como freios, em que elas se configuram como obstáculos à sua libertação, se transformam em "percebidos destacados" em sua "visão de fundo". Revelam-se, assim, como realmente são: dimensões concretas e históricas de uma dada realidade. Dimensões desafiadoras dos homens, que incidem sobre elas através

14 O professor Álvaro Vieira Pinto analisa, com bastante lucidez, o problema das "situações-limite", cujo conceito aproveita, esvaziando-o, porém, da dimensão pessimista que se encontra originariamente em Jaspers. Para Vieira Pinto, as "situações-limite" não são "o contorno infranqueável onde terminam as possibilidades, mas a margem real onde começam todas as possibilidades"; não são "a fronteira entre o ser e o nada, mas a fronteira entre o ser e o ser mais" (mais ser). Álvaro Vieira Pinto, *Consciência e realidade nacional*. Rio de Janeiro: ISEB, 1960, v. 2, p. 284.

de ações que Vieira Pinto chama de "atos-limite" – aqueles que se dirigem à superação e à negação do dado, em lugar de implicarem sua aceitação dócil e passiva.

Esta é a razão pela qual não são as "situações-limite", em si mesmas, geradoras de um clima de desesperança, mas a percepção que os homens tenham delas num dado momento histórico, como um freio a eles, como algo que eles não podem ultrapassar. No momento em que a percepção crítica se instaura, na ação mesma, se desenvolve um clima de esperança e confiança que leva os homens a se empenharem na superação das "situações-limite".

Esta superação, que não existe fora das relações homens-mundo, somente pode verificar-se através da ação dos homens sobre a realidade concreta em que se dão as "situações-limite".

Superadas estas, com a transformação da realidade, novas surgirão, provocando outros "atos-limite" dos homens.

Desta forma, o próprio dos homens é estar, como consciência de si e do mundo, em relação de enfrentamento com sua realidade em que, historicamente, se dão as "situações-limite". E este enfrentamento com a realidade para a superação dos obstáculos só pode ser feito historicamente, como historicamente se objetivam as "situações-limite".

No "mundo" do animal, que não sendo rigorosamente mundo, mas *suporte* em que está, não há "situações-limite", pelo caráter a-histórico do segundo, que se estende ao primeiro.

Não sendo o animal um "ser para si", lhe falta o poder de exercer "atos-limite", que implicam uma postura decisória frente ao mundo, do qual o ser se "separa", e, objetivando-o, o transforma com sua ação. Preso organicamente a seu *suporte*, o animal não se distingue dele.

Desta forma, em lugar de "situações-limite", que são históricas, é o *suporte* mesmo, maciçamente, que o limita. O próprio do animal, portanto, não é estar em *relação* com seu *suporte* – se estivesse, o *suporte* seria mundo –, mas adaptado a ele. Daí que, como um "ser fechado" em si, ao "produzir" um ninho, uma colmeia, um oco onde viva, não esteja realmente criando produtos que tivessem sido o resultado de "atos-limite" – respostas transformadoras. Sua atividade produtora está submetida à satisfação de uma necessidade física, puramente estimulante e não desafiadora. Daí que seus produtos, fora de dúvida, "pertençam diretamente a seu corpo físico, enquanto o homem é livre frente a seu produto".[15]

Somente na medida em que os produtos que resultam da atividade do ser "não pertençam a seus corpos físicos", ainda que recebam o seu selo, darão surgimento à dimensão significativa do contexto que, assim, se faz mundo.

Daí em diante, este ser, que desta forma atua e que, necessariamente, é um ser consciência de si, um ser "para si", não poderia ser, se não *estivesse sendo*, no mundo com o qual está, como também este mundo não existiria, se este ser não existisse.

A diferença entre os dois, entre o animal, de cuja atividade, porque não constitui "atos-limite", não resulta uma produção mais além de si, e os homens que, através de sua ação sobre o mundo, criam o domínio da cultura e da história, está em que somente estes são seres da práxis. Práxis que, sendo reflexão e ação verdadeiramente transformadora da realidade, é fonte de conhecimento reflexivo e criação. Com efeito, enquanto a atividade animal, realizada sem práxis, não implica criação, a transformação exercida pelos homens a implica.

E é como seres transformadores e criadores que os homens, em suas permanentes relações com a realidade, produzem, não somente

15 Karl Marx, *Manuscritos econômico-filosóficos e outros textos escolhidos*. São Paulo: Abril Cultural, 1974.

os bens materiais, as coisas sensíveis, os objetos, mas também as instituições sociais, suas ideias, suas concepções.[16]

Através de sua permanente ação transformadora da realidade objetiva, os homens, simultaneamente, criam a história e se fazem seres histórico-sociais.

Porque, ao contrário do animal, os homens podem tridimensionar o tempo (passado-presente-futuro) que, contudo, não são departamentos estanques, sua história, em função de suas mesmas criações, vai se desenvolvendo em permanente devenir, em que se concretizam suas unidades epocais. Estas, como o ontem, o hoje e o amanhã, não são como se fossem pedaços estanques de tempo que ficassem petrificados e nos quais os homens estivessem enclausurados. Se assim fosse, desapareceria uma condição fundamental da história: sua continuidade. As unidades epocais, pelo contrário, estão em relação umas com as outras[17] na dinâmica da continuidade histórica.

Uma unidade epocal se caracteriza pelo conjunto de ideias, de concepções, esperanças, dúvidas, valores, desafios, em interação dialética com seus contrários, buscando plenitude. A representação concreta de muitas destas ideias, destes valores, destas concepções e esperanças, como também os obstáculos ao *ser mais* dos homens, constituem os temas da época.

Estes não somente implicam outros que são seus contrários, às vezes antagônicos, mas também indicam tarefas a serem realizadas e cumpridas. Desta forma, não há como surpreender os temas históricos isolados, soltos, desconectados, coisificados, parados,

---

16 A propósito deste aspecto, cf. Karel Kosik, *Dialética do concreto*, 3ª ed. Rio de Janeiro: Paz e Terra, 1985.

17 Em torno de épocas históricas, cf. Hans Freyer, *Teoría de la época actual*. México: Fondo de Cultura Económica, 1958.

mas em relação dialética com outros, seus opostos. Como também não há outro lugar para encontrá-los que não seja nas relações homens-mundo. O conjunto dos temas em interação constitui o "universo temático" da época.

Frente a este "universo" de temas que dialeticamente se contradizem, os homens tomam suas posições também contraditórias, realizando tarefas em favor, uns, da manutenção das estruturas, outros, da mudança.

Na medida em que se aprofunda o antagonismo entre os temas que são a expressão da realidade, há uma tendência para a mitificação da temática e da realidade mesma, o que, de modo geral, instaura um clima de "irracionalismo" e de sectarismo.

Este clima ameaça esgotar os temas de sua significação mais profunda, pela possibilidade de retirar-lhes a conotação dinâmica que os caracteriza.

No momento em que uma sociedade vive uma época assim, o próprio irracionalismo mitificador passa a constituir um de seus temas fundamentais, que terá, como seu oposto combatente, a visão crítica e dinâmica da realidade que, empenhando-se em favor do seu desvelamento, desmascara sua mitificação e busca a plena realização da tarefa humana: a permanente transformação da realidade para a libertação dos homens.

Os temas[18] se encontram, em última análise, de um lado, envolvidos, de outro, envolvendo as "situações-limite", enquanto as *tarefas* que eles implicam, quando cumpridas, constituem os "atos-limite" aos quais nos referimos.

18 Estes temas se chamam geradores porque qualquer que seja a natureza de sua compreensão, como a ação por eles provocada, contêm em si a possibilidade de desdobrar-se em outros tantos temas que, por sua vez, provocam novas tarefas que devem ser cumpridas.

Enquanto os temas não são percebidos como tais, envolvidos e envolvendo as "situações-limite", as *tarefas* referidas a eles, que são as respostas dos homens através de sua ação histórica, não se dão em termos autênticos ou críticos.

Neste caso, os temas se encontram encobertos pelas "situações-limite", que se apresentam aos homens como se fossem determinantes históricas, esmagadoras, em face das quais não lhes cabe outra alternativa senão adaptar-se. Desta forma, os homens não chegam a transcender as "situações-limite" e a descobrir ou a divisar, mais além delas e em relação com elas, o *inédito viável*.

Em síntese, as "situações-limite" implicam a existência daqueles a quem direta ou indiretamente "servem" e daqueles a quem "negam" e "freiam".

No momento em que estes as percebem não mais como uma "fronteira entre o ser e o nada, mas como uma fronteira entre o ser e o mais ser", se fazem cada vez mais críticos na sua ação, ligada àquela percepção. Percepção em que está implícito o *inédito viável* como algo definido, a cuja concretização se dirigirá sua ação.

A tendência então, dos primeiros, é vislumbrar no *inédito viável*, ainda como *inédito viável*, uma "situação-limite" ameaçadora que, por isto mesmo, precisa não concretizar-se. Daí que atuem no sentido de manterem a "situação-limite" que lhes é favorável.[19]

Desta forma, se impõe à ação libertadora, que é histórica, sobre um contexto, também histórico, a exigência de que esteja em relação de correspondência, não só com os temas geradores, mas com a percepção que deles estejam tendo os homens. Esta

19 A libertação desafia, de forma dialeticamente antagônica, oprimidos e opressores. Assim, enquanto é, para os primeiros, seu "inédito viável", que precisam concretizar, se constitui, para os segundos, como "situação-limite", que necessitam evitar.

exigência necessariamente se alonga noutra: a da investigação da temática significativa.

Os temas geradores podem ser localizados em círculos concêntricos, que partem do mais geral ao mais particular.

Temas de caráter universal, contidos na unidade epocal mais ampla, que abarca toda uma gama de unidades e subunidades, continentais, regionais, nacionais etc., diversificadas entre si. Como tema fundamental desta unidade mais ampla, que poderemos chamar "nossa época", se encontra, a nosso ver, o da libertação, que indica o seu contrário, o tema da dominação. É este tema angustiante que vem dando à nossa época o caráter *antropológico* a que fizemos referência anteriormente.

Para alcançar a meta da humanização, que não se consegue sem o desaparecimento da opressão desumanizante, é imprescindível a superação das "situações-limite" em que os homens se acham quase coisificados.

Em círculos menos amplos, nos deparamos com temas e "situações-limite", característicos de sociedades de um mesmo continente ou de continentes distintos, que têm nestes temas e nestas "situações-limite" similitudes históricas.

A "situação-limite" do subdesenvolvimento, ao qual está ligado o problema da dependência, é a fundamental característica do Terceiro Mundo. A tarefa de superar tal situação, que é uma totalidade, por outra, a do desenvolvimento, é, por sua vez, o imperativo básico do Terceiro Mundo.

Se olhamos, agora, uma sociedade determinada em sua unidade epocal, vamos perceber que, além desta temática universal, continental ou de um mundo específico de semelhanças históricas, ela vive seus temas próprios, suas "situações-limite".

Em círculo mais restrito, observaremos diversificações temáticas, dentro de uma mesma sociedade, em áreas e subáreas em que se dividem, todas, contudo, em relação com o *todo* de que participam. São áreas e subáreas que constituem subunidades epocais. Em uma unidade nacional mesma, encontramos a contradição da "contemporaneidade do não coetâneo".

Nas subunidades referidas, os temas de caráter nacional podem ser ou deixar de ser captados em sua verdadeira significação, ou simplesmente podem ser *sentidos*. Às vezes, nem sequer são sentidos.

O impossível, porém, é a inexistência de temas nestas subunidades epocais. O fato de que indivíduos de uma área não captem um tema gerador, só aparentemente oculto, ou o fato de captá-lo de forma distorcida, pode significar, já, a existência de uma "situação-limite" de opressão em que os homens se encontram mais imersos que emersos.

A INVESTIGAÇÃO DOS TEMAS GERADORES E SUA METODOLOGIA

De modo geral, a consciência dominada, não só popular, que não captou ainda a "situação-limite" em sua globalidade, fica na apreensão de suas manifestações periféricas, às quais empresta a força inibidora que cabe, contudo, à "situação-limite".[20]

20 Esta forma de proceder se observa, não raramente, entre homens de classe média, ainda que diferentemente de como se manifesta entre camponeses. Seu medo da liberdade os leva a assumir mecanismos de defesa e, através de racionalizações, escondem o fundamental, enfatizam o acidental e negam a realidade concreta. Em face de um problema cuja análise remete à visualização da "situação-limite", cuja crítica lhes é incômoda, sua tendência é ficar na periferia dos problemas, rechaçando toda tentativa de adentramento no núcleo mesmo da questão. Chegam,

Este é um fato de importância indiscutível para o investigador da temática ou de tema gerador.

A questão fundamental, neste caso, está em que, faltando aos homens uma compreensão crítica da totalidade em que estão, captando-a em pedaços nos quais não reconhecem a interação constituinte da mesma totalidade, não podem conhecê-la. E não o podem porque, para conhecê-la, seria necessário partir do ponto inverso. Isto é, lhes seria indispensável ter antes a visão totalizada do contexto para, em seguida, separarem ou isolarem os elementos ou as parcialidades do contexto, através de cuja cisão voltariam com mais claridade à totalidade analisada.

Este é um esforço que cabe realizar, não apenas na metodologia da investigação temática que advogamos, mas, também, na educação problematizadora que defendemos. O esforço de propor aos indivíduos dimensões significativas de sua realidade, cuja análise crítica lhes possibilite reconhecer a interação de suas partes.

Desta maneira, as dimensões significativas que, por sua vez, estão constituídas de partes em interação, ao serem analisadas, devem ser percebidas pelos indivíduos como dimensões da totalidade. Deste modo, a análise crítica de uma dimensão significativo-existencial possibilita aos indivíduos uma nova postura, também crítica, em face das "situações-limite". A captação e a compreensão da realidade se refazem, ganhando um nível que até então não tinham. Os homens tendem a perceber que sua compreensão e que a "razão" da realidade não estão fora dela, como, por sua vez, ela não se encontra deles dicotomizada, como se fosse um mundo à parte, misterioso e estranho, que os esmagasse.

inclusive, a irritar-se quando se lhes chama a atenção para algo fundamental que explica o acidental ou o secundário, aos quais estão dando significação primordial.

Neste sentido é que a investigação do tema gerador, que se encontra contido no "universo temático mínimo" (os temas geradores em interação), se realizada por meio de uma metodologia conscientizadora, além de nos possibilitar sua apreensão, insere ou começa a inserir os homens numa forma crítica de pensarem seu mundo.

Na medida, porém, em que, na captação do todo que se oferece à compreensão dos homens, este se lhes apresenta como algo espesso que os envolve e que não chegam a vislumbrar, se faz indispensável que a sua busca se realize através da abstração. Isto não significa a redução do concreto ao abstrato, o que seria negar a sua dialeticidade, mas tê-los como opostos que se dialetizam no ato de pensar.

Na análise de uma situação existencial concreta, "codificada",[21] se verifica exatamente este movimento do pensar.

A descodificação da situação existencial provoca esta postura normal, que implica um partir abstratamente até o concreto; que implica uma ida das partes ao todo e uma volta deste às partes, que implica um reconhecimento do sujeito no objeto (a situação existencial concreta) e do objeto como situação em que está o sujeito.[22]

Este movimento de ida e volta, do abstrato ao concreto, que se dá na análise de uma situação codificada, se bem-feita a descodificação, conduz à superação da abstração com a percepção crítica do concreto, já agora não mais realidade espessa e pouco vislumbrada.

---

21 A codificação de uma situação existencial é a representação desta, com alguns de seus elementos constitutivos, em interação. A descodificação é a análise crítica da situação codificada.

22 O sujeito se reconhece na representação da situação existencial "codificada", ao mesmo tempo que reconhece nesta, objeto agora de sua reflexão, o seu contorno condicionante em e com que está, com outros sujeitos.

Realmente, em face de uma situação existencial codificada (situação desenhada ou fotografada que remete, por abstração, ao concreto da realidade existencial), a tendência dos indivíduos é realizar uma espécie de "cisão" na situação que se lhes apresenta. Esta "cisão", na prática da descodificação, corresponde à etapa que chamamos de "descrição da situação". A cisão da situação figurada possibilita descobrir a interação entre as partes do todo cindido.

Este todo, que é a situação figurada (codificada) e que antes havia sido apreendido difusamente, passa a ganhar significação na medida em que sofre a "cisão" e em que o pensar volta a ele, a partir das dimensões resultantes da "cisão".

Como, porém, a codificação é a representação de uma situação existencial, a tendência dos indivíduos é dar o passo da representação da situação (codificação) à situação concreta mesma em que e com que se encontram.

Teoricamente, é lícito esperar que os indivíduos passem a comportar-se em face de sua realidade objetiva da mesma forma, do que resulta que deixe de ser ela um beco sem saída para ser o que em verdade é: um desafio ao qual os homens têm que responder.

Em todas as etapas da descodificação, estarão os homens exteriorizando sua visão do mundo, sua forma de pensá-lo, sua percepção fatalista das "situações-limite", sua percepção estática ou dinâmica da realidade. E, nesta forma expressada de pensar o mundo fatalisticamente, de pensá-lo dinâmica ou estaticamente, na maneira como realizam seu enfrentamento com o mundo, se encontram envolvidos seus "temas geradores".

Ainda quando um grupo de indivíduos não chegue a expressar concretamente uma temática geradora, o que pode parecer inexistência de temas sugere, pelo contrário, a existência de um tema dramático: *o tema do silêncio*. Sugere uma estrutura constituinte

A DIALOGICIDADE

do mutismo ante a força esmagadora de "situações-limite", em face das quais o óbvio é a adaptação.

É importante reenfatizar que o tema gerador não se encontra nos homens isolados da realidade nem tampouco na realidade separada dos homens. Só pode ser compreendido nas relações homens-mundo.

Investigar o tema gerador é investigar, repitamos, o pensar dos homens referido à realidade, é investigar seu atuar sobre a realidade, que é sua práxis.

A metodologia que defendemos exige, por isto mesmo, que, no fluxo da investigação, se façam ambos sujeitos da mesma – os investigadores e os homens do povo que, aparentemente, seriam seu objeto.

Quanto mais assumam os homens uma postura ativa na investigação de sua temática, tanto mais aprofundam a sua tomada de consciência em torno da realidade e, explicitando sua temática significativa, se apropriam dela.

Poderá dizer-se que o fato de serem os homens do povo, tanto quanto os investigadores, sujeitos da busca de sua temática significativa, sacrifica a objetividade da investigação. Que os achados já não serão "puros" porque terão sofrido uma interferência intrusa. No caso, em última análise, daqueles que são os maiores interessados – ou devem ser – em sua própria educação.

Isto revela uma consciência ingênua da investigação temática, para a qual os temas existiriam em sua pureza objetiva e original, fora dos homens, como se fossem *coisas*.

Os temas, em verdade, existem nos homens, em suas relações com o mundo, referidos a fatos concretos. Um mesmo fato objetivo pode provocar, numa subunidade epocal, um conjunto de temas geradores, e, noutra, não os mesmos, necessariamente. Há, pois, uma relação entre o fato objetivo, a percepção que dele tenham os homens e os temas geradores.

É através dos homens que se expressa a temática significativa e, ao expressar-se, num certo momento, pode já não ser, exatamente, o que antes era, desde que haja mudado sua percepção dos dados objetivos aos quais os temas se acham referidos.

Do ponto de vista do investigador importa, na análise que faz no processo da investigação, detectar o ponto de partida dos homens no seu modo de visualizar a objetividade, verificando se, durante o processo, se observou ou não alguma transformação no seu modo de perceber a realidade.

A realidade objetiva continua a mesma. Se a percepção dela variou no fluxo da investigação, isto não significa prejudicar em nada sua validade. A temática significativa aparece, de qualquer maneira, com o seu conjunto de dúvidas, de anseios, de esperanças.

É preciso que nos convençamos de que as aspirações, os motivos, as finalidades que se encontram implicitados na temática significativa são aspirações, finalidades, motivos humanos. Por isto, não estão aí, num certo espaço, como coisas putrificadas, mas *estão sendo*. São tão históricos quanto os homens. Não podem ser captados fora deles, insistamos.

Captá-los e entendê-los é entender os homens que os encarnam e a realidade a eles referida. Mas, precisamente porque não é possível entendê-los fora dos homens, é preciso que estes também os entendam. A investigação temática se faz, assim, um esforço comum de consciência da realidade e de autoconsciência, que a inscreve como ponto de partida do processo educativo, ou da ação cultural de caráter libertador.

A SIGNIFICAÇÃO CONSCIENTIZADORA
DA INVESTIGAÇÃO DOS TEMAS GERADORES.
OS VÁRIOS MOMENTOS DA INVESTIGAÇÃO

Por isto é que, para nós, o risco da investigação não está em que os supostos investigados se descubram investigadores, e, desta forma, "corrompam" os resultados da análise. O risco está exatamente no contrário. Em deslocar o centro da investigação, que é a temática significativa, a ser objeto da análise, para os homens mesmos, como se fossem coisas, fazendo-os assim objetos da investigação. Esta, à base da qual se pretende elaborar o programa educativo, em cuja prática educadores-educandos e educandos-educadores conjuguem sua ação cognoscente sobre o mesmo objeto cognoscível, tem de fundar-se, igualmente, na reciprocidade da ação. E agora, da ação mesma de investigar.

A investigação temática, que se dá no domínio do humano e não no das coisas, não pode reduzir-se a um ato mecânico. Sendo processo de busca, de conhecimento, por isto tudo, de criação, exige de seus sujeitos que vão descobrindo, no encadeamento dos temas significativos, a interpenetração dos problemas.

Por isto é que a investigação se fará tão mais pedagógica quanto mais crítica, e tão mais crítica quanto – deixando de perder-se nos esquemas estreitos das visões parciais da realidade, das visões "focalistas" da realidade – se fixe na compreensão da *totalidade*.

Assim é que, no processo de busca da temática significativa, já deve estar presente a preocupação pela problematização dos próprios temas. Por suas vinculações com outros. Por seu envolvimento histórico-cultural.

Assim como não é possível – o que salientamos no início deste capítulo – elaborar um programa a ser doado ao povo, também não o é elaborar roteiros de pesquisa do universo temático a partir de pontos prefixados pelos investigadores que se julgam a si mesmos os sujeitos exclusivos da investigação.

Tanto quanto a educação, a investigação que a ela serve tem de ser uma operação simpática, no sentido etimológico da expressão. Isto é, tem de constituir-se na comunicação, no sentir comum uma realidade que não pode ser vista mecanicistamente compartimentada, simplistamente bem-"comportada", mas, na complexidade de seu permanente vir a ser.

Investigadores profissionais e povo, nesta operação simpática, que é a investigação do tema gerador, são ambos sujeito deste processo.

O investigador da temática significativa que, em nome da objetividade científica, transforma o orgânico em inorgânico, o que *está sendo* no que é, o vivo no morto, teme a mudança. Teme a transformação. Vê nesta, que não nega, mas que não quer, não um anúncio de vida, mas um anúncio de morte, de deterioração. Quer conhecer a mudança, não para estimulá-la, para aprofundá-la, mas para freá-la.

Mas, ao temer a mudança e ao tentar aprisionar a vida, ao reduzi-la a esquemas rígidos, ao fazer do povo objeto passivo de sua ação investigadora, ao ver na mudança o anúncio da morte, mata a vida e não pode esconder sua marca necrófila.

A investigação da temática, repitamos, envolve a investigação do próprio pensar do povo. Pensar que não se dá fora dos homens nem num homem só nem no vazio, mas nos homens e entre os homens, e sempre referido à realidade.

Não posso investigar o pensar dos outros, referido ao mundo, se não penso. Mas, não penso autenticamente se os outros também não pensam. Simplesmente, não posso pensar *pelos* outros nem *para* os outros nem *sem* os outros. A investigação do pensar do povo não pode ser feita sem o povo, mas com ele, como sujeito de seu pensar. E se seu pensar é mágico ou ingênuo, será pensando o seu pensar, na ação, que ele mesmo se superará. E a superação não se faz no ato de consumir ideias, mas no de produzi-las e de transformá-las na ação e na comunicação.

Sendo os homens seres em "situação", se encontram enraizados em condições tempo-espaciais que os marcam e a que eles igualmente marcam. Sua tendência é refletir sobre sua própria *situacionalidade*, na medida em que, desafiados por ela, agem sobre ela. Esta reflexão implica, por isto mesmo, algo mais que estar em *situacionalidade*, que é a sua posição fundamental. Os homens *são* porque *estão* em situação. E serão tanto mais quanto não só pensem criticamente sobre sua forma de *estar*, mas criticamente atuem sobre a situação em que estão.

Esta reflexão sobre a situacionalidade é um pensar a própria condição de existir. Um pensar crítico através do qual os homens se descobrem em "situação". Só na medida em que esta deixa de parecer-lhes uma realidade espessa que os envolve, algo mais ou menos nublado em que e sob que se acham, um beco sem saída que os angustia e a captam como a situação objetivo-problemática em que estão, é que existe o engajamento. Da *imersão* em que se achavam, *emergem*, capacitando-se para se *inserirem* na realidade que se vai desvelando.

Desta maneira, a *inserção* é um estado maior que a *emersão* e resulta da conscientização da situação. É a própria consciência histórica.

Daí que seja a conscientização o aprofundamento da tomada de consciência, característica, por sua vez, de toda emersão.

Neste sentido é que toda investigação temática de caráter conscientizador se faz pedagógica e toda autêntica educação se faz investigação do pensar.

Quanto mais investigo o pensar do povo com ele, tanto mais nos educamos juntos. Quanto mais nos educamos, tanto mais continuamos investigando.

Educação e investigação temática, na concepção problematizadora da educação, se tornam momentos de um mesmo processo.

Enquanto na prática "bancária" da educação, antidialógica por essência, por isto, não comunicativa, o educador deposita no educando o conteúdo programático da educação, que ele mesmo elabora ou elaboram para ele, na prática problematizadora, dialógica por excelência, este conteúdo, que jamais é "depositado", se organiza e se constitui na visão do mundo dos educandos, em que se encontram seus temas geradores.

Por tal razão é que este conteúdo há de estar sempre renovando-se e ampliando-se.

A tarefa do educador dialógico é, trabalhando em equipe interdisciplinar este universo temático recolhido na investigação, devolvê-lo, como problema, não como dissertação, aos homens de quem recebeu.

Se, na etapa da alfabetização, a educação problematizadora e da comunicação busca e investiga a "palavra geradora",[23] na pós-alfabetização, busca e investiga o tema gerador.

Numa visão libertadora, não mais "bancária" da educação, o seu conteúdo programático já não involucra finalidades a serem impostas ao povo, mas, pelo contrário, porque parte e nasce dele, em diálogo com os educadores, reflete seus anseios e esperanças. Daí a investigação da temática como ponto de partida do processo educativo, como ponto de partida de sua dialogicidade.

Daí também o imperativo de dever ser conscientizadora a metodologia desta investigação.

Que fazermos, por exemplo, se temos a responsabilidade de coordenar um plano de educação de adultos em uma área camponesa, que revele, inclusive, uma alta porcentagem de analfabetismo? O

23 Cf. Paulo Freire, *Educação como prática da liberdade*, op. cit.

plano incluirá a alfabetização e a pós-alfabetização. Estaríamos, portanto, obrigados a realizar tanto a investigação das palavras geradoras quanto a dos temas geradores, à base de que teríamos o programa para uma e outra etapas do plano.

Fixemo-nos, contudo, apenas na investigação dos temas geradores ou da temática significativa.[24]

Delimitada a área em que se vai trabalhar, conhecida através de fontes secundárias, começam os investigadores a primeira etapa de investigação.

Esta, como todo começo em qualquer atividade no domínio do humano, pode apresentar dificuldades e riscos. Riscos e dificuldades normais, até certo ponto, ainda que nem sempre existentes, na aproximação primeira que fazem os investigadores aos indivíduos da área.

É que, neste encontro, os investigadores necessitam obter que um número significativo de pessoas aceite uma conversa informal com eles, em que lhes falarão dos objetivos de sua presença na área. Na qual dirão o porquê, o como e o para quê da investigação que pretendem realizar e que não podem fazê-lo se não se estabelece uma relação de simpatia e confiança mútuas.

No caso de aceitarem a reunião, e de nesta aderirem, não só à investigação, mas ao processo que se segue,[25] devem os investigadores estimular os presentes para que, dentre eles, apareçam os que queiram participar diretamente do processo da investigação como seus auxiliares. Desta forma, esta se inicia com um diálogo às claras entre todos.

---

24 A propósito da investigação e do "tratamento" das palavras geradoras, cf. ibidem.

25 "Na razão mesma em que a 'investigação temática' (diz a socióloga Maria Edy Ferreira, num trabalho em preparação) só se justifica enquanto devolva ao povo o que a ele pertence; enquanto seja, não o ato de conhecê-lo, mas o de conhecer com ele a realidade que o desafia."

Uma série de informações sobre a vida na área, necessárias à sua compreensão, terá nestes voluntários os seus recolhedores. Muito mais importante, contudo, que a coleta destes dados, é sua presença ativa na investigação.

Ao lado deste trabalho da equipe local, os investigadores iniciam suas visitas à área, sempre autenticamente, nunca forçadamente, como observadores simpáticos. Por isso mesmo, com atitudes *compreensivas* em face do que observam.

Se é normal que os investigadores cheguem à área da investigação movendo-se em um marco conceitual valorativo que estará presente na sua percepção do observado, isto não deve significar, porém, que devem transformar a investigação temática no meio para imporem este marco.

A única dimensão que se supõe devam ter os investigadores, neste marco no qual se movem, que se espera se faça comum aos homens cuja temática se busca investigar, é a da percepção crítica de sua realidade, que implica um método correto de aproximação do concreto para desvelá-lo. E isto não se impõe.

Neste sentido é que, desde o começo, a investigação temática se vai expressando como um quefazer educativo. Como ação cultural.

Em suas visitas os investigadores vão fixando sua "mirada" crítica na área em estudo, como se ela fosse, para eles, uma espécie de enorme e *sui generis* "codificação" ao vivo, que os desafia. Por isto mesmo, visualizando a área como totalidade, tentarão, visita após visita, realizar a "cisão" desta, na análise das dimensões parciais que os vão impactando.

Neste esforço de "cisão" com que, mais adiante, voltarão a adentrar-se na totalidade, vão ampliando a sua compreensão dela, na interação de suas partes.

Na etapa desta igualmente *sui generis* descodificação, os investigadores ora incidem sua visão crítica, observadora, diretamente, sobre certos *momentos* da existência da área, ora o fazem através de diálogos informais com seus habitantes.

Na medida em que realizam a "descodificação" desta "codificação" viva, seja pela observação dos fatos, seja pela conversação informal com os habitantes da área, irão registrando em seu caderno de notas, à maneira de Wright Mills,[26] as coisas mais aparentemente pouco importantes. A maneira de conversar dos homens; a sua forma de ser. O seu comportamento no culto religioso, no trabalho. Vão registrando as expressões do povo; sua linguagem, suas palavras, sua sintaxe, que não é o mesmo que sua pronúncia defeituosa, mas a forma de construir seu pensamento.[27]

Esta descodificação ao vivo implica, necessariamente, que os investigadores, em sua fase, surpreendam a área em momentos distintos. É preciso que a visitem em horas de trabalho no campo; que assistam a reuniões de alguma associação popular, observando o procedimento de seus participantes, a linguagem usada, as relações entre diretoria e sócios; o papel que desempenham as mulheres, os jovens. É indispensável que a visitem em horas de lazer; que presenciem seus habitantes em atividades esportivas; que conversem com pessoas em suas casas, registrando manifestações em torno das relações marido-mulher, pais-filhos;

26 Wright Mills, *The Sociological Imagination*. Oxford: Oxford University Press, 1963.

27 Neste sentido Guimarães Rosa nos parece um exemplo – e genial exemplo – de como pode um escritor captar fielmente, não a pronúncia, não a corruptela prosódica, mas a sintaxe do povo das Gerais – a estrutura de seu pensamento. O educador brasileiro Paulo de Tarso escreveu um ensaio, cujo valor e interesse destacamos, sobre a obra de Guimarães Rosa, em que analisa o papel deste autor como descobridor dos temas fundamentais do homem do sertão brasileiro.

afinal, que nenhuma atividade, nesta etapa, se perca para esta compreensão primeira da área.

A propósito de cada uma destas visitas de observação compreensiva devem os investigadores redigir um pequeno relatório, cujo conteúdo é discutido pela equipe, em seminário, no qual se vão avaliando os achados, quer dos investigadores profissionais, quer dos auxiliares da investigação, representantes do povo, nestas primeiras observações que realizaram. Daí que este seminário de avaliação deva realizar-se, se possível, na área de trabalho, para que possam estes participar dele.

Observa-se que os pontos fixados pelos vários investigadores, só conhecidos por todos na reunião de seminário avaliativo, de modo geral coincidem, com exceção de um ou outro aspecto que impressionou mais singularmente a um ou a outro investigador.

Estas reuniões de avaliação constituem, em verdade, um segundo momento da "descodificação" ao vivo, que os investigadores estão realizando da realidade que se lhes apresenta como aquela "codificação" *sui generis*.

Com efeito, na medida em que, um a um, vão todos expondo como perceberam e sentiram este ou aquele momento que mais os impressionou, no ensaio "descodificador", cada exposição particular, desafiando a todos como descodificadores da mesma realidade, vai re-presentificando-lhes a realidade recém-presentificada à sua consciência intencionada a ela. Neste momento, "re-admiram" sua admiração anterior no relato da "ad-miração" dos demais.

Desta forma, a "cisão" que fez cada um da realidade, no processo particular de sua descodificação, os remete, dialogicamente, ao todo "cindido" que se retotaliza e se oferece aos investigadores a uma nova análise, à qual se seguirá novo seminário avaliativo e crítico, de que participarão, como membros da equipe investigadora, os representantes populares.

Quanto mais cindem o todo e o re-totalizam na re-admiração que fazem de sua ad-miração, mais vão aproximando-se dos núcleos centrais das contradições principais e secundárias em que estão envolvidos os indivíduos da área.

Poderíamos pensar que, nesta primeira etapa da investigação, ao se apropriarem, através de suas observações, dos núcleos centrais daquelas contradições, os investigadores já estariam capacitados para organizar o conteúdo programático da ação educativa. Realmente, se o conteúdo desta ação reflete as contradições, indiscutivelmente estará constituído da temática significativa da área.

Não tememos, inclusive, afirmar que a margem de acerto para a ação que se desenvolvesse a partir destes dados seria muito mais provável que a dos conteúdos resultantes das programações verticais.

Esta, contudo, não deve ser uma tentação pela qual os investigadores se deixem seduzir.

Na verdade, o básico, a partir da inicial percepção deste núcleo de contradições, entre as quais estará incluída a principal da sociedade como uma unidade epocal maior, é estudar em que nível de percepção delas se encontram os indivíduos da área.

No fundo, estas contradições se encontram constituindo "situações-limite", envolvendo temas e apontando tarefas.

Se os indivíduos se encontram *aderidos* a estas "situações-limite", impossibilitados de "separar"-se delas, o seu tema a elas referido será necessariamente o do *fatalismo* e a "tarefa" a ele associada é a de quase não terem *tarefa*.

Por isto é que, embora as "situações-limite" sejam realidades objetivas e estejam provocando necessidades nos indivíduos, se impõe investigar, com eles, a consciência que delas tenham.

Uma "situação-limite", como realidade concreta, pode provocar em indivíduos de áreas diferentes, e até de subáreas de uma mesma área, temas e tarefas opostos, que exigem, portanto, diversificação programática para o seu desvelamento.

Daí que a preocupação básica dos investigadores deva centrar-se no conhecimento do que Goldmann[28] chama de "consciência real" (efetiva) e "consciência máxima possível".

"*Real consciousness is the result of the multiple obstacles and deviations that the different factors of empirical reality put into opposition and submit for realization by this potential consciousness.*"[29] Daí que, no nível da "consciência real", os homens se encontrem limitados na possibilidade de perceber mais além das "situações-limite", o que chamamos de "inédito viável".

Por isto é que, para nós, o "inédito viável" (que não pode ser apreendido no nível da "consciência real" ou efetiva) se concretiza na "ação editanda", cuja viabilidade antes não era percebida. Há uma relação entre o "inédito viável" e a "consciência real" e entre a "ação editanda" e a "consciência máxima possível".

A "consciência possível" (Goldmann) parece poder identificar-se com o que Nicolai[30] chama de "soluções praticáveis despercebidas" (nosso "inédito viável"), em oposição às "soluções praticáveis percebidas" e às "soluções efetivamente realizadas", que correspondem à "consciência real" (ou efetiva) de Goldmann.

Esta é a razão por que o fato de os investigadores, na primeira etapa da investigação, terem chegado à apreensão mais ou menos

28 Lucien Goldmann, *The Human Sciences and Philosophy*. Londres: The Chancer Press, 1969, p. 118.

29 Tradução livre: "A consciência real é resultado de múltiplos obstáculos e caminhos dos quais os diferentes fatores da realidade empírica se opõem e aos quais submetem à realização dessa consciência em potencial."

30 André Nicolaj, *Comportement Économique et structures sociales*. Paris: PUF, 1960.

A DIALOGICIDADE

aproximada do conjunto de contradições, não os autoriza a pensar na estruturação do conteúdo programático da ação educativa.

Até então, esta visão é deles ainda, e não a dos indivíduos em face de sua realidade.

A segunda fase da investigação começa precisamente quando os investigadores, com os dados que recolheram, chegam à apreensão daquele conjunto de contradições.

A partir deste momento, sempre em equipe, escolherão algumas destas contradições, com que serão elaboradas as codificações que vão servir à investigação temática.

Na medida em que as codificações (pintadas ou fotografadas e, em certos casos, preferencialmente fotografadas)[31] são o *objeto* que, mediatizando os sujeitos descodificadores, se dá à sua análise crítica, sua preparação deve obedecer a certos princípios que são apenas os que norteiam a confecção das puras ajudas visuais.

Uma primeira condição a ser cumprida é que, necessariamente, devem representar situações conhecidas pelos indivíduos cuja temática se busca, o que as faz reconhecíveis por eles, possibilitando, desta forma, que nelas se reconheçam.

Não seria possível, nem no processo da investigação nem nas primeiras fases do que a ele se segue, o da devolução da temática significativa como conteúdo programático, propor representações de realidades estranhas aos indivíduos.

E que este procedimento, embora dialético, pois que os indivíduos, analisando uma realidade estranha, comparariam com

31 As codificações também podem ser orais. Consistem, neste caso, na apresentação, em poucas palavras, que fazem os investigadores, de um problema existencial e a que se segue sua "descodificação". A equipe do Instituto de Desarrollo Agropecuario, Chile, vem usando-os com resultados positivos em investigações temáticas.

a sua, descobrindo as limitações desta, não pode preceder a um outro, exigível pelo estado de *imersão* dos indivíduos: aquele em que, analisando sua própria realidade, percebem sua percepção anterior, do que resulta uma nova percepção da realidade distorcidamente percebida.

Igualmente fundamental para a sua preparação é a condição de não poderem ter as codificações, de um lado, seu núcleo temático demasiado explícito; de outro, demasiado enigmático. No primeiro caso, correm o risco de transformar-se em codificações propagandísticas, em face das quais os indivíduos não têm outra descodificação a fazer, senão a que se acha implícita nelas, de forma dirigida. No segundo, o risco de fazer-se um jogo de adivinhação ou "quebra-cabeça".

Na medida em que representam situações existenciais, as codificações devem ser simples na sua complexidade e oferecer possibilidades plurais de análises na sua descodificação, o que evita o dirigismo massificador da codificação propagandística. As codificações não são *slogans*, são objetos cognoscíveis, desafios sobre o que deve incidir a reflexão crítica dos sujeitos descodificadores.[32]

Ao oferecerem possibilidades plurais de análises, no processo de sua descodificação, as codificações, na organização de seus elementos constituintes, devem ser uma espécie de "leque temático". Desta forma, na medida em que sobre elas os sujeitos

---

32 As codificações, de um lado, são a mediação entre o "contexto concreto ou real", em que se dão os fatos, e o "contexto teórico", em que são analisadas; de outro, são o objeto cognoscível sobre o que o educador-educando e os educandos-educadores, como sujeitos cognoscentes, incidem sua reflexão crítica. Cf. Paulo Freire, *Ação cultural para a liberdade e outros escritos*. Rio de Janeiro: Paz e Terra, 1976.

descodificadores incidam sua reflexão crítica, irão "abrindo-se" na direção de outros temas.

Esta abertura, que não existirá no caso de seu conteúdo temático estar demasiado explicitado ou demasiado enigmático, é indispensável à percepção das relações dialéticas que existem entre o que representam e seus contrários.

Para atender, igualmente, a esta exigência fundamental, é indispensável que a codificação, refletindo uma situação existencial, constitua objetivamente uma totalidade. Daí que seus elementos devam encontrar-se em interação, na composição da totalidade.

No processo da descodificação, os indivíduos, exteriorizando sua temática, explicitam sua "consciência real" da objetividade.

Na medida em que, ao fazê-lo, vão percebendo como atuavam ao viverem a situação analisada, chegam ao que chamamos antes de "percepção da percepção anterior".

Ao terem a percepção de como antes percebiam, percebem diferentemente a realidade, e, ampliando o horizonte do perceber, mais facilmente vão surpreendendo, na sua "visão de fundo", as relações dialéticas entre uma dimensão e outra da realidade.

Dimensões referidas ao núcleo da codificação sobre o que incide a operação descodificadora.

Como a descodificação é, no fundo, um ato cognoscente, realizado pelos sujeitos descodificadores, e como este ato recai sobre a representação de uma situação concreta, abarca igualmente o ato anterior com o qual os mesmos indivíduos haviam apreendido a mesma realidade, agora representada na codificação.

Promovendo a percepção da percepção anterior e o conhecimento do conhecimento anterior, a descodificação, desta forma, promove o surgimento de nova percepção e o desenvolvimento de novo conhecimento.

A nova percepção e o novo conhecimento, cuja formação já começa nesta etapa da investigação, se prolongam, sistematicamente, na implantação do plano educativo, transformando o "inédito viável" na "ação editanda", com a superação da "consciência real" pela "consciência máxima possível".

Por tudo isto é que mais uma exigência se impõe na preparação das codificações – é que elas representem contradições, tanto quanto possível, "inclusivas" de outras, como adverte José Luís Fiori. Que sejam codificações com um máximo de "inclusividade" de outras que constituem o sistema de contradições da área em estudo. Mais ainda e por isto mesmo, preparada uma destas codificações "inclusivas", capaz de "abrir-se" em "leque temático" no processo de sua descodificação, que se preparem as demais "incluídas" nela, como suas dimensões dialetizadas. A descodificação das primeiras terá uma iluminação explicativamente dialética na descodificação das segundas.

Neste sentido, um jovem chileno, Gabriel Bode,[33] que há mais de dois anos trabalha com o método na etapa de pós-alfabetização, trouxe uma contribuição da mais alta importância.

Na sua experiência, observou que os camponeses somente se interessavam pela discussão quando a codificação dizia respeito, diretamente, a aspectos concretos de suas necessidades sentidas. Qualquer desvio na codificação, como qualquer tentativa do educador de orientar o diálogo, na descodificação, para outros rumos que não fossem os de suas necessidades sentidas, provocavam o seu silêncio e o seu indiferentismo.

---

33 Funcionário especializado de uma das mais sérias instituições governamentais chilenas, o Instituto de Desarrollo Agropecuario (INDAP), em cuja direção até bem pouco esteve o economista, de formação autenticamente humanista, Jacques Chonchol.

A DIALOGICIDADE

Por outro lado, observava que, embora a codificação se centrasse nas necessidades sentidas (codificação, contudo, não "inclusiva", no sentido de José Luís Fiori), os camponeses não conseguiam, no processo de sua análise, fixar-se, ordenadamente, na discussão, "perdendo-se", não raras vezes, sem alcançar a síntese. Assim também não percebiam, ou raramente percebiam, as relações entre suas necessidades sentidas e as razões objetivas mais próximas ou menos próximas destas.

Faltava-lhes, diremos nós, a percepção do "inédito viável" mais além das "situações-limite", geradoras de suas necessidades.

Não lhes era possível ultrapassar a sua experiência existencial focalista, ganhando a consciência da totalidade.

Desta forma, resolveu experimentar a projeção simultânea de situações, e a maneira como desenvolveu seu experimento é que constitui a contribuição indiscutivelmente importante que trouxe.

Inicialmente, projeta a codificação (muito simples na constituição de seus elementos) de uma situação existencial. A esta codificação chama de "essencial" – aquela que representa o núcleo básico e que, abrindo-se em leque temático terminativo, se estenderá nas outras, que ele chama de "codificações auxiliares".

Depois de descodificada a "essencial", mantendo-a projetada como um suporte referencial para as consciências a ela intencionadas, vai, sucessivamente, projetando a seu lado as codificações "auxiliares".

Com estas, que se encontram em relação direta com a "essencial", consegue manter vivo o interesse dos indivíduos, que em lugar de "perder-se" nos debates, chegam à síntese destes.

No fundo, o grande achado de Gabriel Bode está em que ele conseguiu propor à cognoscitividade dos indivíduos, através da dialeticidade entre a codificação "essencial" e as "auxiliares", o sentido da *totalidade*. Os indivíduos *imersos* na realidade, com a pura *sensibilidade* de suas necessidades, *emergem* dela e, assim, ganham a *razão* das necessidades.

Desta forma, muito mais rapidamente, poderão ultrapassar o nível da "consciência real", atingindo o da "consciência possível".

Se este é o objetivo da educação problematizadora que defendemos, a investigação temática, que a ela mais que serve, porque dela é um momento, a este objetivo não pode fugir também.

Preparadas as codificações, estudados pela equipe interdisciplinar todos os possíveis ângulos temáticos nelas contidos, iniciam os investigadores a terceira fase da investigação.

Nesta, voltam à área para inaugurar os diálogos descodificadores, nos "círculos de investigação temática".[34]

Na medida em que operacionalizam estes círculos,[35] com a descodificação do material elaborado na etapa anterior, vão sendo gravadas as discussões que serão, na que se segue, analisadas pela equipe interdisciplinar. Nas reuniões de análise deste material, devem estar presentes os auxiliares de investigação, representantes do povo, e alguns participantes dos "círculos de investigação". O seu subsídio, além de ser um direito que lhes cabe, é indispensável à análise dos especialistas. É que, tão sujeitos quanto os especialistas do ato do tratamento destes dados, serão ainda, e por isto mesmo, retificadores e ratificadores da interpretação que fazem estes dos achados da investigação.

---

34 José Luís Fiori, em seu artigo já citado, retificou com esta designação, adequada à instituição em que se processa a ação investigadora da temática significativa, a que antes lhe dávamos, realmente menos própria, de "círculo de cultura", que podia, ainda, estabelecer confusão com aquela em que se realiza a etapa que se segue à da investigação.

35 Em cada "círculo de investigação" deve haver um máximo de vinte pessoas, existindo tantos círculos quanto a soma de seus participantes atinja a da população da área ou da subárea em estudo.

A DIALOGICIDADE

Do ponto de vista metodológico, a investigação que, desde o seu início, se baseia na relação simpática de que falamos, tem mais esta dimensão fundamental para a sua segurança – a presença crítica de representantes do povo desde seu começo até sua fase final, a da análise da temática encontrada, que se prolonga na organização do conteúdo programático da ação educativa, como ação cultural libertadora.

A estas reuniões de descodificação nos "círculos de investigação temática", além do investigador como coordenador auxiliar da descodificação, assistirão mais dois especialistas – um psicólogo e um sociólogo – cuja tarefa é registrar as reações mais significativas ou aparentemente pouco significativas dos sujeitos descodificadores.

No processo da descodificação, cabe ao investigador, auxiliar desta, não apenas ouvir os indivíduos, mas desafiá-los cada vez mais, problematizando, de um lado, a situação existencial codificada e, de outro, as próprias respostas que vão dando aqueles no decorrer do diálogo.

Desta forma, os participantes do "círculo de investigação temática" vão extrojetando, pela força catártica da metodologia, uma série de sentimentos, de opiniões, de si, do mundo e dos outros, que possivelmente não extrojetariam em circunstâncias diferentes.

Numa das investigações realizadas em Santiago (esta infelizmente não concluída), ao discutir um grupo de indivíduos residentes num "cortiço" (*conventillo*) uma cena em que apareciam um homem embriagado que caminhava pela rua e, em uma esquina, três jovens que conversavam, os participantes do círculo de investigação afirmavam que "aí apenas é produtivo e útil à nação o *borracho* que vem voltando para casa, depois do trabalho, em que ganha pouco, preocupado com a família, a cujas necessidades não pode atender. É o único trabalhador. É um trabalhador decente como nós, que também somos *borrachos*".

O interesse do investigador, o psiquiatra Patrício Lopes, a cujo trabalho fizemos referência no nosso ensaio anterior, era estudar aspectos do alcoolismo. Provavelmente, porém, não haveria conseguido estas respostas se se tivesse dirigido àqueles indivíduos com um roteiro de pesquisa elaborado por ele mesmo. Talvez, ao serem perguntados diretamente, negassem, até mesmo que tomavam, vez ou outra, o seu trago. Frente, porém, à codificação de uma situação existencial, reconhecível por eles e em que se reconheciam, em relação dialógica entre si e com o investigador, disseram o que realmente sentiam.

Há dois aspectos importantes nas declarações destes homens. De um lado, a relação expressa entre ganhar pouco, sentirem-se explorados, com um "salário que nunca alcança", e se embriagarem. Embriagarem-se como uma espécie de fuga da realidade, como tentativa de superação da frustração do seu não atuar. Uma solução, no fundo, autodestrutiva, necrófila. De outro, a necessidade de valorizar o que bebe. Era o "único útil à nação, porque trabalhava, enquanto os outros o que faziam era falar mal da vida alheia". E, após a valorização do que bebe, a sua identificação com ele, como trabalhadores que também bebem. E trabalhadores decentes.

Imaginemos, agora, o insucesso de um educador do tipo que Niebuhr[36] chama de "moralista", que fosse fazer prédicas a esses homens contra o alcoolismo, apresentando-lhes como exemplo de virtude o que, para eles, não é manifestação de virtude.

O único caminho a seguir, neste como em outros casos, é a conscientização da situação, a ser tentada desde a etapa da investigação temática.

Conscientização, é óbvio, que não para, estoicamente, no reconhecimento puro, de caráter subjetivo, da situação, mas, pelo

36 Reinhold Niebuhr, op. cit.

contrário, que prepara os homens, no plano da ação, para a luta contra os obstáculos à sua humanização.

Em outra experiência, de que participamos, esta, com camponeses, observamos que, durante toda a discussão de uma situação de trabalho no campo, a tônica do debate era sempre a reivindicação salarial e a necessidade de se unirem, de criarem seu sindicato para esta reivindicação, não para outra.

Discutiram três situações neste encontro, e a tônica foi sempre a mesma – reivindicação salarial e sindicato para atender a esta reivindicação.

Imaginemos, agora, um educador que organizasse o *seu* programa "educativo" para estes homens e, em lugar da discussão desta temática, lhes propusesse a leitura de textos que, certamente, chamaria de "sadios" e nos quais se fala, angelicalmente, de que "a asa é da ave".

E isto é o que se faz, em termos preponderantes, na ação educativa como na política, porque não se leva em conta que a dialogicidade da educação começa na investigação temática.

A sua última etapa se inicia quando os investigadores, terminadas as descodificações nos círculos, dão começo ao estudo sistemático e interdisciplinar de seus achados.

Num primeiro instante, ouvindo gravação por gravação, todas as que foram feitas das descodificações realizadas, e estudando as notas fixadas pelo psicólogo e pelo sociólogo, observadores do processo descodificador, vão arrolando os temas explícitos ou implícitos em afirmações feitas nos "círculos de investigação".

Estes temas devem ser classificados num quadro geral de ciências, sem que isto signifique, contudo, que sejam vistos, na futura elaboração do programa, como fazendo parte de departamentos estanques.

Significa, apenas, que há uma visão mais específica, central, de um tema, conforme a sua situação num domínio qualquer das especializações.

O tema do desenvolvimento, por exemplo, ainda que situado no domínio da economia, não lhe é exclusivo. Receberia, assim, o enfoque da sociologia, da antropologia, como da psicologia social, interessadas na questão do câmbio cultural, na mudança de atitudes, nos valores, que interessam, igualmente, a uma filosofia do desenvolvimento.

Receberia o enfoque da ciência política, interessada nas decisões que envolvem o problema, o enfoque da educação etc.

Desta forma, os temas que foram captados dentro de uma totalidade jamais serão tratados esquematicamente. Seria uma lástima se, depois de investigados na riqueza de sua interpenetração com outros aspectos da realidade, ao serem "tratados", perdessem esta riqueza, esvaziando-se de sua força, na estreiteza dos especialismos.

Feita a delimitação temática, caberá a cada especialista, dentro de seu campo, apresentar à equipe interdisciplinar o projeto de "redução" de seu tema.

No processo de "redução" deste, o especialista busca os seus núcleos fundamentais que, constituindo-se em unidades de aprendizagem e estabelecendo uma sequência entre si, dão a visão geral do tema "reduzido".

Na discussão de cada projeto específico, se vão anotando as sugestões dos vários especialistas. Estas ora se incorporam à "redução" em elaboração, ora constarão dos pequenos ensaios a serem escritos sobre o tema "reduzido", ora uma coisa e outra.

Estes pequenos ensaios, a que se juntam sugestões bibliográficas, são subsídios valiosos para a formação dos educadores-educandos que trabalharão nos "círculos de cultura".

Neste esforço de "redução" da temática significativa, a equipe reconhecerá a necessidade de colocar alguns temas fundamentais que, não obstante, não foram sugeridos pelo povo, quando da investigação.

A introdução destes temas, de necessidade comprovada, corresponde, inclusive, à dialogicidade da educação, de que tanto temos falado. Se a programação educativa é dialógica, isto significa o direito que também têm os educadores-educandos de participar dela, incluindo temas não sugeridos. A estes, por sua função, chamamos "temas dobradiça".

Como tais, ora facilitam a compreensão entre dois temas no conjunto da unidade programática, preenchendo um possível vazio entre ambos, ora contêm, em si, as relações a serem percebidas entre o conteúdo geral da programação e a visão do mundo que esteja tendo o povo. Daí que um destes temas possa encontrar-se no "rosto" de unidades temáticas.

O conceito antropológico de cultura é um destes "temas dobradiça", que prendem a concepção geral do mundo que o povo esteja tendo ao resto do programa. Esclarece, através de sua compreensão, o papel dos homens no mundo e com o mundo, como seres da transformação e não da adaptação.[37]

Feita a "redução"[38] da temática investigada, a etapa que se segue,

37 A propósito da importância da análise do conceito antropológico de cultura, cf. Paulo Freire, *Educação como prática da liberdade*, op. cit.

38 Se encaramos o programa em sua extensão, observamos que ele é uma totalidade cuja autonomia se encontra nas inter-relações de suas unidades que são, também, em si, *totalidades*, ao mesmo tempo que são *parcialidades* da totalidade maior. Os temas, sendo em si totalidades, também são parcialidades que, em interação, constituem as unidades temáticas da totalidade programática. Na "redução" temática, que é a operação de "cisão" dos temas enquanto totalidades, se buscam seus núcleos fundamentais, que são as suas parcialidades. Desta forma, "reduzir" um tema é cindi-lo em suas partes para, voltando-se a ele como totalidade, melhor conhecê-lo. Na "codificação" se procura re-totalizar o tema cindido, na representação de situações existenciais. Na "descodificação", os indivíduos, cindindo a

segundo vimos, é a de sua "codificação". A da escolha do melhor canal de comunicação para este ou aquele tema "reduzido" e sua representação. Uma "codificação" pode ser simples ou composta. No primeiro caso, pode-se usar o canal visual, pictórico ou gráfico, o tátil ou o canal auditivo. No segundo, multiplicidade de canais.[39]

A escolha do canal visual, pictórico ou gráfico, depende não só da matéria a codificar, mas também dos indivíduos a quem se dirige. Se têm ou não experiência de leitura.

Elaborado o programa, com a temática já reduzida e codificada, confecciona-se o material didático. Fotografias, *slides*, *filmstrips*, cartazes, textos de leitura etc.

Na confecção deste material pode a equipe escolher alguns temas, ou aspectos de alguns deles, e, se, quando e onde seja possível, usando gravadores, propô-los a especialistas como assunto para uma entrevista a ser realizada com um dos membros da equipe.

Figuremos, entre outros, o tema do desenvolvimento. A equipe procuraria dois ou mais especialistas (economistas), inclusive de escolas diferentes, e lhes falaria de seu trabalho, convidando-os a dar uma contribuição que seria a entrevista em linguagem acessível

---

codificação como totalidade, apreendem o tema ou os temas nela implícitos ou a ela referidos. Este processo de "descodificação" que, na sua dialeticidade, não morre na cisão, que realizam na codificação como totalidade temática, se completa na re-totalização de totalidade cindida, com que não apenas a compreendem mais claramente, mas também vão percebendo as relações com outras situações codificadas, todas elas representações de situações existenciais.

39 CODIFICAÇÃO a) Simples { Canal visual { Pictórico / Gráfico / Canal tátil / Canal auditivo

b) Composta { Simultaneidade de canais

sobre tais pontos. Se os especialistas aceitam, faz-se a entrevista de dez a quinze minutos. Pode-se, inclusive, tirar uma fotografia do especialista, enquanto fala. No momento em que se propusesse ao povo o conteúdo da entrevista, se diria, antes, quem é ele. O que fez. O que faz. O que escreveu, enquanto se poderia projetar sua fotografia em *slides*. Se é um professor de universidade, ao declinar-se sua condição de professor universitário já se poderia discutir com o povo o que lhe parecem as universidades de seu país. Como as vê. O que delas espera.

O grupo estaria sabendo que, após ouvir a entrevista, seria discutido o seu conteúdo, o qual passaria a funcionar como uma codificação auditiva.

Do debate realizado, faria posteriormente a equipe um relatório ao especialista em torno de como o povo reagiu à sua palavra. Desta maneira, se estariam vinculando intelectuais, muitas vezes de boa vontade, mas, não raro, alienados da realidade popular, a esta realidade. E se estaria também proporcionando ao povo conhecer e criticar o pensamento do intelectual.

Podem ainda alguns destes temas ou alguns de seus núcleos ser apresentados através de pequenas dramatizações que não contenham nenhuma resposta. O tema em si, nada mais.

Funcionaria a dramatização como codificação, como situação problematizadora, a que se seguiria a discussão de seu conteúdo.

Outro recurso didático, dentro de uma visão problematizadora da educação, e não "bancária", seria a leitura e a discussão de artigos de revistas, de jornais, de capítulos de livros, começando-se por trechos. Como nas entrevistas gravadas, aqui também, antes de iniciar a leitura de artigo ou do capítulo do livro, se falaria de seu autor. Em seguida, se realizaria o debate em torno do conteúdo da leitura.

Na linha do emprego destes recursos, parece-nos indispensável a análise do conteúdo dos editoriais da imprensa, a propósito de um mesmo acontecimento. Por que razão os jornais se manifestam de forma diferente sobre um mesmo fato? Que o povo então desenvolva o seu espírito crítico para que, ao ler jornais ou ao ouvir o noticiário das emissoras de rádio, o faça não como mero paciente, como objeto dos "comunicados" que lhes prescrevem, mas como uma consciência que precisa libertar-se.

Preparado todo este material, a que se juntariam pré-livros sobre toda esta temática, estará a equipe de educadores apta a devolvê-lo ao povo, sistematizada e ampliada. Temática que, sendo dele, volta agora a ele, como problemas a serem decifrados, jamais como conteúdos a serem depositados.

O primeiro trabalho dos educadores de base será a apresentação do programa geral da campanha a iniciar-se. Programa em que o povo se encontrará, de que não se sentirá estranho, pois que dele saiu.

Fundados na própria dialogicidade da educação, os educadores explicarão a presença, no programa, dos "temas dobradiça" e de sua significação.

Como fazer, porém, no caso em que não se possa dispor dos recursos para esta prévia investigação temática, nos termos analisados?

Com um mínimo de conhecimento da realidade, podem os educadores escolher alguns temas básicos que funcionariam como "codificações de investigação". Começariam assim o plano com temas introdutórios ao mesmo tempo que iniciariam a investigação temática para o desdobramento do programa, a partir destes temas.

Um deles, que nos parece, como já dissemos, um tema central, indispensável, é o do conceito antropológico de cultura. Sejam homens camponeses ou urbanos, em programa de alfabetização ou de pós-alfabetização, o começo de suas discussões em busca de mais conhecer, no sentido instrumental do termo, é o debate deste conceito.

Na proporção em que discutem o mundo da cultura, vão explicitando seu nível de consciência da realidade, no qual estão implicitados vários temas. Vão referindo-se a outros aspectos da realidade, que começa a ser descoberta em uma visão crescentemente crítica. Aspectos que envolvem também outros tantos temas.

A DIALOGICIDADE

Com a experiência que hoje temos, podemos afirmar que, bem-discutido o conceito de cultura, em todas ou em grande parte de suas dimensões, nos pode proporcionar vários aspectos de um programa educativo. Mas, além da captação, que diríamos quase indireta, de uma temática, na hipótese agora referida, podem os educadores, depois de alguns dias de relações horizontais com os participantes do "círculo de cultura", perguntar-lhes diretamente:

"Que outros temas ou assuntos poderíamos discutir além deste?"

Na medida em que forem respondendo, logo depois de anotar a resposta, a propõem ao grupo com um problema também.

Admitamos que um dos membros do grupo diz: "Gostaria de discutir sobre o nacionalismo." "Muito bem", diria o educador, após registrar a sugestão, e acrescentaria: "Que significa nacionalismo? Por que pode interessar-nos a discussão sobre o nacionalismo?"

É provável que, com a problematização da sugestão ao grupo, novos temas surjam. Assim, na medida em que todos vão se manifestando, o educador vai problematizando, uma a uma, as sugestões que nascem do grupo.

Se, por exemplo, numa área em que funcionam trinta "círculos de cultura", na mesma noite, todos os "coordenadores" (educadores) procedem assim, terá a equipe central um rico material temático a estudar, dentro dos princípios descritos na primeira hipótese de investigação da temática significativa.

O importante, do ponto de vista de uma educação libertadora, e não "bancária", é que, em qualquer dos casos, os homens se sintam sujeitos de seu pensar, discutindo o seu pensar, sua própria visão do mundo, manifestada implícita ou explicitamente, nas suas sugestões e nas de seus companheiros.

Porque esta visão da educação parte da convicção de que não pode sequer presentear o seu programa, mas tem de buscá-lo dialogicamente com o povo, é que se inscreve como uma introdução à pedagogia do oprimido, de cuja elaboração deve ele participar.

4

A TEORIA
DA AÇÃO
ANTIDIALÓGICA

NESTE CAPÍTULO, EM QUE PRETENDEMOS analisar as teorias da ação cultural que se desenvolvem a partir da matriz antidialógica e da dialógica, voltaremos, não raras vezes, a afirmações feitas no corpo deste ensaio.

Serão repetições ou voltas a pontos já referidos, ora com a intenção de aprofundá-los, ora porque se façam necessários ao esclarecimento de novas afirmações.

Desta maneira, começaremos reafirmando que os homens são seres da práxis. São seres do quefazer, diferentes, por isto mesmo, dos animais, seres do puro fazer. Os animais não "admiram" o mundo. Imergem nele. Os homens, pelo contrário, como seres do quefazer "emergem" dele e, objetivando-o, podem conhecê-lo e transformá-lo com seu trabalho.

Os animais, que não trabalham, vivem no seu "suporte" particular, a que não transcendem. Daí que cada espécie animal viva no "suporte" que lhe corresponde e que estes "suportes" sejam incomunicáveis entre si, enquanto que franqueáveis aos homens.

Mas, se os homens são seres do quefazer, é exatamente porque seu fazer é ação e reflexão. É práxis. É transformação do mundo. E, na razão mesma em que o quefazer é práxis, todo fazer do quefazer tem de ter uma teoria que necessariamente o ilumine. O quefazer é teoria e prática. É reflexão e ação. Não pode reduzir-se, como salientamos no capítulo anterior, ao tratarmos a palavra, nem ao verbalismo nem ao ativismo.

A tão conhecida afirmação de Lênin: "Sem teoria revolucionária não pode haver movimento revolucionário"[1] significa precisamente que não há revolução com *verbalismos* nem tampouco com

---

1 Vladímir Lênin, "What Is to Be Done?", in Henry M. Christman (org.), *Essential Works of Lenin*. Nova York: Bantam Books, 1966, p. 69.

ativismo, mas com *práxis*, portanto, com *reflexão* e *ação* incidindo sobre as estruturas a serem transformadas.

O esforço revolucionário de transformação radical destas estruturas não pode ter, na liderança, homens do *quefazer* e, nas massas oprimidas, homens reduzidos ao puro *fazer*.

Este é um ponto que deveria estar exigindo de todos quantos realmente se comprometem com os oprimidos, com a causa de sua libertação, uma permanente e corajosa reflexão.

Se o compromisso verdadeiro com eles, implicando a transformação da realidade em que se acham oprimidos, reclama uma teoria da ação transformadora, esta não pode deixar de reconhecer-lhes um papel fundamental no processo da transformação.

Não é possível à liderança tomar os oprimidos como meros fazedores ou executores de suas determinações; como meros ativistas a quem negue a reflexão sobre o seu próprio fazer. Os oprimidos, tendo a ilusão de que atuam, na atuação da liderança, continuam manipulados exatamente por quem, por sua própria natureza, não pode fazê-lo.

Por isto, na medida em que a liderança nega a práxis verdadeira aos oprimidos, se esvazia, consequentemente, na sua.

Tende, desta forma, a impor *sua* palavra a eles, tornando-a, assim, uma palavra falsa, de caráter dominador.

Instala, com este proceder, uma contradição entre seu modo de atuar e os objetivos que pretende, ao não entender que, sem o diálogo com os oprimidos, não é possível práxis autêntica, nem para estes nem para ela.

O seu quefazer, ação e reflexão, não pode dar-se sem a ação e a reflexão dos outros, se seu compromisso é o da libertação.

A práxis revolucionária somente pode opor-se à práxis das elites dominadoras. E é natural que assim seja, pois são quefazeres antagônicos.

O que não se pode realizar, na práxis revolucionária, é a divisão absurda entre a práxis da liderança e a das massas oprimidas, de forma que a destas fosse a de apenas seguir as determinações da liderança.

Esta dicotomia existe, como condição necessária, na situação de dominação, em que a elite dominadora prescreve e os dominados seguem as prescrições.

Na práxis revolucionária há uma unidade, em que a liderança – sem que isto signifique diminuição de sua responsabilidade coordenadora e, em certos momentos, diretora – não pode ter nas massas oprimidas o objeto de sua posse.

Daí que não sejam possíveis a manipulação, a sloganização, o "depósito", a condução, a prescrição como constituintes da práxis revolucionária. Precisamente porque o são da dominadora.

Para dominar, o dominador não tem outro caminho senão negar às massas populares a práxis verdadeira. Negar-lhes o direito de dizer sua palavra, de pensar certo.

As massas populares não têm que, autenticamente, "ad-mirar" o mundo, denunciá-lo, questioná-lo, transformá-lo para a sua humanização, mas adaptar-se à realidade que serve ao dominador. O quefazer deste não pode, por isto mesmo, ser dialógico. Não pode ser um quefazer problematizante dos homens-mundo ou dos homens em suas relações com o mundo e com os homens. No momento em que se fizesse dialógico, problematizante, ou o dominador se haveria convertido aos dominados e já não seria dominador, ou se haveria equivocado. E se, equivocando-se, desenvolvesse um tal quefazer, pagaria caro por seu equívoco.

Do mesmo modo, uma liderança revolucionária, que não seja dialógica com as massas, ou mantém a "sombra" do dominador "dentro" de si e não é revolucionária, ou está redondamente equivocada e, presa de uma sectarização indiscutivelmente mórbida, também não é revolucionária.

Pode ser até que chegue ao poder, mas temos nossas dúvidas em torno da revolução mesma que resulta deste quefazer antidialógico.

Impõe-se, pelo contrário, a dialogicidade entre a liderança revolucionária e as massas oprimidas, para que, em todo o processo de busca de sua libertação, reconheçam na revolução o caminho da superação verdadeira da contradição em que se encontram, como um dos polos da situação concreta de opressão. Vale dizer que devem se engajar no processo com a consciência cada vez mais crítica de seu papel de sujeitos da transformação.

Se são levadas ao processo como seres ambíguos,[2] metade elas mesmas, metade o opressor "hospedado" nelas, e se chegam ao poder vivendo esta ambiguidade que a situação de opressão lhes impõe, terão, a nosso ver, simplesmente, a impressão de que chegaram ao poder.

A sua dualidade existencial pode, inclusive, proporcionar o surgimento de um clima sectário – ou ajudá-lo – que conduz facilmente à constituição de "burocracias" que corroem a revolução. Ao não conscientizarem, no decorrer do processo, esta ambiguidade, podem açoitar sua "participação" nele com um espírito mais revanchista[3] que revolucionário.

Podem aspirar à revolução como um meio de dominação também e não como um caminho de libertação. Podem visualizar

2 Mais uma razão por que a liderança revolucionária não pode repetir os procedimentos da elite opressora. Os opressores, "penetrando" os oprimidos, neles se "hospedam"; os revolucionários, na práxis com os oprimidos, não podem tentar "hospedar-se" neles. Pelo contrário, ao buscarem, com estes, o "despejo" daqueles, devem fazê-lo para *conviver*, para com eles estar, e não para neles viver.

3 Mesmo que haja – e explicavelmente – por parte dos oprimidos, que sempre estiveram submetidos a um regime de espoliação, na luta revolucionária, uma dimensão revanchista, isto não significa que a revolução deva esgotar-se nela.

a revolução como a sua revolução privada, o que mais uma vez revela uma das características dos oprimidos, sobre que falamos no primeiro capítulo deste ensaio.

Se uma liderança revolucionária, encarnando, desta forma, uma visão humanista – de um humanismo concreto e não abstrato –, pode ter dificuldades e problemas, muito maiores dificuldades e problemas terá ao tentar, por mais bem-intencionada que seja, fazer a revolução para as massas oprimidas. Isto é, fazer uma revolução em que o *com* as massas é substituído pelo *sem* elas, porque trazidas ao processo através dos mesmos métodos e procedimentos usados para oprimi-las.

Estamos convencidos de que o diálogo com as massas populares é uma exigência radical de toda revolução autêntica. Ela é revolução por isto. Dos golpes, seria uma ingenuidade esperar que estabelecessem diálogo com as massas oprimidas. Deles, o que se pode esperar é o engodo para legitimar-se ou a força que reprime.

A verdadeira revolução, cedo ou tarde, tem de inaugurar o diálogo corajoso com as massas. Sua legitimidade está no diálogo com elas, não no engodo, na mentira.[4] Não pode temer as massas, a sua expressividade, a sua participação efetiva no poder. Não pode negá-las. Não pode deixar de prestar-lhes conta. De falar de seus acertos, de seus erros, de seus equívocos, de suas dificuldades.

A nossa convicção é a de que, quanto mais cedo comece o diálogo, mais revolução será.

Este diálogo, como exigência radical da revolução, responde a outra exigência radical – a dos homens como seres que não podem

---

4 "Se algum benefício se pudesse obter da dúvida", disse Fidel Castro ao falar ao povo cubano, confirmando a morte de Guevara, "nunca foram armas da revolução a *mentira*, o *medo* da verdade, a cumplicidade com qualquer ilusão falsa, a cumplicidade com mentira." Fidel Castro, *Gramma*, 17/10/1967. [*Grifos nossos.*]

ser fora da comunicação, pois que são comunicação. Obstaculizar a comunicação é transformá-los em quase "coisa", e isto é tarefa e objetivo dos opressores, não dos revolucionários.

É preciso que fique claro que, por isto mesmo que estamos defendendo a práxis, a teoria do fazer, não estamos propondo nenhuma dicotomia de que resultasse que este fazer se dividisse em uma etapa de reflexão e outra, distante, de ação. Ação e reflexão se dão simultaneamente.

O que pode ocorrer, ao exercer-se uma análise crítico-reflexiva sobre a realidade, sobre suas contradições, é que se perceba a impossibilidade imediata de uma forma determinada de ação ou a sua inadequacidade ao momento.

Desde o instante, porém, em que a reflexão demonstra a invia-bilidade ou a inoportunidade de uma forma tal ou qual de ação, que deve ser adiada ou substituída por outra, não se pode negar a ação nos que fazem esta reflexão. É que esta se está dando no ato mesmo de atuar – é também ação.

Se, na educação como situação gnosiológica, o ato cognoscente do sujeito educador (também educando) sobre o objeto cognos-cível não morre, ou nele se esgota, porque, dialogicamente, se estende a outros sujeitos cognoscentes, de tal maneira que o objeto cognoscível se faz mediador da cognoscitividade dos dois, na teoria da ação revolucionária se dá o mesmo. Isto é, a liderança tem, nos oprimidos, sujeitos também da ação libertadora e, na realidade, a mediação da ação transformadora de ambos. Nesta teoria da ação, exatamente porque é revolucionária, não é possível falar nem em ator, no singular, nem apenas em atores, no plural, mas em atores em intersubjetividade, em intercomunicação.

Negá-la, no processo revolucionário, evitando, por isto mesmo, o diálogo com o povo em nome da necessidade de "organizá-lo", de fortalecer o poder revolucionário, de assegurar uma frente coesa é, no fundo, temer a liberdade. É temer o próprio povo ou não crer nele.

Mas, ao se descrer do povo, ao temê-lo, a revolução perde sua razão de ser. É que ela nem pode ser feita *para* o povo pela liderança nem *por* ele, *para* ela, mas *por ambos*, numa solidariedade que não pode ser quebrada. E esta solidariedade somente nasce no testemunho que a liderança dá a ele, no encontro humilde, amoroso e corajoso com ele.

Nem todos temos a coragem deste encontro e nos enrijecemos no desencontro, no qual transformamos os outros em puros objetos. E, ao assim procedermos, nos tornamos necrófilos, em lugar de biófilos. Matamos a vida, em lugar de alimentarmos a vida. Em lugar de buscá-la, corremos dela.

Matar a vida, freá-la, com a redução dos homens a puras coisas, aliená-los, mistificá-los, violentá-los são o próprio dos opressores.

Talvez se pense que, ao fazermos a defesa deste encontro dos homens no mundo para transformá-lo, que é o diálogo,[5] estejamos caindo numa ingênua atitude, num idealismo subjetivista.

Não há nada, contudo, de mais concreto e real do que os homens no mundo e com o mundo. Os homens com os homens, enquanto classes que oprimem e classes oprimidas.

O que pretende a revolução autêntica é transformar a realidade que propicia este estado de coisas, desumanizante dos homens.

Afirma-se, o que é uma verdade, que esta transformação não pode ser feita pelos que vivem de tal realidade, mas pelos esmagados, *com* uma lúcida liderança.

Que seja esta, pois, uma afirmação radicalmente consequente, isto é, que se torne existenciada pela liderança na sua comunhão com o povo. Comunhão em que crescerão juntos e em que a liderança, em lugar de simplesmente autonomear-se, se instaura ou se autentica na sua práxis *com* a do povo, nunca no desencontro ou no dirigismo.

---

5 Sublinhemos mais uma vez que este encontro dialógico não se pode verificar entre antagônicos.

Muitos, porque aferrados a uma visão mecanicista, não percebendo esta obviedade, a de que a situação concreta em que estão os homens condiciona a sua consciência do mundo e esta as suas atitudes e o seu enfrentamento, pensam que a transformação da realidade se pode fazer em termos mecânicos.[6] Isto é, sem a problematização desta falsa consciência do mundo ou sem o aprofundamento de uma já menos falsa consciência dos oprimidos, na ação revolucionária.

Não há realidade histórica – mais outra obviedade – que não seja humana. Não há história *sem* homens como não há uma história *para* os homens, mas uma história de homens que, feita por eles, também os faz, como disse Marx.

E é precisamente quando – às grandes maiorias – se proíbe o direito de participarem como sujeitos da história, que elas se encontram dominadas e alienadas. O intento de ultrapassagem do estado de objetos para o de sujeitos – objetivo da verdadeira revolução – não pode prescindir nem da ação das massas, incidente na realidade a ser transformada, nem de sua reflexão.

6 *"The epochs during which the dominant classes are stable, epochs in which the worker's movement must defend itself against a powerful adversary, which is occasionally threatening and is in every case solely seated in power, produce naturally a socialist literature which emphasizes the 'material' element of reality, the obstacles to be overcome, and the scant efficacy of human awareness and action."* [Os períodos nos quais as classes dominantes estão estáveis, períodos em que o movimento dos trabalhadores deve se defender de seu adversário poderoso, que é essa ameaça constante e que está solidamente estabelecida no poder, produzem uma literatura socialista com ênfase no elemento 'material' da realidade, os obstáculos necessários para transpassar e a escassa eficácia da consciência e ação humanas.] Lucien Goldmann, op. cit., pp. 80-1.

Idealistas seríamos se, dicotomizando a ação da reflexão, entendêssemos ou afirmássemos que a simples reflexão sobre a realidade opressora, que levasse os homens ao descobrimento de seu estado de objetos, já significasse serem eles sujeitos. Não há dúvida, porém, de que, se este reconhecimento ainda não significa que sejam sujeitos, concretamente, "significa, disse um aluno nosso, serem sujeitos em esperança".[7] E esta esperança os leva à busca de sua concretude.

Falsamente realistas seremos se acreditarmos que o ativismo, que não é ação verdadeira, é o caminho para a revolução.

Críticos seremos, verdadeiros, se vivermos a plenitude da práxis. Isto é, se nossa ação involucra uma crítica reflexão que, organizando cada vez o pensar, nos leva a superar um conhecimento estritamente ingênuo da realidade. Este precisa alcançar um nível superior, com que os homens cheguem à razão da realidade. Mas isto exige um pensar constante, que não pode ser negado às massas populares, se o objetivo visado é a libertação.

Se a liderança revolucionária lhes negar este pensar, se encontrará preterida de pensar também, pelo menos de pensar certo. É que a liderança não pode pensar sem as massas nem *para* elas, mas *com* elas.

Quem pode pensar *sem* as massas, sem que se possa dar ao luxo de não pensar em *torno delas*, são as elites dominadoras, para que, assim pensando, melhor as conheçam e, melhor conhecendo-as, melhor as dominem. Daí que o que poderia parecer um diálogo destas com as massas, uma comunicação com elas, sejam meros "comunicados", meros "depósitos" de conteúdos domesticadores. A sua teoria da ação se contradiria a si mesma se, em lugar da prescrição, implicasse a comunicação, a dialogicidade.

7   Fernando Garcia, hondurenho, aluno nosso, num curso para latino-americanos em Santiago, Chile, 1967.

Por que não fenecem as elites dominadoras ao não pensarem *com* as massas? Exatamente porque estas são o seu contrário antagônico, a sua "razão", na afirmação de Hegel, já citada. Pensar *com* elas seria a superação de sua contradição. Pensar *com* elas significaria já não dominar.

Por isto é que a única forma de pensar certo do ponto de vista da dominação é não deixar que as massas pensem, o que vale dizer: é não pensar *com* elas.

Em todas as épocas os dominadores foram sempre assim – jamais permitiram às massas que pensassem certo.

"Um tal Mr. Giddy", diz Niebuhr, que foi posteriormente presidente da sociedade real, fez objeções (refere-se ao projeto de lei que se apresentou ao Parlamento britânico em 1807, criando escolas subvencionadas) que se podiam ter apresentado em qualquer outro país: "Por especial que pudesse ser em teoria o projeto de dar educação às classes trabalhadoras dos pobres, seria prejudicial para sua moral e sua felicidade; ensinaria a desprezar sua missão na vida, em lugar de fazer deles bons servos para a agricultura e outros empregos; em lugar de ensinar-lhes subordinação os faria rebeldes e refratários, como se pôs em evidência nos condados manufatureiros, habilitá-los-ia a ler folhetos sediciosos, livros perversos e publicações contra a cristandade; torná-los-ia insolentes para com seus superiores e, em poucos anos, se faria necessário à legislatura dirigir contra eles o braço forte do poder."[8]

No fundo, o que o tal Mr. Giddy, citado por Niebuhr, queria, tanto quanto os de hoje, que não falam tão cínica e abertamente contra a educação popular, é que as massas não pensassem. Os Mr. Giddy de todas as épocas, enquanto classe opressora, ao não poderem pensar *com* as massas oprimidas, não podem deixar que elas pensem.

8   Reinhold Niebuhr, op. cit., pp. 118-9.

Desta forma, dialeticamente, se explica por quê, não pensando *com*, mas apenas *em torno* das massas, as elites opressoras não fenecem.

Não é o mesmo o que ocorre com a liderança revolucionária. Esta, ao não pensar *com* as massas, fenece. As massas são a sua matriz constituinte, não a incidência passiva de seu pensar. Ainda que tenha também de pensar *em torno* das massas para compreendê-las melhor, distingue-se este pensar do pensar anterior. E distingue-se porque, não sendo um pensar para dominar e sim para libertar, pensando em *torno das massas*, a liderança se dá ao pensar delas.

Enquanto o outro é um pensar de senhor, este é um pensar de companheiro. E só assim pode ser. É que, enquanto a dominação, por sua mesma natureza, exige apenas um polo dominador e um polo dominado, que se contradizem antagonicamente, a libertação revolucionária, que busca a superação desta contradição, implica a existência desses polos e, mais, uma liderança que emerge no processo desta busca. Esta liderança, que emerge, ou se identifica com as massas populares, como oprimida também, ou não é revolucionária.

Assim é que, não pensar *com* elas para, imitando os dominadores, pensar simplesmente *em torno delas*, não se dando a seu pensar, é uma forma de desaparecer como liderança revolucionária.

Enquanto, no processo opressor, as elites vivem da "morte em vida" dos oprimidos e só na relação vertical entre elas e eles se autenticam, no processo revolucionário só há um caminho para a autenticidade da liderança que emerge: "morrer" para reviver através dos oprimidos e com eles.

Na verdade, enquanto no primeiro é lícito dizer que alguém oprime alguém, no segundo, já não se pode afirmar que alguém liberta alguém, ou que alguém se liberta sozinho, mas os homens se libertam em comunhão. Com isto, não queremos diminuir o valor e a importância da liderança revolucionária. Pelo contrário, estamos enfatizando esta importância e este valor. E haverá importância maior que conviver com os oprimidos, com os esfarrapados do mundo, com os "condenados da terra"?

Nisto, a liderança revolucionária deve encontrar não só a sua razão de ser, mas a razão de uma sã alegria. Por sua natureza, ela pode fazer o que a outro, por sua natureza, se proíbe de fazer, em termos verdadeiros.

Daí que toda aproximação que aos oprimidos façam os opressores, enquanto classe, os situa inexoravelmente na falsa generosidade a que nos referimos no primeiro capítulo deste trabalho. Isto não pode fazer a liderança revolucionária: ser falsamente generosa. Nem tampouco dirigista.

Se as elites opressoras se fecundam, necrofilamente, no esmagamento dos oprimidos, a liderança revolucionária somente na *comunhão* com eles pode fecundar-se.

Esta é a razão pela qual o quefazer opressor não pode ser humanista, enquanto o revolucionário necessariamente o é. Tanto quanto o desumanismo dos opressores, o humanismo revolucionário implica a ciência. Naquele, esta se encontra a serviço da "reificação"; nesta, a serviço da humanização. Mas, se no uso da ciência e da tecnologia para "reificar", o *sine qua* desta ação é fazer dos oprimidos sua pura incidência, já não é o mesmo o que se impõe no uso da ciência e da tecnologia para a humanização. Aqui os oprimidos, ou se tornam sujeitos, também, do processo, ou continuam "reificados".

E o mundo não é um laboratório de anatomia nem os homens são cadáveres que devam ser estudados passivamente.

O humanista científico revolucionário não pode, em nome da revolução, ter nos oprimidos objetos passivos de sua análise, da qual decorram prescrições que eles devam seguir.

Isto significa deixar-se cair num dos mitos da ideologia opressora, o da *absolutização da ignorância*, que implica a existência de alguém que a decreta a alguém.

No ato desta decretação, quem o faz, reconhecendo os outros como absolutamente ignorantes, se reconhece e à classe a que pertence como os que sabem ou nasceram para saber. Ao assim reconhecer-se tem nos outros o seu oposto. Os outros se fazem estranheza para ele. A sua passa a ser a palavra "verdadeira", que impõe ou procura impor aos demais. E estes são sempre os oprimidos, roubados de sua palavra.

Desenvolve-se no que rouba a palavra dos outros uma profunda descrença neles, considerados como incapazes. Quanto mais diz a palavra sem a palavra daqueles que estão proibidos de dizê-la, tanto mais exercita o poder e o gosto de mandar, de dirigir, de comandar. Já não pode viver se não tem alguém a quem dirija sua palavra de ordem.

Desta forma, é impossível o diálogo. Isto é próprio das elites opressoras que, entre seus mitos, têm de vitalizar mais este, com o qual dominam mais.

A liderança revolucionária, pelo contrário, científico-humanista, não pode absolutizar a ignorância das massas. Não pode crer neste mito. Não tem sequer o direito de duvidar, por um momento, de que isto é mito.

Não pode admitir, como liderança, que só ela sabe e que só ela pode saber – o que seria descrer das massas populares. Ainda quando seja legítimo reconhecer-se em um nível de saber revolucionário, em função de sua mesma consciência revolucionária, diferente do nível de conhecimento ingênuo das massas, não pode sobrepor-se a este, com o seu saber.

Por isto mesmo é que não pode sloganizar as massas, mas dialogar com elas para que o seu conhecimento experiencial em torno da realidade, fecundado pelo conhecimento crítico da liderança, se vá transformando em *razão* da realidade.

Assim como seria ingênuo esperar das elites opressoras a denúncia deste mito da absolutização da ignorância das massas, é uma contradição que a liderança revolucionária não o faça e, maior contradição ainda, que atue em função dele.

O que tem de fazer a liderança revolucionária é problematizar aos oprimidos, não só este, mas todos os mitos de que se servem as elites opressoras para oprimir. Se assim não se comporta, insistindo em imitar os opressores em seus métodos dominadores, provavelmente duas respostas possam dar as massas populares. Em determinadas circunstâncias históricas, se deixarem "domesticar" por um novo conteúdo nelas depositado. Noutras, se assustarem diante de uma "palavra" que ameaça o opressor "hospedado" nelas.[9]

Em qualquer dos casos, não se fazem revolucionários. No primeiro, a revolução é um engano; no segundo, uma impossibilidade.

Há os que pensam, às vezes, com boa intenção, mas equivocamente, que sendo demorado o processo dialógico[10] – o que não é

9 Às vezes, nem sequer esta palavra é dita. Basta a presença de alguém (não necessariamente pertencente a um grupo revolucionário) que possa ameaçar ao opressor "hospedado" nas massas, para que elas, assustadas, assumam posturas destrutivas. Contou-nos um aluno nosso, de um país latino-americano, que, em certa comunidade camponesa indígena de seu país, bastou que um sacerdote fanático denunciasse a presença de dois "comunistas" na comunidade, "pondo em risco a fé católica", para que, na noite deste mesmo dia, os camponeses, unânimes, queimassem vivos os dois simples professores primários que exerciam seu trabalho de educadores infantis. Talvez esse sacerdote tivesse visto, na casa daqueles infelizes *maestros rurales*, algum livro em cuja capa houvesse a cara de um homem barbado...

10 Salientamos, mais uma vez, que não estabelecemos nenhuma dicotomia entre o diálogo e a ação revolucionária, como se houvesse um tempo de diálogo, e outro, diferente, de revolução. Afirmamos, pelo contrário, que o diálogo é a "essência" da ação revolucionária. Daí que na teoria desta ação, seus *atores*,

verdade – se deve fazer a revolução sem *comunicação*, através dos *comunicados* e, depois de feita, então, se desenvolverá um amplo esforço educativo. Mesmo porque, continuam, não é possível fazer educação antes da chegada ao poder. Educação libertadora.

Há alguns pontos fundamentais a analisar nas afirmações dos que assim pensam.

Acreditam (não todos) na necessidade do diálogo com as massas, mas não creem na sua viabilidade antes da chegada ao poder. Ao admitirem que não é possível uma forma de comportamento educativo-crítica antes da chegada ao poder por parte da liderança, negam o caráter pedagógico da revolução, como *revolução cultural*. Por outro lado, confundem o sentido pedagógico da revolução com a nova educação a ser instalada com a chegada ao poder.

A nossa posição, já afirmada e que se vem afirmando em todas as páginas deste ensaio, é que seria realmente ingenuidade esperar das elites opressoras uma educação de caráter libertário. Mas, porque a revolução tem, indubitavelmente, um caráter pedagógico que não pode ser esquecido, na razão em que é libertadora ou não é revolução, a chegada ao poder é apenas um momento, por mais decisivo que seja. Enquanto processo, o "antes" da revolução está na sociedade opressora e é apenas aparente.

A revolução se gera nela como ser social e, por isto, na medida em que é ação cultural, não pode deixar de corresponder às potencialidades do ser social em que se gera.

intersubjetivamente, incidam sua ação sobre o *objeto*, que é a realidade que os mediatiza, tendo, como *objetivo,* através da transformação *daquela*, a humanização dos homens. Isto não ocorre na teoria da ação opressora, cuja "essência" é antidialógica. Nesta, o esquema se simplifica. Os *atores* têm, como *objetos* de sua ação, a *realidade e os oprimidos* simultaneamente e, como *objetivo*, a manutenção da opressão, através da manutenção da realidade opressora.

É que todo ser se desenvolve (ou se transforma) dentro de si mesmo, no jogo de suas contradições.

Os condicionamentos externos, ainda que necessários, só são eficientes se coincidem com aquelas potencialidades.[11]

O novo da revolução nasce da sociedade velha, opressora, que foi superada. Daí que a chegada ao poder, que continua processo, seja apenas, como antes dissemos, um momento decisivo deste.

Por isto é que, numa visão dinâmica e não estática da revolução, ela não tem um *antes* e um *depois* absolutos, de que a chegada ao poder seria o ponto de divisão.

Gerando-se nas condições objetivas, o que busca é a superação da situação opressora com a instauração de uma sociedade de homens em processo de permanente libertação.

O sentido pedagógico, dialógico, da revolução, que a faz "revolução cultural" também, tem de acompanhá-la em todas as suas fases.

É ele ainda um dos eficientes meios de evitar que o poder revolucionário se institucionalize, estratificando-se em "burocracia" contrarrevolucionária, pois que a contrarrevolução também é dos revolucionários que se tornam reacionários.[12]

E, se não é possível o diálogo com as massas populares antes da chegada ao poder, porque falta a elas experiência do diálogo, também não lhes é possível chegar ao poder, porque lhes falta igualmente experiência dele. Precisamente porque defendemos uma dinâmica permanente no processo revolucionário,

---

11 No livro já citado, *Ação cultural para a liberdade e outros escritos*, discutimos mais detidamente as relações entre ação cultural e revolução cultural.

12 Cf. Mao Tsé-tung, "On Contradictions", in *Four Essays on Philosophy*. Beijing: Foreign Languages Press Edition, 1968.

entendemos que é nesta dinâmica, na práxis das massas com a liderança revolucionária, que elas e seus líderes mais representativos aprenderão tanto o diálogo quanto o poder. Isto nos parece tão óbvio quanto dizer que um homem não aprende a nadar numa biblioteca, mas na água.

O diálogo com as massas não é concessão nem presente, nem muito menos uma tática a ser usada, como a sloganização o é, para dominar. O diálogo, como encontro dos homens para a "pronúncia" do mundo, é uma condição fundamental para a sua real humanização.

Se "uma ação livre somente o é na medida em que o homem transforma seu mundo e a si mesmo, se uma condição positiva para a liberdade é o despertar das possibilidades criadoras humanas, se a luta por uma sociedade livre não o é a menos que, através dela, seja criado um sempre maior grau de liberdade individual",[13] se há de reconhecer ao processo revolucionário o seu caráter eminentemente pedagógico. De uma pedagogia problematizante,

13 "*A free action*", diz Gajo Petrovic, "*can only be one by which a man changes his world and himself* [...]. *A positive condition of freedom is the knowledge of the limits of necessity, the awareness of human creative possibilites* [...]. *The struggle for a free society is not a struggle for a free society unless through it an ever greater degree of individual freedom is created.*" [Uma ação livre só pode ser uma ação livre quando o homem muda seu mundo e a si mesmo [...]. Uma condição positiva da liberdade é o conhecimento dos limites da necessidade, a consciência das possibilidades da criatividade humana [...]. A luta por uma sociedade livre não é uma luta pela sociedade livre a menos que, através dela, um maior nível da liberdade individual seja criado.] Gajo Petrovic, "Man and Freedom", in Erich Fromm (org.), *Socialism Humanism*. Nova York: Anchor Books, 1966, pp. 274-6. Do mesmo autor, é importante a leitura de *Marx in the Mid-Twentieth Century*. Nova York: Anchor Books, 1967.

e não de uma "pedagogia" dos "depósitos", "bancária". Por isto é que o caminho da revolução é o da abertura às massas populares, não o do fechamento a elas. É o da convivência com elas, não o da desconfiança delas. E, quanto mais a revolução exija a sua teoria, como salienta Lênin, mais sua liderança tem de estar *com* as massas, para que possa estar contra o poder opressor.

A TEORIA DA AÇÃO ANTIDIALÓGICA E SUAS CARACTERÍSTICAS: A CONQUISTA, DIVIDIR PARA MANTER A OPRESSÃO, A MANIPULAÇÃO E A INVASÃO CULTURAL

Destas considerações gerais, partamos, agora, para uma análise mais detida a propósito das teorias da ação antidialógica e dialógica.

A primeira, opressora; a segunda, revolucionário-libertadora.

Conquista

O primeiro caráter que nos parece poder ser surpreendido na ação antidialógica é a necessidade da conquista.

O antidialógico, dominador, nas suas relações com o seu contrário, o que pretende é conquistá-lo, cada vez mais, através de mil formas. Das mais duras às mais sutis. Das mais repressivas às mais adocicadas, como o paternalismo.

Todo ato de conquista implica um sujeito que conquista e um objeto conquistado. O sujeito da conquista determina suas finalidades ao objeto conquistado, que passa, por isto mesmo, a ser algo possuído pelo conquistador. Este, por sua vez, imprime sua forma ao conquistado que, introjetando-o, se faz um ser ambíguo. Um ser, como dissemos já, "hospedeiro" do outro.

Desde logo, a ação conquistadora, ao "reificar" os homens, é necrófila.

Assim como a ação antidialógica, de que o ato de conquistar é essencial, é um simultâneo da situação real, concreta, de opressão, a ação dialógica é indispensável à superação revolucionária da situação concreta de opressão.

Não se é antidialógico ou dialógico no "ar", mas no mundo. Não se é antidialógico primeiro e opressor depois, mas simultaneamente. O antidialógico se impõe ao opressor, na situação objetiva de opressão, para, pela conquista, oprimir mais, não só economicamente, mas culturalmente, roubando ao oprimido conquistado sua palavra também, sua expressividade, sua cultura.

Instaurada a situação opressora, antidialógica em si, o antidialógico se torna indispensável para mantê-la.

A conquista crescente do oprimido pelo opressor aparece, pois, como um traço marcante da ação antidialógica. Por isto é que, sendo a ação libertadora dialógica em si, não pode ser o diálogo um *a posteriori* seu, mas um concomitante dela. Mas, como os homens estarão sempre libertando-se, o diálogo[14] se torna um *permanente* da ação libertadora.

O desejo de conquista, talvez mais que o desejo, a necessidade da conquista, acompanha a ação antidialógica em todos os seus momentos.

Através dela e para todos os fins implícitos na opressão, os opressores se esforçam por matar nos homens a sua condição

14 Isto não significa, de maneira alguma, segundo salientamos no capítulo anterior, que, instaurado o poder popular revolucionário, a revolução contradiga o seu caráter dialógico, pelo fato de o novo poder ter o dever ético, inclusive, de reprimir toda tentativa de restauração do antigo poder opressor.

de "ad-miradores" do mundo. Como não podem consegui-lo, em termos totais, é preciso, então, *mitificar* o mundo.

Daí que os opressores desenvolvam uma série de recursos através dos quais propõem à "ad-miração" das massas conquistadas e oprimidas um falso mundo. Um mundo de engodos que, alienando-as mais ainda, as mantenha passivas em face dele. Daí que, na ação da conquista, não seja possível apresentar o mundo como problema, mas, pelo contrário, como algo dado, como algo estático, a que os homens se devem ajustar.

A falsa "ad-miração" não pode conduzir à verdadeira práxis, pois que é a pura espectação das massas, que, pela conquista, os opressores buscam obter por todos os meios. Massas conquistadas, massas espectadoras, passivas, gregarizadas. Por tudo isto, massas alienadas.

É preciso, contudo, chegar até elas para, pela conquista, mantê-las alienadas. Este chegar até elas, na ação da conquista, não pode transformar-se *num ficar com elas*. Esta "aproximação", que não pode ser feita pela comunicação, se faz pelos "comunicados", pelos "depósitos" dos mitos indispensáveis à manutenção do *status quo*.

O mito, por exemplo, de que a ordem opressora é uma ordem de liberdade. De que todos são livres para trabalhar onde queiram. Se não lhes agrada o patrão, podem então deixá-lo e procurar outro emprego. O mito de que esta "ordem" respeita os direitos da pessoa humana e que, portanto, é digna de todo apreço. O mito de que todos, bastando não ser preguiçosos, podem chegar a ser empresários – mais ainda, o mito de que o homem que vende, pelas ruas, gritando: "doce de banana e goiaba" é um empresário tal qual o dono de uma grande fábrica. O mito do direito de todos à educação, quando o número de brasileiros que chegam às escolas primárias do país e o dos que nelas conseguem permanecer é chocantemente irrisório. O mito da igualdade de classe, quando o "sabe com quem está falando?" é ainda uma pergunta dos nossos dias. O mito do heroísmo das classes opressoras, como mantenedoras da ordem que encarna a "civilização ocidental e cristã", que elas defendem da "barbárie materialista". O mito de sua caridade, de sua generosidade, quando o que fazem, enquanto classe, é assistencialismo, que se desdobra no mito da falsa ajuda que, no plano das nações, mereceu segura advertência de João XXIII.[15] O mito de que as elites dominadoras, "no reconhecimento de seus deveres", são as promotoras do povo, devendo este, num gesto de gratidão, aceitar a sua palavra e conformar-se com ela. O mito de que a rebelião do povo é um pecado contra Deus. O mito da propriedade privada, como fundamento do desenvolvimento da pessoa humana, desde, porém, que pessoas humanas sejam apenas os opressores. O mito da operosidade dos opressores e o da preguiça e desonestidade dos oprimidos. O mito da inferioridade "ontológica" destes e o da superioridade daqueles.[16]

Todos estes mitos e mais outros que o leitor poderá acrescentar, cuja introjeção pelas massas populares oprimidas é básica para a sua conquista, são levados a elas pela propaganda bem-organizada, pelos *slogans*, cujos veículos são sempre os chamados "meios de comunicação com as massas".[17] Como se o depósito deste conteúdo alienante nelas fosse realmente comunicação.

15 *Mater et magistra.*

16 *"By his acusation"*, diz Memmi, referindo-se ao perfil que o colonizador faz do colonizado, *"the colonizer establishes the colonized as being lazy. He decides that laziness is constitutional in the very nature of the colonized."* [Por meio dessa acusação, o colonizador define o colonizado como preguiçoso. Ele decide que a preguiça é um elemento constitutivo da própria natureza do colonizado.] Op. cit., p. 81.

17 Não criticamos os meios em si mesmos, mas o uso que se lhes dá.

Em verdade, finalmente, não há realidade opressora que não seja necessariamente antidialógica, como não há antidialogicidade em que o polo dos opressores não se empenhe, incansavelmente, na permanente conquista dos oprimidos.

Já as elites dominadoras da velha Roma falavam na necessidade de dar "pão e circo" às massas para conquistá-las, amaciando-as, com a intenção de assegurar a sua paz. As elites dominadoras de hoje, como as de todos os tempos, continuam precisando da conquista como uma espécie de "pecado original", com "pão e circo" ou sem eles. Os conteúdos e os métodos da conquista variam historicamente, o que não varia, enquanto houver elite dominadora, é esta ânsia necrófila de oprimir.

Dividir para manter a opressão

Esta é outra dimensão fundamental da teoria da ação opressora, tão velha quanto a opressão mesma.

Na medida em que as minorias, submetendo as maiorias a seu domínio, as oprimem, dividi-las e mantê-las divididas são condição indispensável à continuidade de seu poder.

Não se podem dar ao luxo de consentir na unificação das massas populares, que significaria, indiscutivelmente, uma séria ameaça à sua hegemonia.

Daí que toda ação que possa, mesmo incipientemente, proporcionar às classes oprimidas o despertar para que se unam é imediatamente freada pelos opressores através de métodos, inclusive, fisicamente violentos.

Conceitos, como os de união, de organização, de luta, são timbrados, sem demora, como perigosos. E realmente o são, mas para os opressores. É que a praticização destes conceitos é indispensável à ação libertadora.

O que interessa ao poder opressor é enfraquecer os oprimidos mais do que já estão, ilhando-os, criando e aprofundando cisões entre eles, através de uma gama variada de métodos e processos.

Desde os métodos repressivos da burocratização estatal, à sua disposição, até as formas de ação cultural por meio das quais manejam as massas populares, dando-lhes a impressão de que as ajudam.

Uma das características destas formas de ação, quase nunca percebidas por profissionais sérios, mas ingênuos, que se deixam envolver, é a ênfase na visão *localista* dos problemas, e não na visão deles como dimensão de uma *totalidade*.

Quanto mais se pulverize a totalidade de uma área em "comunidades locais", nos trabalhos de "desenvolvimento de comunidade", sem que estas comunidades sejam estudadas como totalidades em si, que são parcialidades de outra totalidade (área, região etc.), que, por sua vez, é parcialidade de uma totalidade maior (o país, como parcialidade da totalidade continental), tanto mais se intensifica a alienação. E, quanto mais alienados, mais fácil dividi-los e mantê-los divididos.

Estas formas focalistas de ação, intensificando o modo focalista de existência das massas oprimidas, sobretudo rurais, dificultam sua percepção crítica da realidade e as mantêm ilhadas da problemática dos homens oprimidos de outras áreas em relação dialética com a sua.[18]

18 É desnecessário dizer que esta crítica não atinge os esforços neste setor que, numa perspectiva dialética, orientam no sentido da ação que se funda na compreensão da comunidade local como totalidade em si e parcialidade de uma totalidade maior. Atinge aqueles que não levam em conta que o desenvolvimento da comunidade local não se pode dar a não ser dentro do contexto total de que faz parte, em interação com outras parcialidades, o que implica a consciência

O mesmo se verifica nos chamados "treinamentos de líderes" que, embora quando realizados sem esta intenção por muitos dos que os praticam, servem, no fundo, à alienação.

O básico pressuposto desta ação já é, em si, ingênuo. Fundamenta-se na pretensão de "promover" a comunidade por meio da capacitação dos líderes, como se fossem as partes que promovem o todo, e não este que, promovido, promove as partes.

Na verdade, os que são considerados em nível de liderança nas comunidades, para que assim sejam tomados, necessariamente, refletem e expressam as aspirações dos indivíduos da sua comunidade.

Estão em correspondência com a forma de ser e de pensar a realidade de seus companheiros, mesmo que revelando habilidades especiais que lhes dão o *status* de líderes.

No momento em que, depois de retirados da comunidade, a ela voltam, com um instrumental que antes não tinham, ou usam este para melhor conduzir as consciências dominadas e imersas, ou se tornam estranhos à comunidade, ameaçando, assim, sua liderança.

Sua tendência provavelmente será, para não perderem a liderança, continuar, agora, com mais eficiência, no manejo da comunidade.

Isto não ocorre quando a ação cultural, como processo totalizado e totalizador, abarca a comunidade, e não seus líderes apenas. Quando se faz através dos indivíduos como sujeitos do processo.

Neste tipo de ação se verifica o contrário. A liderança anterior ou cresce também ao nível do crescimento do todo, ou é substituída pelos novos líderes que emergem, à altura da nova percepção social que se constitui.

Daí, também, que aos opressores não interesse esta forma de ação, mas a primeira, enquanto ela, mantendo a alienação,

da unidade na diversificação, da organização que canalize as forças dispersas e a consciência clara da necessidade de transformação da realidade. Tudo isto é que assusta, razoavelmente, os opressores. Daí que estimulem todo tipo de ação em que, além da visão focalista, os homens sejam "assistencializados".

obstaculiza a emersão das consciências e a sua inserção crítica na realidade dos oprimidos como classe.

Este é outro conceito que aos opressores faz mal, ainda que, a si mesmos, se considerem como classe, não opressora, obviamente, mas "produtora".

Não podendo negar, mesmo que o tentem, a existência das classes sociais, em relação dialética umas com as outras, em seus conflitos, falam na necessidade de compreensão, de harmonia, entre os que compram e os que são obrigados a vender o seu trabalho.[19]

Harmonia, no fundo, impossível pelo antagonismo indisfarçável que há entre uma classe e outra.[20]

19 "Se os operários não chegam, de alguma maneira, a ser proprietários de seu trabalho", diz o bispo Franic Split, "todas as reformas nas estruturas serão ineficazes. Inclusive, se os operários às vezes recebem um salário mais alto em algum sistema econômico, não se contentam com estes aumentos. Querem ser proprietários, e não vendedores de seu trabalho. Atualmente", continua Dom Franic, "os trabalhadores estão cada vez mais conscientes de que o trabalho constitui uma parte da pessoa humana. A pessoa humana, porém, não pode ser vendida nem vender-se. Toda compra ou venda do trabalho é uma espécie de escravidão. A evolução da sociedade progride neste sentido e, com segurança, dentro deste sistema do qual se afirma não ser tão sensível quanto nós à dignidade da pessoa humana, isto é, o marxismo." "15 obispos hablan en prol del Tercer Mundo", *CIDOC Informa*. México, Doc. 67/35, 1967, pp. 1-11.

20 A propósito das classes sociais e da luta entre elas, de que tanto se acusa Marx como uma espécie de "inventor" desta luta, cf. a carta que escreve a J. Weydemeyer, a 1º do março de 1852, em que declara não lhe caber "o mérito de haver descoberto a existência das classes na sociedade moderna nem a luta entre elas. Muito antes que eu", comenta Marx, "alguns historiadores burgueses haviam já exposto o desenvolvimento histórico desta luta de classes e alguns economistas burgueses, a sua anatomia econômica. O que acrescentei", diz ele, "foi demonstrar: 1) que a existência das classes vai unida a determinadas fases históricas de desenvolvimento da produção; 2) que a luta de classes conduz à ditadura do proletariado; 3) que esta mesma ditadura não é, por si, mais que o trânsito até a abolição de todas as classes, para uma sociedade sem classes." Marx-Engels, *Obras escogidas*.

Pregam a harmonia de classes como se estas fossem aglomerados fortuitos de indivíduos que olhassem, curiosos, uma vitrina numa tarde de domingo.

A harmonia viável e constatada só pode ser a dos opressores entre si. Estes, mesmo divergentes e, até em certas ocasiões, em luta por interesses de grupos, se unificam, imediatamente, ante uma ameaça à classe.

Da mesma maneira, harmonia do outro polo só é possível entre seus membros na busca de sua libertação. Só em casos excepcionais, não só é possível, mas até necessária, a harmonia de ambos para, passada a emergência que os uniu, voltarem à contradição que os delimita e que jamais desapareceu na emergência desta união.

A necessidade de dividir para facilitar a manutenção do estado opressor se manifesta em todas as ações da classe dominadora. Sua interferência nos sindicatos, favorecendo certos "representantes" da classe dominada que, no fundo, são seus representantes, e não de seus companheiros; a "promoção" de indivíduos que, revelando certo poder de liderança, podiam significar ameaça e que, "promovidos", se tornam "amaciados"; a distribuição de benesses para uns e de dureza para outros, tudo são formas de dividir para manter a "ordem" que lhes interessa.

Formas de ação que incidem, direta ou indiretamente, sobre um dos pontos débeis dos oprimidos: a sua insegurança vital que, por sua vez, já é fruto da realidade opressora em que se constituem.

Inseguros na sua dualidade de seres "hospedeiros" do opressor, de um lado, rechaçando-o; de outro, atraídos por ele, em certo momento da confrontação entre ambos, é fácil àquele poder obter resultados positivos de sua ação divisória.

Mesmo porque os oprimidos sabem, por experiência, o quanto lhes custa aceitarem o "convite" que recebem para evitar que se unam entre si. A perda do emprego e o seu nome numa "lista negra", que significa portas que se fecham a eles para novos empregos, são o mínimo que lhes pode suceder.

A sua insegurança vital, por isto mesmo, se encontra diretamente ligada à escravização de sua pessoa, como sublinhou o bispo Split, anteriormente citado.

E que, somente na medida em que os homens criam o seu mundo, que é mundo humano, e o criam com seu trabalho transformador, eles se realizam. A realização dos homens, enquanto homens, está, pois, na realização deste mundo. Desta maneira, se seu estar no mundo do trabalho é um estar em dependência total, em insegurança, em ameaça permanente, enquanto seu trabalho não lhe pertence, não podem realizar-se. O trabalho não livre deixa de ser um quefazer realizador de sua pessoa, para ser um meio eficaz de sua "reificação".

Toda união dos oprimidos entre si, que já sendo ação, aponta outras ações, implica, cedo ou tarde, que percebendo eles o seu estado de despersonalização, descubram que, divididos, serão sempre presas fáceis do dirigismo e da dominação.

Unificados e organizados,[21] porém, farão de sua debilidade força transformadora, com que poderão recriar o mundo, tornando-o mais humano.

O mundo mais humano de suas justas aspirações, contudo, é a contradição antagônica do "mundo humano" dos opressores – mundo que possuem com direito exclusivo – e em que pretendem

---

21 Aos camponeses, por isto mesmo, é indispensável mantê-los ilhados dos operários urbanos, como estes e aqueles dos estudantes que, não chegando a constituir, sociologicamente, uma classe, se fazem, ao aderirem ao povo, um perigo pelo seu testemunho de rebeldia. É preciso, então, fazer ver às classes populares que os estudantes são irresponsáveis e perturbadores da "ordem". Que o seu testemunho é falso, pelo fato mesmo de que, como estudantes, deviam estudar, como cabe aos operários das fábricas e aos camponeses trabalhar para o "progresso da nação".

a impossível harmonia entre eles, que "coisificam", e os oprimidos, que são "coisificados".

Como antagônicos, o que serve a uns necessariamente desserve aos outros.

Dividir para manter o *status quo* se impõe, pois, como fundamental objetivo da teoria da ação dominadora, antidialógica.

Como auxiliar desta ação divisória, encontramos nela uma certa conotação messiânica, através da qual os dominadores pretendem aparecer como salvadores dos homens a quem desumanizam.

No fundo, porém, o messianismo contido na sua ação não pode esconder o seu intento. O que eles querem é salvar-se a si mesmos. E salvar sua riqueza, seu poder, seu estilo de vida, com que esmagam os demais.

O seu equívoco está em que ninguém se salva sozinho nem como indivíduo, nem como classe opressora, mas com os oprimidos, pois estar contra eles é o próprio da opressão.

Numa psicanálise da ação opressora talvez se pudesse descobrir, no que chamamos, no primeiro capítulo, de "falsa generosidade do opressor", uma das dimensões de seu sentimento de culpa. Com esta generosidade falsa, além de estar pretendendo a manutenção de uma ordem injusta e necrófila, estará querendo "comprar" a sua paz. Acontece que paz não se compra, se vive no ato realmente solidário, amoroso, e este não pode ser assumido, encarnado, na opressão.

Por isto mesmo é que este messianismo existente na ação antidialógica vai reforçar a primeira característica desta ação – o sentido da conquista.

Na medida em que a divisão das massas oprimidas é necessária à manutenção do *status quo*, portanto, à preservação do poder dos dominadores, urge que os oprimidos não percebam claramente este jogo.

Neste sentido, mais uma vez é imperiosa a conquista para que os oprimidos realmente se convençam de que estão sendo defendidos. Defendidos contra a ação demoníaca de "marginais desordeiros", "inimigos de Deus", pois que assim são chamados os homens que viveram e vivem, arriscadamente, a busca valente da libertação dos homens.

Desta maneira, para dividir, os necrófilos se nomeiam a si mesmos biófilos e aos biófilos, de necrófilos. A história, contudo, se encarrega sempre de refazer estas "nomeações".

Hoje, apesar de a alienação brasileira continuar chamando o Tiradentes de inconfidente e ao movimento libertador que encarnou, de Inconfidência, o herói nacional não é o que o chamou de bandido e o mandou enforcar e esquartejar, e espalhar pedaços de seu corpo sangrando pelas vilas assustadas, como exemplo. O herói é ele. A história rasgou o "título" que lhe deram e reconheceu o seu gesto.

Os heróis são exatamente os que ontem buscavam a união para a libertação e não os que, com o seu poder, pretendiam dividir para reinar.

Manipulação

Outra característica da teoria da ação antidialógica é a manipulação das massas oprimidas. Como a anterior, a manipulação é instrumento da conquista, em torno de que todas as dimensões da teoria da ação antidialógica vão girando.

Através da manipulação, as elites dominadoras vão tentando conformar as massas populares a seus objetivos. E, quanto mais imaturas, politicamente, estejam elas (rurais ou urbanas), tanto mais facilmente se deixam manipular pelas elites dominadoras que não podem querer que se esgote seu poder.

A manipulação se faz por toda a série de mitos a que nos referimos. Entre eles, mais este: o modelo que a burguesia se faz de si mesma às massas com possibilidade de sua ascensão. Para isto, porém, é preciso que as massas aceitem sua palavra.

Muitas vezes esta manipulação, dentro de certas condições históricas especiais, se verifica através de pactos entre as classes dominantes e as massas dominadas. Pactos que poderiam dar a impressão, numa apreciação ingênua, de um diálogo entre elas.

Na verdade, estes pactos não são diálogo porque, na profundidade de seu objetivo, está inscrito o interesse inequívoco da elite dominadora. Os pactos, em última análise, são meios de que se servem os dominadores para realizar suas finalidades.[22]

O apoio das massas populares à chamada "burguesia nacional" para a defesa do duvidoso capital nacional foi um destes pactos, de que sempre resulta, cedo ou tarde, o esmagamento das massas.

E os pactos somente se dão quando estas, mesmo ingênuas, emergem no processo histórico e, com sua emersão, ameaçam as elites dominantes.

Basta a sua presença no processo, não mais como puras espectadoras, mas com os primeiros sinais de sua agressividade, para que as elites dominadoras, assustadas com essa presença incômoda, dupliquem as táticas de manejo.

A manipulação se impõe nestas fases como instrumento fundamental para a manutenção da dominação.

Antes da emersão das massas, não há propriamente manipulação, mas o esmagamento total dos dominados. Na sua imersão quase absoluta, não se faz necessária a manipulação.

Esta, na teoria antidialógica da ação, é uma resposta que o opressor tem de dar às novas condições concretas do processo histórico.

---

22 Os pactos só são válidos para as classes populares – e neste caso já não são pactos – quando as finalidades da ação a ser desenvolvida ou que já se realiza estão na órbita de sua decisão.

A manipulação aparece como uma necessidade imperiosa das elites dominadoras, com o fim de, através dela, conseguir um tipo inautêntico de "organização", com que evite o seu contrário, que é a verdadeira organização das massas populares emersas e emergindo.[23]

Estas, inquietas ao emergir, têm duas possibilidades: ou são manipuladas pelas elites para manter a dominação, ou se organizam verdadeiramente para sua libertação. É óbvio, então, que a verdadeira organização não possa ser estimulada pelos dominadores. Isto é tarefa da liderança revolucionária.

Acontece, porém, que grandes frações destas massas populares, já agora constituindo um proletariado urbano, sobretudo nos centros mais industrializados do país, ainda que revelando uma ou outra inquietação ameaçadora, carentes, contudo, de uma consciência revolucionária, se veem a si mesmas como privilegiadas.

A manipulação, com toda a sua série de engodos e promessas, encontra aí, quase sempre, um bom terreno para vingar.

O antídoto a esta manipulação está na organização criticamente consciente, cujo ponto de partida, por isto mesmo, não está em depositar nelas o conteúdo revolucionário, mas na *problematização* de sua posição no processo. Na *problematização* da realidade nacional e da própria manipulação.

Bem razão tem Weffort[24] quando diz: "Toda política de esquerda se apoia nas massas populares e depende de sua consciência. Se

---

23 Na "organização" que resulta do ato manipulador, as massas populares, meros objetos dirigidos, se acomodam às finalidades dos manipuladores, enquanto na organização verdadeira, em que os indivíduos são sujeitos do ato de organizar-se, as finalidades não são impostas por uma elite. No primeiro caso, a "organização" é meio de massificação; no segundo, de libertação.

24 Francisco Weffort, "Política de massas", in *Política e revolução social no Brasil*. Rio de Janeiro: Civilização Brasileira, 1965, p. 187.

vier a confundi-la, perderá as raízes, pairará no ar à espera da queda inevitável, ainda quando possa ter, como no caso brasileiro, a ilusão de fazer a revolução pelo simples giro à volta do poder" e, esquecendo-se dos seus encontros com as massas para o esforço de organização, perdem-se num "diálogo" impossível com as elites dominadoras. Daí que também terminem manipuladas por estas elites de que resulta cair, não raramente, num jogo puramente de cúpula, que chamam de realismo.

A manipulação, na teoria da ação antidialógica, tal como a conquista a que serve, tem de anestesiar as massas populares para que não pensem.

Se as massas associam à sua emersão, à sua presença no processo, sobre sua realidade, então sua ameaça se concretiza na revolução.

Chame-se a este pensar certo de "consciência revolucionária" ou de "consciência de classe", é indispensável à revolução, que não se faz sem ele.

As elites dominadoras sabem tão bem disto que, em certos níveis seus, até instintivamente, usam todos os meios, mesmo a violência física, para proibir que as massas pensem.

Têm uma profunda intuição da força criticizante do diálogo. Enquanto que, para alguns representantes da liderança revolucionária, o diálogo com as massas lhes dá a impressão de ser um quefazer "burguês e reacionário", para os burgueses, o diálogo entre as massas e a liderança revolucionária é uma real ameaça, que há de ser evitada.

Insistindo as elites dominadoras na manipulação, vão inoculando nos indivíduos o apetite burguês do êxito pessoal.

Esta manipulação se faz ora diretamente por estas elites, ora indiretamente, através dos líderes populistas. Estes líderes, como salienta Weffort, medeiam as relações entre as elites oligárquicas e as massas populares.

Daí que o populismo se constitua, como estilo de ação política, exatamente quando se instala o processo de emersão das massas em que elas passam a reivindicar sua participação, mesmo que ingenuamente.

O líder populista, que emerge neste processo, é também um ser ambíguo. Precisamente porque fica entre as massas e as oligarquias dominantes, ele é como se fosse um ser anfíbio. Vive na "terra" e na "água". Seu *estar entre* oligarquias dominadoras e massas lhe deixa marcas das duas.

Enquanto populista, porém, na medida em que simplesmente manipula em lugar de lutar pela verdadeira organização popular, este tipo de líder em pouco ou quase nada serve à revolução.

Somente quando o líder populista supera o seu caráter ambíguo e a natureza dual de sua ação e opta decididamente pelas massas, deixando assim de ser populista, renuncia à manipulação e se entrega ao trabalho revolucionário de organização. Neste momento, em lugar de mediador entre massas e elites, é contradição destas, o que leva as elites a arregimentar-se para freá-lo tão rapidamente quanto possam.

É interessante observar a dramaticidade com que Vargas falou às massas obreiras, num primeiro de maio de sua última etapa de governo, conclamando-as a unir-se.

"Quero dizer-vos, todavia", afirmou Vargas no célebre discurso, "que a obra gigantesca de renovação, que o meu governo está começando a empreender, não pode ser levada a bom termo sem o apoio dos trabalhadores e a sua cooperação cotidiana e decidida." Após referir-se aos primeiros noventa dias de seu governo, ao que chamava "de um balanço das dificuldades e dos obstáculos que, daqui e dali, se estão levando contra a ação governamental", dizia em linguagem diretíssima ao povo o quanto lhe calavam, "na alma o desamparo, a miséria, a carestia de vida, os salários baixos... os desesperos dos desvalidos da fortuna e as reivindicações do povo que vive na esperança de melhores dias".

Em seguida, seu apelo se vai fazendo mais dramático e objetivo: "Venho dizer que, neste momento, o governo ainda está desarmado de leis e de elementos concretos de ação imediata para a defesa da economia do povo. É preciso, pois, que o povo se *organize*, não só para defender seus próprios interesses, mas também para dar ao governo o ponto de apoio indispensável à realização dos seus propósitos." E prossegue: "Preciso de vossa *união*, preciso de que vos *organizeis* solidariamente em sindicatos; preciso que formeis um *bloco forte e coeso* ao lado do governo para que este possa dispor de toda a força de que necessita para resolver os vossos próprios problemas. Preciso de vossa *união* para que possa lutar contra os *sabotadores*, para que não fique *prisioneiro* dos interesses dos *especuladores* e dos *gananciosos* em prejuízo dos interesses do povo." E, com a mesma ênfase: "Chegou, por isto mesmo, a hora do governo apelar para os trabalhadores e dizer-lhes: uni-vos todos nos vossos sindicatos, como forças livres e organizadas. Na hora presente nenhum governo *poderá subsistir ou dispor de força suficiente para as suas realizações se não contar com o apoio das organizações operárias.*"[25]

Ao apelar veementemente às massas para que se organizassem, para que se unissem na reivindicação de seus direitos e ao dizer-lhes, com a autoridade de chefe de Estado, dos obstáculos, dos freios, das dificuldades inúmeras para realizar um governo *com* elas, foi indo, daí em diante, o seu governo, aos trancos e barrancos até o desfecho trágico de agosto de 1954.

25 Getúlio Vargas, em discurso pronunciado no Estádio C. R. Vasco da Gama em 1º de maio de 1951, in *O governo trabalhista no Brasil*. Rio de Janeiro: Livraria José Olympio Editora, pp. 322-4. [*Grifos nossos.*]

Se Vargas não tivesse revelado, na sua última etapa de governo, uma inclinação tão ostensiva à organização das massas populares, consequentemente ligada a uma série de medidas que tomou no sentido da defesa dos interesses nacionais, possivelmente as elites reacionárias não tivessem chegado ao extremo a que chegaram.

Isto ocorre com qualquer líder populista ao aproximar-se, ainda que discretamente, das massas populares, não mais como exclusivo mediador das oligarquias, se estas dispõem de força para freá-lo.

Enquanto a ação do líder se mantém no domínio das forças paternalistas e sua extensão assistencialista, pode haver divergências acidentais entre ele e grupos oligárquicos feridos em seus interesses; dificilmente, porém, diferenças profundas.

É que estas formas assistencialistas, como instrumento da manipulação, servem à conquista. Funcionam como anestésico. Distraem as massas populares quanto às causas verdadeiras de seus problemas bem como quanto à solução concreta destes problemas. Fracionam as massas populares em grupos de indivíduos com a esperança de receber mais.

Há, contudo, em toda esta assistencialização manipuladora, um momento de positividade.

É que os grupos assistidos vão sempre querendo indefinidamente mais, e os indivíduos não assistidos, vendo o exemplo dos que o são, passam a inquietar-se por serem assistidos também.

E, como não podem as elites dominadoras assistencializar a todos, terminam por aumentar a inquietação das massas.

A liderança revolucionária deveria aproveitar a contradição da manipulação, problematizando-a às massas populares, com o objetivo de sua organização.

Invasão cultural

Finalmente, surpreendemos na teoria da ação antidialógica uma outra característica fundamental – a invasão cultural que, como as duas anteriores, serve à conquista.

Desrespeitando as potencialidades do ser a que condiciona, a invasão cultural é a penetração que fazem os invasores no contexto cultural dos invadidos, impondo a estes sua visão do mundo, enquanto lhes freiam a criatividade, ao inibirem sua expansão.

Neste sentido, a invasão cultural, indiscutivelmente alienante, realizada maciamente ou não, é sempre uma violência ao ser da cultura invadida, que perde sua originalidade ou se vê ameaçado de perdê-la.

Por isto é que, na invasão cultural, como de resto em todas as modalidades da ação antidialógica, os invasores são os autores e os atores do processo, seu sujeito; os invadidos, seus objetos. Os invasores modelam; os invadidos são modelados. Os invasores optam; os invadidos seguem sua opção. Pelo menos é esta a expectativa daqueles. Os invasores atuam; os invadidos têm a ilusão de que atuam, na atuação dos invasores.

A invasão cultural tem uma dupla face. De um lado, é já dominação; de outro, é tática de dominação.

Na verdade, toda dominação implica uma invasão, não apenas física, visível, mas às vezes camuflada, em que o invasor se apresenta como se fosse o amigo que ajuda. No fundo, invasão é uma forma de dominar econômica e culturalmente o invadido.

Invasão realizada por uma sociedade matriz, metropolitana, numa sociedade dependente, ou invasão implícita na dominação de uma classe sobre a outra, numa mesma sociedade.

Como manifestação da conquista, a invasão cultural conduz à inautenticidade do ser dos invadidos. O seu programa responde ao quadro valorativo de seus atores, a seus padrões, a suas finalidades.

Daí que a invasão cultural, coerente com sua matriz antidialógica e ideológica, jamais possa ser feita através da problematização da realidade e dos próprios conteúdos programáticos dos invadidos.

Aos invasores, na sua ânsia de dominar, de amoldar os invadidos a seus padrões, a seus modos de vida, só interessa saber como pensam os invadidos seu próprio mundo para dominá-los mais.[26]

É importante, na invasão cultural, que os invadidos vejam a sua realidade com a ótica dos invasores, e não com a sua. Quanto mais mimetizados fiquem os invadidos, melhor para a estabilidade dos invasores.

Uma condição básica ao êxito da invasão cultural é o conhecimento por parte dos invadidos de sua inferioridade intrínseca.

Como não há nada que não tenha seu contrário, na medida em que os invadidos vão reconhecendo-se "inferiores", necessariamente irão reconhecendo a "superioridade" dos invasores. Os valores destes passam a ser a pauta dos invadidos. Quanto mais se acentua a invasão, alienando o ser da cultura e o ser dos invadidos, mais estes quererão parecer com aqueles: andar como aqueles, vestir à sua maneira, falar a seu modo.

O eu social dos invadidos, que, como todo eu social, se constitui nas relações socioculturais que se dão na estrutura, é tão dual quanto o ser da cultura invadida.

---

26 Para este fim, os invasores se servem, cada vez mais, das ciências sociais e da tecnologia, como já agora das ciências naturais. É que a invasão, na medida em que é ação cultural, cujo caráter induzido permanece como sua conotação essencial, não pode prescindir do auxílio das ciências e da tecnologia com que os invasores melhor atuam. Para eles se faz indispensável o conhecimento do passado e do presente dos invadidos, através do qual possam determinar as alternativas de seu futuro e, assim, tentar a sua condução no sentido de seus interesses.

É esta dualidade, já várias vezes referida, que explica os invadidos e dominados, em certo momento de sua experiência existencial, como um *eu* quase "aderido" ao *tu* opressor.

É preciso que o eu oprimido rompa esta quase "aderência" ao *tu* opressor, dele "afastando-se", para *objetivá-lo*, somente quando se reconhece criticamente em contradição com aquele.

Esta mudança qualitativa da percepção do mundo, que não se realiza fora da práxis, não pode jamais ser estimulada pelos opressores, como um objetivo de sua teoria da ação.

Pelo contrário, a manutenção do *status quo* é o que lhes interessa, na medida em que a mudança na percepção do mundo, que implica, neste caso, a inserção crítica na realidade, os ameaça. Daí a invasão cultural como característica da ação antidialógica.

Há, contudo, um aspecto que nos parece importante salientar na análise que estamos fazendo da ação antidialógica. É que esta, enquanto modalidade de ação cultural de caráter dominador, nem sempre é exercida deliberadamente. Em verdade, muitas vezes os seus agentes são igualmente homens dominados, "sobredeterminados" pela própria cultura da opressão.[27]

Com efeito, na medida em que uma estrutura social se denota como estrutura rígida, de feição dominadora, as instituições formadoras que nela se constituem estarão, necessariamente, marcadas por seu clima, veiculando seus mitos e orientando sua ação no estilo próprio da estrutura.

Os lares e as escolas, primárias, médias e universitárias, que não existem no ar, mas no tempo e no espaço, não podem escapar às influências das condições objetivas estruturais. Funcionam, em grande medida, nas estruturas dominadoras, como agências formadoras de futuros "invasores".

27 A propósito de dialética da sobredeterminação, cf. Louis Althusser, *Pour Marx*. Paris: Maspero, 1967.

As relações pais-filhos, nos lares, refletem, de modo geral, as condições objetivo-culturais da totalidade de que participam. E, se estas são condições autoritárias, rígidas, dominadoras, penetram os lares, que incrementam o clima da opressão.[28]

Quanto mais se desenvolvem estas relações de feição autoritária entre pais e filhos, tanto mais vão os filhos, na sua infância, introjetando a autoridade paterna.

Discutindo, com a clareza que o caracteriza, o problema da necrofilia e da biofilia, Fromm analisa as condições objetivas que geram uma e outra, quer nos lares, nas relações pais-filhos, no clima desamoroso e opressor, como amoroso e livre, quer no contexto sociocultural.

Crianças deformadas num ambiente de desamor, opressivo, frustradas na sua potência, como diria Fromm, se não conseguem, na juventude, endereçar-se no sentido da rebelião autêntica, ou se acomodam numa demissão total do seu querer, alienados à autoridade e aos mitos de que lança mão esta autoridade para formá-las, ou poderão vir a assumir formas de ação destrutiva.

Esta influência do lar se alonga na experiência da escola. Nela, os educandos cedo descobrem que, como no lar, para conquistar

28 O autoritarismo dos pais e dos mestres se desvela cada vez mais aos jovens como antagonismo à sua liberdade. Cada vez mais, por isto mesmo, a juventude vem se opondo às formas de ação que minimizam sua expressividade e obstaculizam sua afirmação. Esta, que é uma das manifestações positivas que observamos hoje, não existe por acaso. No fundo, é um sintoma daquele clima histórico ao qual fizemos referência no primeiro capítulo deste ensaio, como caracterizador de nossa época, como uma época antropológica. Por isto é que a reação da juventude não pode ser vista a não ser interessadamente, como simples indício das divergências geracionais que em todas as épocas houve e há. Na verdade, há algo mais profundo. Na sua rebelião, o que a juventude denuncia e condena é o modelo injusto da sociedade dominadora. Esta rebelião, contudo, com o caráter que tem, é muito recente. O caráter autoritário perdura.

alguma satisfação, têm de adaptar-se aos preceitos verticalmente estabelecidos. E um destes preceitos é não pensar.

Introjetando a autoridade paterna através de um tipo rígido de relações, que a escola enfatiza, sua tendência, quando se fazem profissionais, pelo próprio medo da liberdade que neles se instala, é seguir os padrões rígidos em que se deformaram.

Isto, associado à sua posição classista, talvez explique a adesão de grande número de profissionais a uma ação antidialógica.[29]

Qualquer que seja a especialidade que tenham e que os ponha em relação com o povo, sua convicção quase inabalável é a de que lhes cabe "transferir", "levar", ou "entregar" ao povo os seus conhecimentos, as suas técnicas.

Veem-se, a si mesmos, como os promotores do povo. Os programas da sua ação, como qualquer bom teórico da ação opressora indicaria, involucram as suas finalidades, as suas convicções, os seus anseios.

Não há que ouvir o povo para nada, pois que, "incapaz e inculto, precisa ser educado por eles para sair da indolência que provoca o subdesenvolvimento".

Para eles, a "incultura do povo é tal 'que lhes' parece um absurdo falar da necessidade de respeitar a 'Visão do mundo' que ele esteja tendo. Visão do mundo têm apenas os profissionais"...

Da mesma forma, absurda lhes parece a afirmação de que é indispensável ouvir o povo para a organização do conteúdo programático da ação educativa. É que, para eles, "a ignorância absoluta" do povo não lhe permite outra coisa senão receber os seus ensinamentos.

29 Talvez explique também a antidialogicidade daqueles que, embora convencidos de sua opção revolucionária, continuam, contudo, descrentes do povo, temendo a comunhão com ele. E que, sem o perceber, ainda mantêm dentro de si o opressor. Na verdade, temem a liberdade, na medida em que hospedam o "senhor".

Quando, porém, os invadidos, em certo momento de sua experiência existencial, começam, desta ou daquela forma, a recusar a invasão a que, em outro momento, se poderiam haver adaptado, para justificar o seu fracasso, falam na "inferioridade" dos invadidos, porque "preguiçosos", porque "doentes", porque "mal-agradecidos" e às vezes, também, porque "mestiços".

Os bem-intencionados, isto é, aqueles que usam a "invasão" não como ideologia, mas pelas deformações a que nos referimos páginas atrás, terminam por descobrir, em suas experiências, que certos fracassos de sua ação não se devem a uma inferioridade natural dos homens simples do povo, mas à violência de seu ato invasor.

Este, de modo geral, é um momento difícil por que passam alguns dos que fazem tal descoberta.

Sentem a necessidade de renunciar à ação invasora, mas os padrões dominadores estão de tal forma metidos "dentro" deles, que esta renúncia é uma espécie de morrer um pouco.

Renunciar ao ato invasor significa, de certa maneira, superar a dualidade em que se encontram – dominados por um lado; dominadores, por outro.

Significa renunciar a todos os mitos de que se nutre a ação invasora e existenciar uma ação dialógica. Significa, por isto mesmo, deixar de estar *sobre* ou "dentro", como "estrangeiros", para estar *com*, como companheiros.

O "medo da liberdade", então, neles se instala. Durante todo esse processo traumático, sua tendência é, naturalmente, racionalizar o medo, com uma série de evasivas.

Este "medo da liberdade", em técnicos que não chegaram sequer a fazer a descoberta de sua ação invasora, é maior ainda, quando se lhes fala do sentido desumanizante desta ação.

Não são raras as vezes, nos cursos de capacitação, sobretudo no momento da "descodificação" de situações concretas feita pelos participantes, em que, irritados, perguntam ao coordenador da discussão: "Aonde, afinal, o senhor quer nos levar?" Na verdade, o coordenador não está querendo conduzi-los. Ocorre simplesmente que, ao problematizar-lhes uma situação concreta, eles começam a perceber que, se a análise desta situação se vai aprofundando, terão de desnudar-se de seus mitos, ou afirmá-los.

Desnudar-se de seus mitos e renunciar a eles, no momento, são uma "violência" contra si mesmos, praticada por eles próprios. Afirmá-los é revelar-se. A única saída, como mecanismo de defesa também, é transferir ao coordenador o que é a prática normal: *conduzir, conquistar, invadir*,[30] como manifestação de sua antidialogicidade.

Esta mesma fuga acontece, ainda que em escala menor, entre homens do povo, na proporção em que a situação concreta de opressão os esmaga e sua "assistencialização" os domestica.

Uma das educadoras do Full Circle, de Nova York, instituição que realiza um trabalho educativo de real valor, nos relatou o seguinte caso: ao problematizar uma situação codificada a um dos grupos das áreas pobres de Nova York que mostrava, na esquina de uma rua – a rua mesma em que se fazia a reunião –, uma grande quantidade de lixo, disse imediatamente um dos participantes: "Vejo uma rua da África ou da América Latina."

"E por que não de Nova York?", perguntou a educadora.

"Porque, afirmou, somos os Estados Unidos e aqui não pode haver isto."

Indubitavelmente, este homem e alguns de seus companheiros, que com ele concordavam, com uma indiscutível "manha da consciência", fugiam a uma realidade que os ofendia e cujo reconhecimento até os ameaçava.

---

30 Cf. Paulo Freire, *¿Extensión o comunicación?*. Santiago do Chile: ICIRA, 1969. [*Extensão ou comunicação?*, tradução de Rosiska Darcy de Oliveira. Rio de Janeiro: Paz e Terra, 1971.]

Submetidos ao condicionamento de uma cultura do êxito e do sucesso pessoal, reconhecer-se numa situação objetiva desfavorável, para uma consciência alienada, é frear a própria possibilidade do êxito.

Quer neste caso, quer no dos profissionais, se encontra patente a força "sobredeterminante" da cultura em que se desenvolvem os mitos que os homens introjetam.

Em ambos os casos, é a cultura da classe dominante obstaculizando a afirmação dos homens como seres da decisão.

No fundo, nem os profissionais a que nos referimos nem os participantes da discussão citada num bairro pobre de Nova York estão falando e atuando por si mesmos, como atores do processo histórico.

Nem uns nem outros são teóricos ou ideólogos da dominação. Pelo contrário, são efeitos que se fazem também causa da dominação.

Este é um dos sérios problemas que a revolução tem de enfrentar na etapa em que chega ao poder.

Etapa que, exigindo de sua liderança um máximo de sabedoria política, de decisão e de coragem, exige, por tudo isto, o equilíbrio suficiente para não se deixar cair em posições irracionalmente sectárias.

É que, indiscutivelmente, os profissionais, de formação universitária ou não, de quaisquer especialidades, são homens que estiveram sob a "sobredeterminação" de uma cultura de dominação, que os constituiu como seres duais. Poderiam, inclusive, ter vindo das classes populares, e a deformação, no fundo, seria a mesma, senão pior. Estes profissionais, contudo, são necessários à reorganização da nova sociedade. E, como grande número entre eles, mesmo tocados do "medo da liberdade" e relutando em aderir a uma ação libertadora, em verdade são mais equivocados que outra coisa, nos parece que não só poderiam, mas deveriam ser reeducados pela revolução.

Isto exige da revolução no poder que, prolongando o que antes foi ação cultural dialógica, instaure a "revolução cultural". Desta maneira, o poder revolucionário, conscientizado e conscientizador, não apenas é um poder, mas um *novo* poder; um poder que não é só freio necessário aos que pretendiam continuar negando os homens, mas também um *convite* valente a todos os que queiram participar da reconstrução da sociedade.

Neste sentido é que a "revolução cultural" é a continuação necessária da ação cultural dialógica que deve ser realizada no processo anterior à chegada ao poder.

A "revolução cultural" toma a sociedade em reconstrução em sua totalidade, nos múltiplos quefazeres dos homens, como campo de sua ação formadora.

A reconstrução da sociedade, que não se pode fazer mecanicistamente, tem, na cultura que culturalmente se refaz, por meio desta revolução, o seu instrumento fundamental.

Como a entendemos, a "revolução cultural" é o máximo de esforço de conscientização possível que deve desenvolver o poder revolucionário, com o qual atinja a todos, não importa qual seja a sua tarefa a cumprir.

Por isto mesmo é que este esforço não se pode contentar com a formação tecnicista dos técnicos, nem cientificista dos cientistas, necessários à nova sociedade. Esta não pode distinguir-se, qualitativamente, da outra (o que não se faz repentinamente, como pensam os mecanicistas em sua ingenuidade), de forma parcial.

Não é possível à sociedade revolucionária atribuir à tecnologia as mesmas finalidades que lhe eram atribuídas pela sociedade anterior. Consequentemente, nelas varia, igualmente, a formação dos homens.

Neste sentido, a formação técnico-científica não é antagônica à formação humanista dos homens, desde que ciência e tecnologia, na sociedade revolucionária, devem estar a serviço de sua libertação permanente, de sua humanização.

Desde esse ponto de vista, a formação dos homens, para qualquer quefazer, uma vez que nenhum deles se pode dar a não ser no tempo e no espaço, está a exigir a compreensão: a) da cultura como superestrutura e, não obstante, capaz de manter na infraestrutura, revolucionariamente transformando-se, "Sobrevivências" do passado;[31] e b) do quefazer mesmo, como instrumento da transformação da cultura.

Na medida em que a conscientização, na e pela "revolução cultural", se vai aprofundando na práxis criadora da sociedade nova, os homens vão desvelando as razões do permanecer das "sobrevivências" míticas, no fundo, realidades, forjadas na velha sociedade.

Mais rapidamente, então, poderão libertar-se destes espectros que são sempre um sério problema a toda revolução, enquanto obstaculizam a edificação da nova sociedade.

Através destas "sobrevivências" a sociedade opressora continua "invadindo" e, agora, "invadindo" a própria sociedade revolucionária.

Esta é, porém, uma terrível "invasão", porque não é feita diretamente pela velha elite dominadora que se reorganizasse para tal, mas pelos homens que, inclusive, tomaram parte na revolução.

"Hospedeiros" do opressor, resistem como se fossem este a medidas básicas que devem ser tomadas pelo poder revolucionário.

Como seres duais, porém, aceitam também, ainda em função das "sobrevivências", o poder que se burocratiza e violentamente os reprime.

Este poder burocrático, violentamente repressivo, por sua vez, pode ser explicado através do que Althusser[32] chama de "reativação

---

31 Cf. Louis Althusser, op. cit.

32 Considerando essa questão, diz Althusser: *"Cette réactivation serait proprement inconcevable dans une dialectique dépourvue de surdétermination."* [Essa

de elementos antigos", toda vez que circunstâncias especiais o favoreçam, na nova sociedade.

Por tudo isto é que defendemos o processo revolucionário como ação cultural dialógica que se prolongue em "revolução cultural" com a chegada ao poder. E, em ambas, o esforço sério e profundo da conscientização, com que os homens, através de uma práxis verdadeira, superam o estado de *objetos*, como dominados, e assumem o de *sujeito* da História.

Na revolução cultural, finalmente, a revolução, desenvolvendo a prática do diálogo permanente entre liderança e povo, consolida a participação deste no poder.

Desta forma, na medida em que ambos – liderança e povo – se vão criticizando, vai a revolução defendendo-se mais facilmente dos riscos dos burocratismos que implicam novas formas de opressão e de "invasão", que são sempre as mesmas. Seja o invasor um agrônomo extensionista – numa sociedade burguesa ou numa sociedade revolucionária –, um investigador social, um economista, um sanitarista, um religioso, um educador popular, um assistente social ou um revolucionário, que assim se contradiz.

A invasão cultural, que serve à conquista e à manutenção da opressão, implica sempre a visão focal da realidade, a percepção desta como estática, a superposição de uma visão do mundo na outra. A "superioridade" do invasor. A "inferioridade" do invadido. A imposição de critérios. A posse do invadido. O medo de perdê-lo.

A invasão cultural implica ainda, por tudo isto, que o ponto de decisão da ação dos invadidos está fora deles e nos dominadores invasores. E, enquanto a decisão não está em quem deve decidir, mas fora dele, este apenas tem a ilusão de que decide.

reativação seria propriamente inconcebível numa dialética desprovida de sobredeterminação.] Op. cit., p. 116.

Esta é a razão por que não pode haver desenvolvimento socioe-conômico em nenhuma sociedade dual, reflexa, invadida.

É que, para haver desenvolvimento, é necessário: 1) que haja um movimento de busca, de criatividade, que tenha, no ser mesmo que o faz, o seu ponto de decisão; 2) que esse movimento se dê não só no espaço, mas no tempo próprio do ser, do qual tenha consciência.

Daí que, se todo desenvolvimento é transformação, nem toda transformação é desenvolvimento.

A transformação que se processa no ser de uma semente que, em condições favoráveis, germina e nasce, não é desenvolvimento.

Do mesmo modo, a transformação do ser de um animal não é desenvolvimento. Ambos se transformam determinados pela espécie a que pertencem e num tempo que não lhes pertence, pois que é tempo dos homens.

Estes, entre os seres inconclusos, são os únicos que se desenvol-vem. Como seres históricos, como "seres para si", autobiográficos, sua transformação, que é desenvolvimento, se dá no tempo que é seu, nunca fora dele.

Esta é a razão pela qual, submetidos a condições concretas de opressão em que se alienam, transformados em "seres para outro" do falso "ser para si" de quem dependem, os homens também já não se desenvolvem autenticamente. É que, assim roubados na sua decisão, que se encontra no ser dominador, seguem suas prescrições.

Os oprimidos só começam a desenvolver-se quando, superando a contradição em que se acham, se fazem "seres para si".

Se, agora, analisamos uma sociedade também como ser, pare-ce-nos concludente que, somente como sociedade "ser para si", sociedade livre, poderá desenvolver-se.

Não é possível o desenvolvimento de sociedades duais, reflexas, invadidas, dependentes da sociedade metropolitana, pois que são sociedades alienadas, cujo ponto de decisão política, econômica e cultural se encontra fora delas – na sociedade metropolitana. Esta é que decide dos destinos, em última análise, daquelas, que apenas se transformam.

Como "seres para outro", a sua transformação interessa precisamente à metrópole.

Por tudo isto, é preciso não confundir desenvolvimento com modernização. Esta, sempre realizada induzidamente, ainda que alcance certas faixas da população da "sociedade satélite", no fundo interessa à sociedade metropolitana.

A sociedade simplesmente modernizada, mas não desenvolvida, continua dependente do centro externo, mesmo que assuma, por mera delegação, algumas áreas mínimas de decisão. Isto é o que ocorre e ocorrerá com qualquer sociedade dependente, enquanto dependente.

Estamos convencidos de que, para aferirmos se uma sociedade se desenvolve ou não, devemos ultrapassar os critérios que se fixam na análise de seus índices *per capita* de ingresso que, "estatisticados", não chegam sequer a expressar a verdade, bem como os que se centram no estudo de sua renda bruta. Parece-nos que o critério básico, primordial, está em sabermos se a sociedade é ou não um "ser para si". Se não é, todos estes critérios indicarão sua modernização, mas não seu desenvolvimento.

A contradição principal das sociedades duais é, realmente, esta – a das relações de dependência que se estabelecem entre elas e a sociedade metropolitana. Enquanto não superam esta contradição, não são "seres para si" e, não o sendo, não se desenvolvem.

Superada a contradição, o que antes era mera transformação "assistencializadora" em benefício, sobretudo, da matriz, se torna desenvolvimento verdadeiro, em benefício do "ser para si".

Por tudo isto é que as soluções puramente reformistas que estas sociedades tentam, algumas delas chegando a assustar e até mesmo a apavorar a faixas mais reacionárias de suas elites, não chegam a resolver suas contradições.

Quase sempre, senão sempre, estas soluções reformistas são induzidas pela própria metrópole, como uma resposta nova que o processo histórico lhe impõe, no sentido de manter sua hegemonia.

É como se a metrópole dissesse e não precisa dizer: "façamos as reformas, antes que as sociedades dependentes façam a revolução."

E, para lográ-lo, a sociedade metropolitana não tem outros caminhos senão a conquista, a manipulação, a invasão econômica e cultural (às vezes, militar) da sociedade dependente.

Invasão econômica e cultural em que as elites dirigentes da sociedade dominada são, em grande medida, puras metástases das elites dirigentes da sociedade metropolitana.

Após estas análises em torno da teoria da ação antidialógica, a que damos caráter puramente aproximativo, repitamos o que vimos afirmando em todo o corpo deste ensaio: a impossibilidade de a liderança revolucionária usar os mesmos procedimentos antidialógicos de que se servem os opressores para oprimir. Pelo contrário, o caminho desta liderança há de ser o dialógico, o da comunicação, cuja teoria logo mais analisaremos.

Antes, porém, de fazê-lo, discutamos um ponto que nos parece de real importância para um maior esclarecimento de nossas posições.

Queremos referir-nos ao momento de constituição da liderança revolucionária e algumas de suas consequências básicas, de caráter histórico e sociológico, para o processo revolucionário.

Desde logo, de modo geral, esta liderança é encarnada por homens que, desta ou daquela forma, participavam dos estratos sociais dos dominadores.

Em um dado momento de sua experiência existencial, em certas condições históricas, estes, num ato de verdadeira solidariedade (pelo menos assim se deve esperar), renunciam à classe à qual pertencem e aderem aos oprimidos.

Seja esta adesão o resultado de uma análise científica da realidade ou não, ela implicita, quando verdadeira, um ato de amor, de real compromisso.[33]

Esta adesão aos oprimidos importa uma caminhada até eles. Uma comunicação com eles.

As massas populares precisam descobrir-se na liderança emersa e esta nas massas.

No momento em que a liderança emerge como tal, necessariamente se constitui como contradição das elites dominadoras.

Contradição objetiva destas elites são também as massas oprimidas, que "comunicam" esta contradição à liderança emersa.

Isto não significa, porém, que já tenham as massas alcançado um grau tal de percepção em torno de sua opressão, de que resultasse saber-se criticamente em antagonismo com aquelas.[34]

Podem estar naquela postura anteriormente referida de "aderência" ao opressor.

É possível, também, em função de certas condições históricas objetivas, que já tenham chegado, senão à visualização clara de sua opressão, a uma quase "claridade" desta.

---

33 No capítulo anterior citamos a opinião de Guevara a este propósito. De Camilo Torres, disse Germano Guzman: "Jogou-se inteiro porque entregou tudo. A cada hora manteve com o povo uma atitude vital de compromisso, como sacerdote, como cristão e como revolucionário." Germano Guzman, *Camilo, el cura guerrillero*. Bogotá: Servicios Especiales de Prensa, 1967, p. 5.

34 Uma coisa são as necessidades de classe; outra, a "consciência de classe". A propósito de "consciência de classe", cf. G. Lukács, *Histoire et Conscience de classe*. Paris: Les Éditions de Minuit, 1960.

Se, no primeiro caso, a sua "aderência" ou "quase aderência" ao opressor não lhes possibilita localizá-lo *fora* delas,[35] no segundo, localizando-o, se reconhecem, em nível crítico, em antagonismo com ele.

No primeiro, com o opressor "hospedado" nelas, a sua ambiguidade as faz mais temerosas da liberdade. Apelam para explicações mágicas ou para uma visão falsa de Deus (estimulada pelos opressores), a quem fatalisticamente transferem a responsabilidade de seu estado de oprimidos.[36]

Sem crerem em si mesmas, destruídas, desesperançadas, estas massas dificilmente buscam a sua libertação, em cujo ato de rebeldia podem ver, inclusive, uma ruptura desobediente com a vontade de Deus – uma espécie de enfrentamento indevido com o destino. Daí a necessidade, que tanto enfatizamos, de problematizá-las em torno dos mitos de que a opressão as nutre.

No segundo caso, isto é, quando já ganharam a "clareza" ou uma quase "clareza" da opressão, o que as leva a localizar o opressor *fora* delas, aceitam a luta para superar a contradição em que estão. Neste momento, superam a distância que medeia as objetivas "necessidades de classe" da "consciência de classe".

Na primeira hipótese, a liderança revolucionária se faz, dolorosamente, sem o querer, contradição das massas também.

Na segunda, ao emergir a liderança, recebe a adesão quase instantânea e simpática das massas, que tende a crescer durante o processo da ação revolucionária.

35 Cf. Frantz Fanon, op. cit.

36 Em conversa com um sacerdote chileno, de alta responsabilidade intelectual e moral, que esteve no Recife em 1966, ouvimos dele que "ao visitar, com um colega pernambucano, várias famílias residentes em mocambos, de condições de miséria indiscutível, e ao perguntar-lhes como suportavam viver assim, escutava sempre a mesma resposta: 'Que posso fazer? Deus quer assim, só me resta conformar-me.'"

O caminho, então, que a liderança faz até elas é espontaneamente dialógico. Há uma empatia quase imediata entre as massas e a liderança revolucionária. O compromisso entre elas se sela quase repentinamente. Sentem-se ambas, porque coirmanadas na mesma representatividade, contradição das elites dominadoras.

Daí em diante, o diálogo entre elas se instaura e dificilmente se rompe. Continua com a chegada ao poder, em que as massas realmente se sentem e sabem que estão.

Isto não diminui em nada o espírito de luta, a coragem, a capacidade de amar, o arrojo da liderança revolucionária.

A liderança de Fidel Castro e de seus companheiros, na época chamados de "aventureiros irresponsáveis" por muita gente, liderança eminentemente dialógica, se identificou com as massas submetidas a uma brutal violência, a da ditadura de Batista.

Com isto não queremos afirmar que esta adesão se deu tão facilmente. Exigiu o testemunho corajoso, a valentia de amar o povo e por ele sacrificar-se. Exigiu o testemunho da esperança nunca desfeita de recomeçar após cada desastre, animados pela vitória que, forjada por eles *com* o povo, não seria apenas deles, mas deles e do povo, ou deles enquanto povo.

Fidel polarizou pouco a pouco a adesão das massas que, além da objetiva situação de opressão em que estavam, já haviam, de certa maneira, começado, em função da experiência histórica, a romper sua "aderência" com o opressor.

O seu "afastamento" do opressor estava levando-as a "objetivá-lo", reconhecendo-se, assim, como sua contradição antagônica. Daí que Fidel jamais se haja feito contradição delas. Uma ou outra deserção, uma ou outra traição registradas por Guevara no seu *Relatos de la Guerra Revolucionária*, em que se refere às muitas adesões também, eram de ser esperadas.

Desta maneira, a caminhada que faz a liderança revolucionária até as massas, em função de certas condições históricas, ou se realiza horizontalmente, constituindo-se ambas em um só corpo contraditório do opressor ou, fazendo-se triangularmente, leva a liderança revolucionária a "habitar" o vértice do triângulo, contradizendo também as massas populares.

Esta condição, como já vimos, lhe é imposta pelo fato de as massas populares não terem chegado, ainda, à criticidade ou à quase criticidade da realidade opressora.

Quase nunca, porém, a liderança revolucionária percebe que está sendo contradição das massas.

Realmente, é dolorosa esta percepção e, talvez por um mecanismo de defesa, ela resista em percebê-lo.

Afinal, não é fácil à liderança, que emerge por um gesto de adesão às massas oprimidas, reconhecer-se como contradição exatamente de com quem aderiu.

Parece-nos este um dado importante para analisar certas formas de comportamento da liderança revolucionária que, mesmo sem o querer, se constitui como contradição das massas populares, embora não antagônica, como já o afirmamos.

A liderança revolucionária precisa, indubitavelmente, da adesão das massas populares para a revolução.

Na hipótese em que as contradiz, ao buscar esta adesão e ao surpreender nelas um certo alheamento, uma certa desconfiança, pode tomar esta desconfiança e aquele alheamento como se fossem índices de uma natural incapacidade delas. Reduz, então, o que é um momento histórico da consciência popular ao que seria deficiência intrínseca das massas. E, como precisa de sua adesão à luta para que possa haver revolução, mas desconfia das massas desconfiadas, se deixa tentar pelos mesmos procedimentos que a elite dominadora usa para oprimir.

Racionalizando a sua desconfiança, fala na impossibilidade do diálogo com as massas populares antes da chegada ao poder, inscrevendo-se, desta maneira, na teoria antidialógica da ação. Daí que, muitas vezes, tal qual a elite dominadora, tente a *conquista* das massas, se faça *messiânica*, use a *manipulação* e realize a *invasão cultural*. E, por estes caminhos, caminhos de opressão, ou não faz a revolução, ou, se a faz, não é verdadeira.

O papel da liderança revolucionária, em qualquer circunstância, mais ainda nesta, está em estudar seriamente, enquanto atua, as razões desta ou daquela atitude de desconfiança das massas e buscar os verdadeiros caminhos pelos quais possa chegar à comunhão com elas. Comunhão no sentido de ajudá-las a que se ajudem na visualização da realidade opressora que as faz oprimidas.

A consciência dominada existe, dual, ambígua, com seus temores e suas desconfianças.[37]

Em seu diário sobre a luta na Bolívia, o comandante Guevara se refere várias vezes à falta de participação camponesa, afirmando textualmente: "*La mobilización campesina es inexistente, salvo en las tareas de información que molestan algo, pero no son muy rápidos ni eficientes; los podremos anular.*" E em outro momento: "*Falta completa de incorporación campesina aunque nos van perdiendo el miedo y se logra la admiración de les campesinos. Es una tarea lenta y paciente.*"[38]

---

37 Importante a leitura de Erich Fromm, "The Application of Humanist Psychoanalysis to Marxist Theory", in *Socialist Humanism*. Anchor Books, 1996; e Reuben Osborn, *Marxismo y psicoanálisis*. Barcelona: Ediciones Península, 1967.

38 Tradução livre: "A mobilização camponesa é inexistente, com a exceção das tarefas de informação que incomodam um pouco, mas não são muito rápidos nem eficientes; poderemos suspendê-los." E em outro momento: "Falta a completa incorporação camponesa, embora percam o medo de nós e ganhemos a admiração dos camponeses. É uma tarefa lenta e de paciência." *El diário de Che en Bolívia*. México: Siglo XXI, pp. 131-52.

Explicando este medo e esta pouca eficiência dos camponeses, vamos encontrar neles, como consciências dominadas, o seu opressor introjetado.

As próprias formas comportamentais dos oprimidos, a sua maneira de estarem sendo, resultante da opressão e que levam o opressor, para mais oprimir, à prática da ação cultural que acabamos de analisar, estão a exigir do revolucionário uma outra teoria da ação.

O que distingue a liderança revolucionária da elite dominadora não são apenas seus objetivos, mas o seu modo de atuar distinto. Se atuam igualmente os objetivos se identificam.

Por esta razão é que afirmamos antes ser tão paradoxal que a elite dominadora problematize as relações homens-mundo aos oprimidos quanto o é que a liderança revolucionária não o faça.

Entremos, agora, na análise da teoria da ação cultural dialógica, tentando, como no caso anterior, surpreender seus elementos constitutivos.

A TEORIA DA AÇÃO DIALÓGICA E SUAS
CARACTERÍSTICAS: A CO-LABORAÇÃO, A UNIÃO,
A ORGANIZAÇÃO E A SÍNTESE CULTURAL

Co-laboração

Enquanto na teoria da ação antidialógica a conquista, como sua primeira característica, implica um sujeito que, conquistando o outro, o transforma em quase "coisa", na teoria dialógica da ação, os sujeitos se encontram para a transformação do mundo em co-laboração.

O eu antidialógico, dominador, transforma o *tu* dominado, conquistado, num mero *"isto"*.[39]

O eu dialógico, pelo contrário, sabe que é exatamente o *tu* que o constitui. Sabe também que, constituído por um *tu* – um não eu –, esse *tu* que o constitui se constitui, por sua vez, como *eu*, ao ter no seu eu um *tu*. Desta forma, o *eu* e o *tu* passam a ser, na dialética destas relações constitutivas, dois *tu*, que se fazem dois eu.

Não há, portanto, na teoria dialógica da ação, um sujeito que domina pela conquista e um objeto dominado. Em lugar disto, há sujeitos que se encontram para a *pronúncia* do mundo, para a sua transformação.

Se as massas populares dominadas, por todas as considerações já feitas, se acham incapazes, num certo momento histórico, de atender à sua vocação de ser sujeito, será pela problematização de sua própria opressão, *que implica sempre uma forma qualquer de ação*, que elas poderão fazê-lo.

Isto não significa que, no quefazer dialógico, não haja lugar para a liderança revolucionária.

Significa, apenas, que a liderança não é proprietária das massas populares, por mais que a ela se tenha de reconhecer um papel importante, fundamental, indispensável.

A importância de seu papel, contudo, não lhe dá o direito de comandar as massas populares, cegamente, para a sua libertação. Se assim fosse, esta liderança repetiria o messianismo salvador das elites dominadoras, ainda que, no seu caso, estivessem tentando a "salvação" das massas populares.

Mas, nesta hipótese, a libertação ou a "salvação" das massas populares estaria sendo um presente, uma doação a elas, o que romperia o vínculo dialógico entre a liderança e elas,

---

39 Cf. Martin Buber, *Yo y tú*. Buenos Aires: Nueva Visión, 1969.

convertendo-as de coautoras da ação da libertação, em incidência desta ação.

A co-laboração, como característica da ação dialógica, que não pode dar-se a não ser entre sujeitos, ainda que tenham níveis distintos de função, portanto, de responsabilidade, somente pode realizar-se na comunicação.

O diálogo, que é sempre comunicação, funda a co-laboração. Na teoria da ação dialógica, não há lugar para a *conquista* das massas aos ideais revolucionários, mas para a sua adesão.

O diálogo não impõe, não maneja, não domestica, não sloganiza.

Não significa isto que a teoria da ação dialógica conduza ao nada. Como também não significa deixar de ter o dialógico uma consciência clara do que quer, dos objetivos com os quais se comprometeu.

A liderança revolucionária, comprometida com as massas oprimidas, tem um compromisso com a liberdade. E, precisamente porque o seu compromisso é com as massas oprimidas, para que se libertem, não pode pretender conquistá-las, mas conseguir sua adesão para a libertação.

Adesão *conquistada* não é adesão porque é *aderência* do conquistado ao conquistador através da prescrição deste àquele.

A adesão verdadeira é a coincidência livre de opções. Não pode verificar-se a não ser na intercomunicação dos homens, mediatizados pela realidade.

Daí que, ao contrário do que ocorre com a conquista, na teoria antidialógica da ação, que mitifica a realidade para manter a dominação, na co-laboração, exigida pela teoria dialógica da ação, os sujeitos dialógicos se voltam sobre a realidade mediatizadora que, problematizada, os desafia. A resposta aos desafios da realidade problematizada é já a ação dos sujeitos dialógicos sobre ela, para transformá-la.

Problematizar, porém, não é sloganizar, é exercer uma análise crítica sobre a realidade problema.

Enquanto na teoria antidialógica as massas são objetos sobre que incide a ação da conquista, na teoria da ação dialógica são sujeitos também a quem cabe conquistar o mundo. Se, no primeiro caso, cada vez mais se alienam, no segundo, transformam o mundo para a liberdade dos homens.

Enquanto na teoria da ação antidialógica a elite dominadora mitifica o mundo para melhor dominar, a teoria dialógica exige o desvelamento do mundo. Se, na mitificação do mundo e dos homens, há um sujeito que mitifica e objetos que são mitificados, já não se dá o mesmo no desvelamento do mundo, que é a sua desmitificação.

Aqui, propriamente, ninguém desvela o mundo ao outro e, ainda quando um sujeito inicia o esforço de desvelamento aos outros, é preciso que estes se tornem sujeitos do ato de desvelar.

O desvelamento do mundo e de si mesmas, na práxis autêntica, possibilita às massas populares a sua adesão.

Esta adesão coincide com a confiança que as massas populares começam a ter em si mesmas e na liderança revolucionária, quando percebem a sua dedicação, a sua autenticidade na defesa da libertação dos homens.

A confiança das massas na liderança implica a confiança que esta tenha nelas.

Esta confiança nas massas populares oprimidas, porém, não pode ser uma confiança ingênua.

A liderança há de confiar nas potencialidades das massas a quem não pode tratar como objetos de sua ação. Há de confiar em que elas são capazes de se empenhar na busca de sua libertação, mas há de desconfiar, sempre desconfiar, da ambiguidade dos homens oprimidos.

Desconfiar dos homens oprimidos não é, propriamente, desconfiar deles enquanto homens, mas desconfiar do opressor "hospedado" neles.

Desta maneira, quando Guevara[40] chama a atenção ao revolucionário para a "necessidade de desconfiar sempre – desconfiar do camponês que adere, do guia que indica os caminhos, desconfiar até de sua sombra", não está rompendo a condição fundamental da teoria da ação dialógica. Está sendo, apenas, realista.

É que a confiança, ainda que básica ao diálogo, não é um *a priori* deste, mas uma resultante do encontro em que os homens se tornam sujeitos da denúncia do mundo, para a sua transformação.

Daí que, enquanto os oprimidos sejam mais o opressor "dentro" deles que eles mesmos, seu medo natural à liberdade pode levá-los à denúncia, não da realidade opressora, mas da liderança revolucionária.

Por isto mesmo, esta liderança, não podendo ser ingênua, tem de estar atenta quanto a estas possibilidades.

No relato já citado que faz Guevara da luta em Sierra Maestra, relato em que a humildade é uma nota constante, se comprovam estas possibilidades, não apenas em deserções da luta, mas na traição mesma à causa.

Algumas vezes, no seu relato, ao reconhecer a necessidade da punição ao que desertou para manter a coesão e a disciplina do grupo, reconhece também certas razões explicativas da deserção. Uma delas, diremos nós, talvez a mais importante, é a ambiguidade do ser do desertor.

É impressionante, do ponto de vista que defendemos, um trecho do relato em que Guevara se refere à sua presença, não apenas como

40 Ernesto Guevara, *Relatos de la guerra revolucionaria*. Buenos Aires: Editora Nueve 64, 1965.

guerrilheiro, mas como médico, numa comunidade camponesa de Sierra Maestra. "Ali", diz ele, "começou a *fazer-se carne* em nós a consciência da necessidade de uma mudança definitiva na vida do povo. A ideia da reforma agrária se fez nítida e a *comunhão com o povo* deixou de ser teoria para converter-se em parte definitiva de nosso ser. A guerrilha e o campesinato", continua, "se iam *fundindo numa só massa*, sem que ninguém possa dizer em que momento se fez intimamente verídico o proclamado e *fomos partes* do campesinato. Só sei", diz ainda Guevara, "no que a mim me respeita, que aquelas consultas aos camponeses da Sierra converteram a *decisão espontânea e algo lírica em uma força de distinto valor e mais serena*".

"Nunca suspeitaram", conclui com humildade, "aqueles sofridos e leais povoadores da Sierra Maestra o *papel que desempenharam como forjadores de nossa ideologia revolucionária*".[41]

Observe-se como Guevara enfatiza a *comunhão* com o povo como o momento decisivo para a transformação do que era uma "decisão espontânea e algo lírica, em uma força de distinto valor e mais serena". E explicita que, a partir daquela *comunhão*, os camponeses, ainda que não o percebessem, se fizeram "forjadores" de sua "ideologia revolucionária".

Foi assim, no seu diálogo com as massas camponesas, que sua práxis revolucionária tomou um sentido definitivo. Mas, o que não expressou Guevara, talvez por sua humildade, é que foram exatamente esta humildade e a sua capacidade de amar que possibilitaram a sua "comunhão" com o povo. E esta comunhão, indubitavelmente dialógica, se fez co-laboração.

Veja-se como um líder como Guevara, que não subiu a Sierra com Fidel e seus companheiros à maneira de um jovem frustrado em busca de aventuras, reconhece que a sua "*comunhão com o povo*

---

41 Ibidem, p. 81. [*Grifos nossos.*]

deixou de ser teoria para converter-se em parte definitiva de seu ser [no texto: nosso ser]".

Até no seu estilo inconfundível de narrar os momentos da sua e da experiência dos seus companheiros, de falar de seus encontros com os camponeses "leais e humildes", numa linguagem às vezes quase evangélica, este homem excepcional revelava uma profunda capacidade de amar e comunicar-se. Daí a força de seu testemunho tão ardente quanto o deste outro amoroso – "o sacerdote guerrilheiro" –, Camilo Torres.

Sem aquela comunhão, que gera a verdadeira colaboração, o povo teria sido objeto do fazer revolucionário dos homens da Sierra.

E, como objeto, a adesão a que ele também se refere não poderia dar-se. No máximo, haveria "aderência", e, com esta, não se faz revolução, mas dominação.

O que exige a teoria da ação dialógica é que, qualquer que seja o momento da ação revolucionária, ela não pode prescindir desta *comunhão* com as massas populares.

A *comunhão* provoca a *co-laboração* que leva liderança e massas àquela *fusão* a que se refere o grande líder recentemente desaparecido. Fusão que só existe se a ação revolucionária é realmente humana,[42] por isto, simpática, amorosa, comunicante, humilde, para ser libertadora.

A revolução é biófila, é criadora de vida, ainda que, para criá-la, seja obrigada a deter vidas que proíbem a vida.

Não há vida sem morte, como não há morte sem vida, mas há também uma "morte em vida". E a "morte em vida" é exatamente a vida proibida de ser vida.

---

42 A propósito da defesa do homem frente à "sua morte", "depois da morte de Deus", no pensamento atual, cf. Mikael Dufrenne, *Pour L'homme*. Paris: Éditions du Seuil, 1968.

Acreditamos não ser necessário sequer usar dados estatísticos para mostrar quantos, no Brasil e na América Latina em geral, são "mortos em vida", são "sombras" de gente, homens, mulheres, meninos, desesperançados e submetidos[43] a uma permanente "guerra invisível" em que o pouco de vida que lhes resta vai sendo devorado pela tuberculose, pela esquistossomose, pela diarreia infantil, por mil enfermidades da miséria, muitas das quais a alienação chama de "doenças tropicais"...

Em face de situações como estas, diz o padre Chenu, "[...] muitos, tanto entre os padres conciliares como entre laicos informados, temem que, na consideração das necessidades e misérias do mundo, nos atenhamos a uma abjuração comovedora para paliar a miséria e a injustiça em suas manifestações e seus sintomas, sem que se chegue à análise das causas, até à denúncia do regime que segrega esta injustiça e engendra esta miséria".[44]

O que defende a teoria dialógica da ação é que a denúncia do "regime que segrega esta injustiça e engendra esta miséria" seja

---

43 "A maioria deles", diz Gerassi, referindo-se aos camponeses, "se vende ou vende membros de sua família para trabalharem como escravos, a fim de escapar à morte. Um jornal de Belo Horizonte descobriu nada menos de 50 mil vítimas (vendidas a Cr$ 1.500,00), e o repórter", continua Gerassi, "para comprová-lo, comprou um homem e sua mulher por 30 dólares. 'Vi muita gente morrer de fome', explicou o escravo, 'e por isto não me importo de ser vendido.' Quando um traficante de homens foi preso em São Paulo, em 1959, confessou seus contatos com fazendeiros de São Paulo, donos de cafezais e construtores de edifícios, interessados em sua mercadoria – exceto, porém, as adolescentes, que eram vendidas a bordéis." John Gerassi, *A invasão da América Latina*. Rio de Janeiro: Civilização Brasileira, 1965, p. 120.

44 O. P. Chenu, *Témoignage Chrétien*, abril de 1964. Apud André Maine, *Cristianos y marxistas después del concilio*. Buenos Aires: Editorial Arandu, 1965, p. 167.

feita *com* suas vítimas a fim de buscar a libertação dos homens em co-laboração com eles.

Unir para a libertação

Se, na teoria antidialógica da ação, se impõe aos dominadores, necessariamente, a divisão dos oprimidos com que, mais facilmente, se mantém a opressão, na teoria dialógica, pelo contrário, a liderança se obriga ao esforço incansável da união dos oprimidos entre si, e deles com ela, para a libertação.

O problema central que se tem nesta, como em qualquer das categorias da ação dialógica, é que nenhuma delas se dá fora da práxis.

Se, para a elite dominadora, lhe é fácil, ou pelo menos não tão difícil, a práxis opressora, já não é o mesmo o que se verifica com a liderança revolucionária, ao tentar a práxis libertadora.

Enquanto a primeira conta com os instrumentos do poder, a segunda se encontra sob a força deste poder.

A primeira se organiza a si mesma livremente e, mesmo quando tenha as suas divisões acidentais e momentâneas, se unifica rapidamente em face de qualquer ameaça a seus interesses fundamentais. A segunda, que não existe sem as massas populares, na medida em que é contradição antagônica da primeira, tem, nesta mesma condição, o primeiro óbice à sua própria organização.

Seria uma inconsequência da elite dominadora se consentisse na organização das massas populares oprimidas, pois que não existe aquela sem a união destas entre si e destas com a liderança. Enquanto que, para a elite dominadora, a sua unidade interna, que lhe reforça e organiza o poder, implica a divisão das massas populares, para a liderança revolucionária, a sua unidade só existe na unidade das massas entre si e com ela.

A primeira existe na medida de seu *antagonismo* com as massas; a segunda, na razão de sua *comunhão* com elas, que, por isto mesmo, têm de estar unidas, e não divididas.

A própria situação concreta de opressão, ao dualizar o *eu* do oprimido, ao fazê-lo ambíguo, emocionalmente instável, temeroso da liberdade, facilita a ação divisória do dominador nas mesmas proporções em que dificulta a ação unificadora indispensável à prática libertadora.

Mais ainda, a situação objetiva de dominação é, em si mesma, uma situação divisória. Começa por dividir o *eu* oprimido na medida em que, mantendo-o numa posição de "aderência" à realidade, que se lhe afigura como algo todo-poderoso, esmagador, o aliena a entidades estranhas, explicadoras deste poder.

Parte de seu *eu* se encontra na realidade a que se acha "aderido", parte fora, na ou nas entidades estranhas, às quais responsabiliza pela força da realidade objetiva, frente à qual nada lhe é possível fazer. Daí que seja este, igualmente, um *eu* dividido entre o passado e o presente iguais e o futuro sem esperança, que, no fundo, não existe. Um *eu* que não se reconhece *sendo*, por isto que não pode ter, no que ainda vem, a futuridade que deve construir na união com outros.

Na medida em que seja capaz de romper a "aderência", objetivando em termos críticos a realidade de que assim emerge, se vai unificando como *eu*, como sujeito, em face do objeto. É que, neste momento, rompendo igualmente a falsa unidade do seu ser dividido, se individua verdadeiramente.

Desta maneira, se, para dividir, é necessário manter o *eu* dominado "aderido" à realidade opressora, mitificando-a, para o esforço de união, o primeiro passo é a desmitificação da realidade.

Se para manter divididos os oprimidos se faz indispensável uma ideologia da opressão, para a sua união é imprescindível uma forma de ação cultural através da qual conheçam o *porquê* e o *como* de sua "aderência" à realidade que lhes dá um conhecimento falso de si mesmos e dela. É necessário desideologizar.

Por isto é que o empenho para a união dos oprimidos não pode ser um trabalho de pura sloganização ideológica. É que este, distorcendo a relação autêntica entre o sujeito e a realidade objetiva, divide também o *cognoscitivo* do *afetivo* e do *ativo* que, no fundo, são uma totalidade não dicotomizável.

O fundamental, realmente, na ação dialógico-libertadora, não é "desaderir" os oprimidos de uma realidade mitificada em que se acham divididos, para "aderi-los" a outra.

O objetivo da ação dialógica está, pelo contrário, em proporcionar que os oprimidos, reconhecendo o *porquê* e o *como* de sua "aderência", exerçam um ato de adesão à práxis verdadeira de transformação da realidade injusta.

Significando a união dos oprimidos, a relação solidária entre eles não importam os níveis reais em que se encontrem como oprimidos, implica também, indiscutivelmente, consciência de classe.

A "aderência" à realidade, contudo, em que se encontram, sobretudo os oprimidos que constituem as grandes massas camponesas da América Latina, está a exigir que a consciência de classe oprimida passe, senão antes, pelo menos concomitantemente, pela consciência de homem oprimido.

Propor a um camponês europeu, como um problema, a sua condição de homem, lhe parecerá, possivelmente, algo estranho.

Já não é o mesmo fazê-lo a camponeses latino-americanos, cujo mundo, de modo geral, se "acaba" nas fronteiras do latifúndio, cujos gestos repetem, de certa maneira, os animais e as árvores e que, "imersos" no tempo, não raro se consideram iguais àqueles.

Estamos convencidos de que, para homens de tal forma "aderidos" à natureza e à figura do opressor, é indispensável que se percebam como *homens* proibidos de *estar sendo*.

A "cultura do silêncio", que se gera na estrutura opressora, dentro da qual e sob cuja força condicionante vêm realizando sua experiência de "quase coisas", necessariamente os constitui desta forma.

Descobrirem-se, portanto, através de uma modalidade de ação cultural, a dialógica, problematizadora de si mesmos em seu enfrentamento com o mundo, significa, num primeiro momento, que se descubram como *Pedro*, *Antônio*, como *Josefa*, com toda a significação profunda que tem esta descoberta. No fundo, ela implica uma percepção distinta da significação dos signos. Mundo, homens, cultura, árvore, trabalho, animal vão assumindo a significação verdadeira que não tinham.

Reconhecem-se, agora, como seres transformadores da realidade, para eles antes algo misterioso, e transformadores por meio de seu trabalho criador.

Descobrem que, como homens, já não podem continuar sendo "quase coisas" possuídas e, da consciência de si como homens oprimidos, vão à consciência de classe oprimida.

Quando a tentativa de união dos camponeses se faz à base de práticas ativistas, que giram em torno de *slogans* e não penetram estes aspectos fundamentais, o que se pode observar é a justaposição dos indivíduos, que dá à sua ação um caráter puramente mecanicista.

A união dos oprimidos é um quefazer que se dá no domínio do humano, e não no das coisas. Verifica-se, por isto mesmo, na realidade, que só estará sendo autenticamente compreendida quando captada na dialeticidade entre a infra e superestrutura.

Para que os oprimidos se unam entre si, é preciso que cortem o cordão umbilical, de caráter mágico e mítico, através do qual se encontram ligados ao mundo da opressão.

A união entre eles não pode ter a mesma natureza das suas relações com esse mundo.

Esta é a razão por que, realmente indispensável ao processo revolucionário, a união dos oprimidos exige deste processo que ele seja, desde seu começo, o que deve ser: ação cultural.

Ação cultural, cuja prática para conseguir a unidade dos oprimidos vai depender da experiência histórica e existencial que eles estejam tendo, nesta ou naquela estrutura.

Enquanto os camponeses se acham em uma realidade "fechada", cujo centro decisório da opressão é "singular" e compacto, os oprimidos urbanos se encontram num contexto "abrindo-se", em que o centro de comando opressor se faz plural e complexo.

No primeiro caso, os dominados se acham sob a decisão da figura dominadora que encarna, em sua pessoa, o sistema opressor mesmo; no segundo, se encontram submetidos a uma espécie de "impessoalidade opressora".

Em ambos os casos há uma certa "invisibilidade" do poder opressor. No primeiro, pela sua proximidade aos oprimidos; no segundo, pela sua diluição.

As formas de ação cultural, em situações distintas como estas, têm, contudo, o mesmo objetivo: aclarar aos oprimidos a situação objetiva em que estão, que é mediatizadora entre eles e os opressores, visível ou não.

Somente estas formas de ação que se opõem, de um lado, aos discursos verbalistas e aos blá-blá-blás inoperantes e, de outro, ao ativismo mecanicista, podem opor-se, também, à ação divisória das elites dominadoras e dirigir-se no sentido da unidade dos oprimidos.

Organização

Enquanto, na teoria da ação antidialógica, a manipulação, que serve à conquista, se impõe como condição indispensável ao ato dominador, na teoria dialógica da ação, vamos encontrar, como seu oposto antagônico, a organização das massas populares.

A organização não apenas está diretamente ligada à sua unidade, mas é um desdobramento natural desta unidade das massas populares.

Desta forma, ao buscar a unidade, a liderança já busca, igualmente, a organização das massas populares, o que implica o testemunho que deve dar a elas de que o esforço de libertação é uma tarefa comum a ambas.

Este testemunho constante, humilde e corajoso do exercício de uma tarefa comum – a da libertação dos homens – evita o risco dos dirigismos antidialógicos.

O que pode variar, em função das condições históricas de uma dada sociedade, é o modo como testemunhar. O testemunho em si, porém, é um constituinte da ação revolucionária.

Por isto mesmo é que se impõe a necessidade de um conhecimento tanto quanto possível cada vez mais crítico do momento histórico em que se dá a ação, da visão do mundo que tenham ou estejam tendo as massas populares, da percepção clara de qual seja a contradição principal e o principal aspecto da contradição que vive a sociedade, para se determinar o *que* e o *como* do testemunho.

Sendo históricas estas dimensões do testemunho, o dialógico, que é dialético, não pode importá-las simplesmente de outros contextos sem uma prévia análise do seu. A não ser assim, absolutiza o relativo e, mitificando-o, não pode escapar à alienação.

O testemunho, na teoria dialógica da ação, é uma das conotações principais do caráter cultural e pedagógico da revolução.

Entre os elementos constitutivos do testemunho, que não variam historicamente, estão a *coerência* entre a palavra e o ato de quem testemunha, a *ousadia* do que testemunha, que o leva a enfrentar a existência como um risco permanente, a *radicalização*, nunca a sectarização, na opção feita, que leva não só o que testemunha, mas aqueles a quem dá o testemunho, cada vez mais à ação. A *valentia de amar*, que, segundo pensamos, já ficou claro não significar a acomodação ao mundo injusto mas a transformação deste mundo para a crescente libertação dos homens. A *crença* nas massas populares, uma vez que é a elas que o testemunho se dá, ainda que o testemunho a elas, dentro da totalidade em que estão, em relação dialética com as elites dominadoras, afete também a estas, que a ele respondem dentro do quadro normal de sua forma de atuar.

Todo testemunho autêntico, por isto crítico, implica ousadia de correr riscos – um deles, o de nem sempre a liderança conseguir de imediato, das massas populares, a adesão esperada.

Um testemunho que, em certo momento e em certas condições, não frutificou, não está impossibilitado de, amanhã, vir a frutificar. É que, na medida em que o testemunho não é um gesto no ar, mas uma ação, um enfrentamento, com o mundo e com os homens, não é estático. É algo dinâmico, que passa a fazer parte da totalidade do contexto da sociedade em que se deu. E, daí em diante, já não para.[45]

Enquanto, na ação antidialógica, a manipulação, "anestesiando" as massas populares, facilita sua dominação, na ação dialógica, a manipulação cede seu lugar à verdadeira organização. Assim como,

---

45 Enquanto processo, o testemunho verdadeiro que, ao ser dado, não frutificou, não tem, neste momento negativo, a absolutização de seu fracasso. Conhecidos são os casos de líderes revolucionários cujo testemunho não morreu ao serem mortos pela repressão dos opressores.

na ação antidialógica, a manipulação serve à conquista, na dialógica, o testemunho, ousado e amoroso, serve à organização. Esta, por sua vez, não apenas está ligada à união das massas populares, como é um desdobramento natural desta união.

Por isto é que afirmamos: ao buscar a união, a liderança já busca, igualmente, a organização das massas populares.

É importante, porém, salientar que, na teoria dialógica da ação, a organização jamais será a justaposição de indivíduos que, gregarizados, se relacionem mecanicistamente.

Este é um risco de que deve estar sempre advertido o verdadeiro dialógico.

Se, para a elite dominadora, a organização é a de si mesma, para a liderança revolucionária, a organização é a dela *com* as massas populares.

No primeiro caso, organizando-se, a elite dominadora estrutura cada vez mais o seu poder com que melhor domina e coisifica; no segundo, a organização só corresponde à sua natureza e a seu objetivo se é, em si, prática da liberdade. Neste sentido é que não é possível confundir a disciplina indispensável à organização com a condução pura das massas.

É verdade que, sem liderança, sem disciplina, sem ordem, sem decisão, sem objetivos, sem tarefas a cumprir e contas a prestar, não há organização e, sem esta, se dilui a ação revolucionária. Nada disso, contudo, justifica o manejo das massas populares, a sua "coisificação".

O objetivo da organização, que é libertador, é negado pela "coisificação" das massas populares, se a liderança revolucionária as manipula. "Coisificadas" já estão elas pela opressão.

Não é como "coisas", já dissemos, e é bom que mais uma vez digamos, que os oprimidos se libertam, mas como homens.

A organização das massas populares em classe é o processo no qual a liderança revolucionária, tão proibida quanto estas, de dizer sua palavra,[46] instaura o aprendizado da *pronúncia* do mundo, aprendizado verdadeiro, por isto, dialógico.

Daí que não possa a liderança dizer sua palavra sozinha, mas com o povo. A liderança que assim não proceda, que insista em impor sua palavra de ordem, não organiza, manipula o povo. Não liberta nem se liberta, oprime.

O fato, contudo, de, na teoria dialógica, no processo de organização, não ter a liderança o direito de impor arbitrariamente sua palavra, não significa dever assumir uma posição liberalista, que levaria as massas oprimidas – habituadas à opressão – a licenciosidades.

A teoria dialógica da ação nega o autoritarismo como nega a licenciosidade. E, ao fazê-lo, afirma a autoridade e a liberdade.

Reconhece que, se não há liberdade sem autoridade, não há também esta sem aquela.

A fonte geradora, constituinte da autoridade autêntica, está na liberdade que, em certo momento, se faz autoridade. Toda liberdade contém em si a possibilidade de vir a ser, em circunstâncias especiais (e em níveis existenciais diferentes), autoridade.

Não podemos olhá-las isoladamente, mas em suas relações, não necessariamente antagônicas.[47]

---

46 Certa vez, em conversa com o autor, um médico, dr. Orlando Aguirre, diretor da Faculdade de Medicina de uma universidade cubana, disse: "A revolução implica três P – *Palavra*, *Povo* e *Pólvora*. A explosão da pólvora, continuou, aclara a visualização que tem o povo de sua situação concreta, em busca, na ação, de sua libertação." Pareceu-nos interessante observar, durante a conversação, como este médico revolucionário insistia na *palavra*, no sentido em que a tomamos neste ensaio. Isto é, palavra como ação e reflexão – palavra como práxis.

47 O antagonismo entre ambas se dá na situação objetiva de opressão ou de licenciosidade.

É por isto que a verdadeira autoridade não se afirma como tal na pura *transferência*, mas na *delegação* ou na *adesão* simpática. Se se gera num ato de transferência, ou de imposição "anti-pática" sobre as maiorias, se degenera em autoritarismo que esmaga as liberdades.

Somente ao existenciar-se como liberdade que foi constituída em autoridade, pode evitar seu antagonismo com as liberdades.

Toda hipertrofia de uma provoca a atrofia da outra. Assim como não há autoridade sem liberdade e esta sem aquela, não há autoritarismo sem negação das liberdades e licenciosidade sem negação da autoridade.

Na teoria da ação dialógica, portanto, a organização, implicando autoridade, não pode ser autoritária; implicando liberdade, não pode ser licenciosa.

Pelo contrário, é o momento altamente pedagógico, em que a liderança e o povo fazem juntos o aprendizado da autoridade e da liberdade verdadeiras, que ambos, como um só corpo, buscam instaurar, com a transformação da realidade que os mediatiza.

Síntese cultural

Em todo o corpo deste capítulo se encontra firmado, ora implícita, ora explicitamente, que toda ação cultural é sempre uma forma sistematizada e deliberada de ação que incide sobre a estrutura social, ora no sentido de mantê-la como está ou mais ou menos como está, ora no de transformá-la.

Por isto, como forma de ação deliberada e sistemática, toda ação cultural, segundo vimos, tem sua teoria, que, determinando seus fins, delimita seus métodos.

A ação cultural ou está a serviço da dominação – consciente ou inconscientemente por parte de seus agentes –, ou está a serviço da libertação dos homens.

Ambas, dialeticamente antagônicas, se processam, como afirmamos, na e sobre a estrutura social, que se constitui na dialeticidade *permanência-mudança*.

Isto é o que explica que a estrutura social, para *ser*, tenha de *estar sendo* ou, em outras palavras: *estar sendo é* o modo que tem a estrutura social de *durar*, na acepção bergsoniana do termo.[48]

O que pretende a ação cultural dialógica, cujas características estamos acabando de analisar, não pode ser o desaparecimento da dialeticidade permanência-mudança (o que seria impossível, pois que tal desaparecimento implicaria o desaparecimento da estrutura social mesma e o desta, no dos homens), mas superar as contradições antagônicas de que resulte a libertação dos homens.

Por outro lado, a ação cultural antidialógica pretende mitificar o mundo destas contradições para, assim, evitar ou obstaculizar, tanto quanto possível, a transformação radical da realidade.

No fundo, o que se acha explícita ou implicitamente na ação antidialógica é a intenção de fazer permanecer, na "estrutura" social, as situações que favorecem seus agentes.

Daí que estes, não aceitando jamais a transformação da estrutura, que supere as contradições antagônicas, aceitem as reformas que não atinjam seu poder de decisão, de que decorre a sua força de prescrever suas finalidades às massas dominadas.

---

48 Na verdade, o que faz que a estrutura seja estrutura social, portanto, histórico-cultural, não é a permanência nem a mudança, tomadas absolutamente, mas a dialetização de ambas. Em última análise, o que permanece na estrutura social nem é a permanência nem a mudança, mas a duração da dialeticidade permanência-mudança.

Este é o motivo por que esta modalidade de ação implica a *conquista* das massas populares, a sua *divisão*, a sua *manipulação* e a *invasão cultural*. E é também por isto que é sempre, como um todo, uma ação *induzida*, jamais podendo superar este caráter, que lhe é fundamental.

Pelo contrário, o que caracteriza, essencialmente, a ação cultural dialógica, como um todo também, é a superação de qualquer aspecto induzido.

No objetivo dominador da ação cultural antidialógica se encontra a impossibilidade de superação de seu caráter de ação induzida, assim como, no objetivo libertador da ação cultural dialógica, se acha a condição para superar a indução.

Enquanto na invasão cultural, como já salientamos, os atores retiram de seu marco valorativo e ideológico, necessariamente, o conteúdo temático para sua ação, partindo, assim, de seu mundo, do qual entram no dos invadidos, na síntese cultural, os atores, desde o momento mesmo em que chegam ao mundo popular, não o fazem como invasores.

E não o fazem como tais porque, ainda que cheguem de "outro mundo", chegam para conhecê-lo com o povo e não para "ensinar", ou *transmitir*, ou *entregar* nada ao povo.

Enquanto, na invasão cultural, os atores – que nem sequer necessitam de, pessoalmente, ir ao mundo invadido, sua ação é mediatizada cada vez mais pelos instrumentos tecnológicos – são sempre atores que se superpõem, com sua ação, aos espectadores, seus objetos, na síntese cultural, os atores se integram com os homens do povo, atores, também, da ação que ambos exercem sobre o mundo.

Na invasão cultural, os espectadores e a realidade, que deve ser mantida como está, são a incidência da ação dos *atores*. Na síntese cultural, onde não há espectadores, a realidade a ser transformada para a libertação dos homens é a incidência da ação dos atores.

Isto implica que a síntese cultural é a modalidade de ação com que, culturalmente, se fará frente à força da própria cultura, enquanto mantenedora das estruturas em que se forma.

Desta maneira, este modo de ação cultural, como ação histórica, se apresenta como instrumento de superação da própria cultura alienada e alienante.

Neste sentido é que toda revolução, se autêntica, tem de ser também revolução cultural.

A investigação dos temas geradores ou da temática significativa do povo, tendo como objetivo fundamental a captação dos seus temas básicos, só a partir de cujo conhecimento é possível a organização do conteúdo programático para qualquer ação com ele, se instaura como ponto de partida do processo da ação, como síntese cultural.

Daí que não seja possível dividir, em dois, os momentos deste processo: o da *investigação temática* e o da *ação como síntese cultural*.

Esta dicotomia implicaria que o primeiro seria todo ele um momento em que o povo estaria sendo estudado, analisado, investigado, como objeto passivo dos investigadores, o que é próprio da ação antidialógica.

Deste modo, esta separação ingênua significaria que a ação, como síntese, partiria da ação como invasão.

Precisamente porque, na teoria dialógica, esta divisão não se pode dar, a investigação temática tem como sujeitos de seu processo não apenas os investigadores profissionais, mas também os homens do povo, cujo universo temático se busca.

Neste momento primeiro da ação, como síntese cultural, que é a investigação, se vai constituindo o clima da criatividade, que já não se deterá, e que tende a desenvolver-se nas etapas seguintes da ação.

Este clima inexiste na invasão cultural que, alienante, amortece o ânimo criador dos invadidos e os deixa, enquanto não lutam contra ela, desesperançados e temerosos de correr o risco de aventurar-se, sem o que não há criatividade autêntica.

Por isto é que os invadidos, qualquer que seja o seu nível, dificilmente ultrapassam os modelos que lhes prescrevem os invasores.

Como, na síntese cultural, não há invasores, não há modelos impostos, os atores, fazendo da realidade objeto de sua análise crítica, jamais dicotomizada da ação, se vão inserindo no processo histórico, como sujeitos.

Em lugar de esquemas prescritos, liderança e povo, identificados, criam juntos as pautas para sua ação. Uma e outro, na síntese, de certa forma renascem num saber e numa ação novos, que não são apenas o saber e a ação da liderança, mas dela e do povo. Saber da cultura alienada que, implicando a ação transformadora, dará lugar à cultura que se desaliena.

O saber mais apurado da liderança se refaz no conhecimento empírico que o povo tem, enquanto o deste ganha mais sentido no daquela.

Isto tudo implica que, na síntese cultural, se resolve – e somente nela – a contradição entre a visão do mundo da liderança e a do povo, com o enriquecimento de ambos.

A síntese cultural não nega as diferenças entre uma visão e outra, pelo contrário, se funda nelas. O que ela nega é a invasão de uma pela outra. O que ela afirma é o indiscutível subsídio que uma dá à outra.

A liderança revolucionária não pode constituir-se fora do povo, deliberadamente o que a conduz à invasão cultural inevitável.

Por isto mesmo é que, ainda quando a liderança, na hipótese referida neste capítulo, por certas condições históricas, aparece como contradição do povo, seu papel é resolver esta contradição acidental. Jamais poderá fazê-lo através da "invasão", que aumentaria a contradição. Não há outro caminho senão a síntese cultural.

Muitos erros e equívocos comete a liderança ao não levar em conta esta coisa tão real que é a visão do mundo que o povo tenha ou esteja tendo. Visão do mundo em que se vão encontrar explícitos e implícitos os seus anseios, as suas dúvidas, a sua esperança, a sua forma de ver a liderança, a sua percepção de si mesmo e do opressor, as suas crenças religiosas, quase sempre sincréticas, o seu fatalismo, a sua reação rebelde. E tudo isto, como já afirmamos, não pode ser encarado separadamente, porque, em interação, se encontra compondo uma totalidade.

Para o opressor, o conhecimento desta totalidade só lhe interessa como ajuda à sua ação invasora, para dominar ou manter a dominação. Para a liderança revolucionária, o conhecimento desta totalidade lhe é indispensável à sua ação, como síntese cultural.

Esta, na teoria dialógica da ação, por isto mesmo que é *síntese*, não implica que devem ficar os objetivos da ação revolucionária amarrados às aspirações contidas na visão do mundo do povo.

Ao ser assim, em nome do respeito à visão popular do mundo, respeito que realmente deve haver, terminaria a liderança revolucionária apassivada àquela visão.

Nem invasão da liderança na visão popular do mundo nem adaptação da liderança às aspirações, muitas vezes ingênuas, do povo.

Concretizemos. Se, em um dado momento histórico, a aspiração básica do povo não ultrapassa a reivindicação salarial, a nosso ver, a liderança pode cometer dois erros. Restringir sua ação ao estímulo exclusivo desta reivindicação, ou sobrepor-se a esta aspiração, propondo algo que está mais além dela. Algo que não chegou a ser ainda para o povo um "destacado em si".

No primeiro caso, incorreria a liderança revolucionária no que chamamos de adaptação ou docilidade à aspiração popular. No segundo, desrespeitando a aspiração do povo, cairia na invasão cultural.

A solução está na síntese. De um lado, incorporar-se ao povo na aspiração reivindicativa. De outro, *problematizar* o significado da própria reivindicação.

Ao fazê-lo, estará problematizando a situação histórica real, concreta, que, em sua totalidade, tem, na reivindicação salarial, uma dimensão.

Deste modo, ficará claro que a reivindicação salarial, sozinha, não encarna a solução definitiva. Que esta se encontra, como afirmou o bispo Split, no documento já citado dos bispos do Terceiro Mundo, em que "se os trabalhadores não chegam, de alguma maneira, a ser proprietários de seu trabalho, todas as reformas estruturais serão ineficazes".

O fundamental, por isto, insiste o bispo, é que eles devem chegar a ser "proprietários, e não vendedores de seu trabalho", porque "toda compra ou venda do trabalho é uma espécie de escravidão".

Ter a consciência crítica de que é preciso ser o proprietário de seu trabalho e de que "este constitui uma parte da pessoa humana" e que a "pessoa humana não pode ser vendida nem vender-se" é dar um passo mais além das soluções paliativas e enganosas. É inscrever-se numa ação de verdadeira transformação da realidade para, humanizando-a, humanizar os homens.

Finalmente, a invasão cultural, na teoria antidialógica da ação, serve à manipulação que, por sua vez, serve à conquista, e esta à dominação, enquanto a síntese serve à organização, e esta à libertação.

Todo o nosso esforço neste ensaio foi falar desta coisa óbvia: assim como o opressor, para oprimir, precisa de uma teoria da ação opressora, os oprimidos, para se libertarem, igualmente necessitam de uma teoria de sua ação.

O opressor elabora a teoria de sua ação necessariamente sem o povo, pois que é contra ele.

O povo, por sua vez, enquanto esmagado e oprimido, introjetando o opressor, não pode, sozinho, constituir a teoria de sua ação libertadora. Somente no encontro dele com a liderança revolucionária, na comunhão de ambos, na práxis de ambos, é que esta teoria se faz e se re-faz.

A colocação que, em termos aproximativos, meramente introdutórios, tentamos fazer da questão da pedagogia do oprimido nos trouxe à análise, também aproximativa e introdutória, da teoria da ação antidialógica, que serve à opressão, e da teoria dialógica da ação, que serve à libertação.

Desta maneira, nos daremos por satisfeitos se, dos possíveis leitores deste ensaio, surgirem críticas capazes de retificar erros e equívocos, de aprofundar afirmações e de apontar o que não vimos.

É possível que algumas destas críticas se façam pretendendo retirar de nós o direito de falar sobre matéria – a tratada neste capítulo – em torno de que nos falta uma experiência participante. Parece-nos, contudo, que o fato de não termos tido uma experiência no campo revolucionário não nos retira a possibilidade de uma reflexão sobre o tema.

Mesmo porque, na relativa experiência que temos tido com massas populares, como educador, com uma educação dialógica e problematizante, vimos acumulando um material relativamente rico, que foi capaz de nos desafiar a correr o risco das afirmações que fizemos.

Se nada ficar destas páginas, algo, pelo menos, esperamos que permaneça: nossa confiança no povo. Nossa fé nos homens e na criação de um mundo em que seja menos difícil amar.